やわらかアカデミズム
〈わかる〉シリーズ

よくわかる
心理学実験実習
第2版

村上香奈/山崎浩一
[編著]

ミネルヴァ書房

はじめに

■よくわかる心理学実験実習［第２版］

「心理学実験実習」や「心理学基礎実験」という心理学の基礎科目を通して学習すべき事柄は大きく分けて二つある。一つは古典的・代表的な実験，調査，検査の実習から，心理学研究と研究倫理を実践的に学ぶということである。もう一つは，実践的な学びから得た知見を，レポート（論文）として論理的かつ客観的に報告するということである。

本書は，これら二つの要素を一冊で成立させることを目的に作成された。そのため，「Ⅱ　心理学実験実習(1)」から「Ⅶ　心理学実験実習(6)」の各実習の「方法」と「結果・考察・引用文献」には，まず実践的な学習を行うためのマニュアル的要素を記載し，その後に実践的な学習に基づくレポート作成例を載せた。つまり，本書は心理学実験実習の初学者に向けた‘よくわかる’実習マニュアルと‘よくわかる’レポート作成の結集である。

第２版作成の背景には，『日本心理学会 執筆・投稿の手引き（2022年版）』刊行によるレポート（論文）作成ルールの変更と，日本版WAIS-Ⅲから日本版WAIS-Ⅳへの改訂がある。これらからわかることは，心理学は時代や人々の生活等の変化に応じて，その在り方を問い続け，進化し続ける学問であるということである。そのため，常に最新の知見に触れるよう学び続けなければならない。

一方で，本書作成にあたり，改めて，すべての原稿に目を通し感じたことは，ここに心理学の学びの出発点があるということである。心理学実験実習という科目には心理学の魅力がたくさん詰まっている。しかし，負荷の大きい科目であることも確かである。学生の中には負荷の大きさから，心理学の魅力に気づくことができない人もいるであろう。そのようなことが少しでもなくなるように，本書が活用されることを切に願っている。

最後に，本書は「心理学実験実習」の指導に長年携わり，かつ，心理学に魅了された著者たちによって作成された。その心理学への熱い想いを感じてほしい。

2024年２月

村上香奈・山崎浩一

本書の構成

本書は「心理学実験実習」や「心理学基礎実験」といった科目において実習課題として取り上げられることの多い心理学の代表的・古典的な実験を実施するためのマニュアルとレポートの作成例をまとめたものである。以下は，本書の構成と各章の学習のポイントである。なお，本書にはさまざまな図表が記されているが，出所の記載がないものは各著者によって作成されたものである。

第Ⅰ章　心理学実験実習とは何か

【学習のポイント】

第Ⅰ章では，なぜ心理学実験実習を学ぶのか，心理学実験実習から何を学ぶのかを理解する。心理学実験実習には，実験・調査・検査が含まれるが，第Ⅰ章では実験を中心に記している。

第1節	心理学で実験？：心理学実験実習の意味と価値
第2節～第6節	心理学研究の流れ（実験法を中心に）
第7節～第14節	レポートの書き方

第Ⅱ章～第Ⅶ章　心理学実験実習

【学習のポイント】

第Ⅱ章から第Ⅶ章では，心理学の代表的・古典的な実験，調査，検査を実習する。実験・調査・検査ごとに「⑴問題」，「⑵方法」，「⑶結果・考察・引用文献」が記されている。各節における学習のポイントは以下の通りである。なお，本書は実験を中心に掲載しているので，実験・調査・検査とは記さずに，‘実験’と表記する。調査・検査の場合は，置き換えて読んでほしい。

⑴問題

本節では実験内容の理解を深め，目的を明確にする。

学習のポイント

・理論的背景（過去の実験によって明らかにされた事柄）を知る。

・歴史的背景（実験がなされてきた経緯）を知る。

・実験の性質や特徴を理解する。

・上記の点から実験の意義（なぜこの実験を行うのかという問いを含め）を具体的に理解する。

(2)方法

本節は実験実施のためのマニュアルとレポート作成例からなる。

学習のポイント

・実験実施にあたって誰を対象とするのか，また，どのくらいの人数が必要なのかなどについて理解する。なお，‘対象’の表記のしかたは，参加者，協力者，対象者などさまざまであり，心理学のどの分野を主体とするのかによっても異なる。本書では，実験の場合は実験参加者，調査の場合は調査対象者，検査の場合は検査対象者に表記を統一した（ただし，各節初出時以外は原則として「参加者」もしくは「対象者」に表記を統一した）。

・実験に使用する装置・材料や実験環境などについて理解する。

・実験の手続きを理解する。

・レポート作成例から，方法をレポートに書く際のポイントを理解する。

(3)結果・考察・引用文献

本節は結果・考察・引用文献を記述するためのマニュアルとレポート作成例からなる。

学習のポイント①結果

・得られたデータをどのように整理・分析するのかを理解する。

・図表の作成のしかたを理解する。

・レポート作成例から，結果をレポートに書く際のポイントを理解する。

学習のポイント②考察

・結果に基づいて，どのような視点から考察を行うのかを理解する。

・レポート作成例から，考察をレポートに書く際のポイントを理解する。

学習のポイント③引用文献

・レポート作成例から，本文で引用した文献の書き方を理解する。本書で引用されている文献は，各節の側注に記されているので，レポート作成例に倣い，レポートには適切な形式で記す。

第Ⅷ章　心理学実験への挑戦――卒業研究

【学習のポイント】

心理学実験実習での学びを応用し卒業研究につなげる。そのために，第Ⅷ章を通して，実際に卒業研究を行うためには，何を理解しておくべきなのか，また，どのような研究計画を練るべきなのかを知る。さらに研究結果は発表することが求められるため，その際のポイントも理解する。

資料編　データをまとめレポートを作成するために

【学習のポイント】

第Ⅱ章～第Ⅶ章「心理学実験実習」の各「(2)方法」で用いられている記録表や，「(3)結果・考察・引用文献」で使用可能な集計表が収められている。これらを使用すると実験を円滑に行うことができ，さらに，データをまとめるために役立つであろう。

もくじ

Ⅶ 心理学実験実習(6)心理検査・知能検査

Ⅷ 心理学実験への挑戦——卒業研究

資料編 データをまとめレポートを作成するために

SERIES
ya

やわらかアカデミズム・〈わかる〉シリーズ

よくわかる
心理学実験実習
第２版

1　心理学で実験？：心理学実験実習の意味と価値

1　心理学教育における「心理学実験実習」の意味

これから心理学を学ぼうとしている学生たちに，「心理学では統計が必須です」，「実験こそが心理学の今日の発展を支えたのです」と話しても，何か腑に落ちないという顔をする。それはおそらく心理学のイメージが，心の病を治す，あるいは催眠術をかける，というものだからであろう。そういうイメージで心理学を見ていると，「実験こそが心理学の今日の発展を支えたのです」といっても，ピンとこないのは無理もないのかもしれない。

しかし，心理学はその出発点から「実験」とは切っても切れない関係にあった。タイトルに心理学史とある本には，生理学者・心理学者であったヴント（Wundt, W. M.）が，1879年に「ライプニッツ大学に心理学実験室を設置した」ことで心理学が始まったと記されている。この点に関しては，ヴントの実験室はより以前から彼の私的な実験室として用いられており，大学のカリキュラムに心理学が組み込まれ，私的な実験室が公的に用いられるようになったのが1879年であった（高砂，2003）というのが真実のようである。いずれにしても，ヴントの心理学実験室が大学に公認され，カリキュラムの一つとして加えられることによって心理学は，学問，しかも科学的学問としての独立の第一歩を踏み出したといえる。心理学はそのはじめから「実験」とは切っても切れない関係にあり，そういう意味では「実験心理学」だったのである。だからこそ，心理学を学んでいく上で，「実験」が，そして「心理学実験実習」が重要なのである。

2　初期の心理学実験

ヴントの実験室で行われていた実験は，生理学的な実験方法を基にしたものであった。例えば，切断したカエルの足に電気を流し，どのくらいの時間で足が伸縮するのかを測るといった方法に倣い，**被験者**◁1に刺激を与えてから反応が起こるまでの時間を測る，といった方法であった。ヴントはこれに，被験者の「内観」を資料（データ）として収集する手続きを加えた。「内観」とは，被験者が報告する自身の「意識」であるが，あらかじめ実験者によってどのように報告するべきか基準が定められている。よって，自分自身の勝手な基準に沿って被験者が自身の「意識」を報告する「主観」とは異なる。ヴントは，単に刺激を与えてから反応が起こるまでの時間を測るのではなく，その時に被験者の

▷1　**被験者**
実験を「被《こうむ》る」者，すなわち，実験に協力してくださる人のこと。近年は「実験参加者」あるいは「実験協力者」などと呼ばれる。本書では「実験参加者」とする。

「心」ではどのようなことが起こっていたのかを本人に報告してもらうことを重視した。そしてこの点を，生理学的な実験方法と自身の実験方法との決定的な違いとしたのである。

ヴントが用いた実験方法は，個人の内面的な「意識」，すなわち「内観」に焦点がおかれていたため「内観法」と呼ばれた。「内観法」では上記のように，できる限り同じ基準，しかも，実験者が定めた基準に沿った「内観」を報告するよう被験者は求められた。しかし，それは実験に慣れていない者には困難であり，結果的に多くの実験では，研究者自身が被験者となっていた。

3 心理学実験の発展

ヴントの指導で学位をとったイギリスの心理学者ティチナー（Titchener, E. B.）は，アメリカに移住してコーネル大学に心理学実験室を開設した。そして，「内観法」を研究方法として確立すべく，*EXPERIMENTAL PSYCHOLOGY : A Manual of Laboratory Practice*（『実験心理学——実験室実習の手引き』）（Titchener, 1901）[2]という本を著した。副題を見るとわかるように，それは，今日でいう「心理学実験実習」の原点といえる。本書にも取り上げられている「ミュラー・リヤー錯視（II-1～II-3参照）」などの錯視実験や「触二点閾の測定（II-4～II-6参照）」などが含まれている。「内観」を重視したティチナーは，「学生への指針」という節の「実験の実施」という項目に，「心理学的実験は，内観あるいは一定の基準下での一連の内観によって成り立つ」と書いている。また同じ部分に，ほとんどの実習は**観察者**[3]と実験者に分かれて実施すること，役割を交代すること，内観に影響があるので実験結果を競ってはならないことなどを細かく指示している[4]。それだけ，安定した「内観」の報告を重視していたこと，すなわち「内観法」を確立しようとしていたことがわかる。

▷2　4巻本であり，ここで取り上げている第1巻には「学生用手引き（STUDENT'S MANUAL)」と記されている。

▷3　**観察者**
ティチナーの本では，いわゆる被験者はobserverと記されており，「内観をする者」と説明されている。

▷4　各実習の手引きにも，例えば，「触二点閾の測定」の手引き部分（実際にはその前の，一点の刺激への反応に関する実験の説明として書かれているが）では，実験のために観察者は腕まくりをするが，まくった袖が二の腕を締め付けすぎないように気をつけること，観察者の姿勢は，足を組んでいたとしてもできるだけ一定に保つように，など細かく指示されている。

心理学の学問としての出発点が「実験」であったことに間違いはなく，その実験方法が，ティチナーの例にあるように，個人の内面的な「意識」を重視する「内観法」であったことも間違いはない。しかし心理学が，より科学的学問であろうとするようになると，「内観法」は心理学的実験方法の本流から外れていった。代わりに本流となったのは，「意識」を徹底的に排除することと，条件を整えるのが容易で，かつ，繰り返し実験を実施することが可能な，動物を対象とした実験であった。ダーウィンの進化論，すなわち，動物と人間の連続性を根拠に，動物を被験体とした実験によって，行動の変化としてあらわれる「心」にアプローチしたのである。科学的学問としての心理学の発展を支えたのは人間ではなく，動物だったのである。例えば，心理学のもっとも心理学らしい領域といえる学習心理学は，その発展のほとんどをネズミとハトを被験体とした実験に頼っていた（山崎，2013）。他の領域，例えば発達心理学は，アカゲザルなどを被験体としていた。そして，そのような実験によって積み重ねられた知見は，人間を対象とした実験や実践へとつながっていった。ピアジェ（Piaget, J.）やヴィゴツキー（Vygotsky, L. S.）など，発達心理学の今日を築いた研究者たちは，人間の子どもを対象とした数々の実験により，それぞれ独自の発達理論を展開したのである。

このような，心理学の研究方法としての実験を実習することは，心理学の学問としての歴史を追体験し，心理学的な方法を基に人間を捉えることを実践的に学ぶことといえる。この追体験の重要性は，認定心理士の資格申請要件に，この科目が必須の科目として指定されていることからもわかる。

4　心理学実験実習と心理系資格との関係――認定心理士・公認心理師

日本における心理関係の資格は，さまざまな学会や協会が独自に定めており，乱立感がある。そのような心理系資格の中でも，心理学系学会の中心である公益社団法人日本心理学会が定めているのが「認定心理士」である。日本心理学会ホームページによると，認定心理士とは以下のような位置づけの資格である（公益社団法人日本心理学会，2017）。

> 日本心理学会認定心理士とは大学における心理学関係の学科名が学際性を帯びてきて，必ずしも「心理学」という，直接的名称が使われていない場合が多いことから，心理学の専門家として仕事をするために必要な，最小限の標準的基礎学力と技能を修得している，と日本心理学会が認定した人のことです。

この認定心理士資格を取得するためには，心理学の概論的科目，研究法・心理統計的科目，そして心理学実験実習的科目の単位を取得している必要がある。科目名としては心理学「実験」実習だが，実際には実験法のみでなく，観察法や調査法（質問紙法・面接法），検査法も含まれており，心理学実験実習は，心理学的な視点を基にした，臨床を含めたさまざまな実践領域の根底に位置づけられているといえるのである。日本で初めての心理系国家資格である公認心理師の受験資格に，大学学部において心理学実験実習を履修していることが要件として含まれていることも当然のことであろう。

5　心理学教育における「心理学実験実習」の価値

心理学実験実習から学ぶべきこととして，いかに心理学が倫理的側面に関して無頓着であったか，という点も含まれている。どの実験をとってみても，実験参加者（以下，参加者）にとっては苦痛でしかない。それでも，偉い研究者に頼まれたから，講義を担当する教員の研究に協力するから，よくわからないけど何か世のためになると書かれているから，というさまざまな理由によって，参加者たちはその苦痛に耐えてくださっているのである。

完璧に倫理的に配慮された実験，あるいは調査は，その実施前後で参加者がまったく同じ人であり続けられる，つまり，まったく影響のないものであろう。しかし，何らかの実験や調査に接して変化しない人はいない。実験や調査，すなわち，研究に協力していただくことは，その人の人生に，何らかの変化をもたらすのである。アンケートなら良いだろう，などという考えを持ったとしたら，まずそこで倫理観を捨てたことになってしまう。

心理学という学問は，科学的であろうという勢いにまかせて倫理的側面を軽視してきた歴史を持っている。その同じ失敗を繰り返してはならない。心理学実験実習は，実は，倫理観をしっかり育むこと，研究における作法や振る舞いを学ぶための科目ともいえる。作法や振る舞いは，勝手に個人が作り上げるわけにはいかない。心理学実験実習を通して，負の部分を含めた心理学の歴史を追体験し，心理学的研究において決して忘れてはならない倫理的側面の価値を共有する必要がある。そのために，心理学実験実習が必要なのである[5]。

▶5　研究倫理については コラム1 を参照。

6 「心理学実験実習」による心理学教育の意味と価値の生成

何ごとも，批判的に見ることなくして発展はあり得ない。本書に書かれていることでさえも鵜呑みにすることなく，何か改善点はないか，倫理的な視点とともに常に批判的に見ていく努力が必要である。それこそが，心理学実験実習における価値の共有であり，さらには，心理学実験実習による心理学教育のあらたな意味と価値を作り出すことへとつながるであろう。

批判的に見るヒントとして，例えば佐藤（2012）は，実験の欠点について以下の点を挙げている。

・実験参加者の自然な行動が望みにくい。

・測定自体が行動を歪める可能性がある。

・倫理的制約や時間的制約により，実験ができない場合もある。

そして，「利点と欠点は，実は，表裏一体の関係にあるといえる。ゆえに研究者は，実験の利点と共に欠点も考慮した上で，研究を計画することが望ましい。実験は現代の心理学でもっともポピュラーな方法の一つであるが，万能でもなければ，最適な方法であるとも限らないのである」と指摘している。

本書を読まれている方々は，おそらく初めて心理学的な「実験」を体験されることであろう。その体験を前に，「実験」の欠点を並べられると実験実習への意欲が削がれてしまうかもしれない。しかし，敢えて，これらの欠点を示すことで，これから心理学実験実習の学びを進めていく方々へ，本書が何を求めているのかをほのめかしておきたい。「万能ではない」「最適な方法」とは限らない「実験」のおかげで，心理学は発展してきたのである。

（山崎浩一）

引用文献

公益社団法人日本心理学会（2017）．認定心理士の資格を取りたい方　公益社団法人日本心理学会 Retrieved from http://www.psych.or.jp/qualification/（2017年4月5日）

佐藤浩一（2012）．心理学実験法　大山正・中島義明（編）　実験心理学への招待――実験によりこころを科学する――改訂版（pp. 1-39）サイエンス社

高砂美樹（2003）．19世紀の心理学――ドイツとアメリカにおける展開――　サトウタツヤ・高砂美樹　流れを読む心理学史――世界と日本の心理学（pp. 10-42）有斐閣アルマ

Titchener, E. B. (1901). *Experimental Psychology: A Manual of Laboratory Practice. Qualitative Experiments: part I. Student's Manual.* Vol. 1. The Macmillan Company.

山崎浩一（2013）．起譚　山崎浩一（編著）とても基本的な学習心理学（pp. i-ii）おうふう

2 心理学研究の流れ(1)問いをたてる

1 問いをたてるための２つのステップ

研究は何らかの目的をもって始められるものであり，そこには必ず「問い」が存在する。どのような問いをたてるかは，その研究が良いものとなるのかどうかを左右する。

心理学を学んでいる学生であれば，人間の心理について何らかの興味関心を持っているだろう。そのため，問いをたてることは難しくないように感じるかもしれないが，漠然とした興味関心を具体的な問いに昇華させることは簡単ではない。実際，卒業研究のテーマをなかなか決められない，テーマを決めたものの問いが絞り切れておらず具体的な研究計画がたてられないといったケースはしばしば目にする。

問いをたてるためには，大きく分けて２つの作業が必要になる。一つは，問いを見つけ出すという作業で，ここでは拡散的思考が重要になる。拡散的思考とは，一つの事柄に思考を集中させるのではなく，さまざまな方向に発想を広げていくような思考である。もう一つは，拡散的思考によって見つけた問いを洗練するという作業で，ここでは収束的思考が重要になる。収束的思考は拡散的思考とは逆で，ある事柄に思考を集中させ，そのことを深く突き詰めるような思考である。

2 問いを見つけ出す

問いを見つけ出す段階では，どうしても一つの問いを見つけ出さなければならないというとらわれを捨て，まずは興味関心のあることを研究の実現可能性などを考えず，リストアップしていくと良いだろう。その際，頭の中だけで考えていても思考がまとまらないので，思いついたことを紙に書き出してみたり，イメージ図を描いてみるなど，考えを視覚化すると自分の興味関心が整理されやすい。こうして興味関心のある事柄を書き出したら，次にそれに関連しそうな心理学用語を調べてみよう。心理学用語を調べるためには，まずは心理学辞典を用いると良いが，それ以外にも心理学用語について易しく解説した心理学用語集なども多く出版されているので活用してみよう。

自分が何に興味関心があるのかよくわからないという場合は，心理学の**概論書**[1]に目を通してみるという方法もある。心理学の概論書では，認知心理学，

▶1　**概論書**
ある分野における主要な知見を解説した本のことである。～心理学概論，～心理学入門といったようにさまざまなタイトルがある。

発達心理学，社会心理学，臨床心理学，教育心理学など，さまざまな心理学の分野で研究されてきたことが概観できる。そして，例えばその中で認知心理学に興味を持ったら，さらに認知心理学に関する概論書を見てみるというように進めていけば，興味のあるテーマにたどり着けるだろう。また，概論書を読むといった方法ではなく，具体的な現象をベースに問いをたてることもある。例えば，日々の生活の中で気になっている人間の心理・行動や，現代人が抱えている問題など，実際に生じている現象・問題から，そのことが心理学とどのように関係しているのかを整理していくという方法もある。

3 問いを洗練する

上記のようなプロセスを経て，ある程度，自分の興味関心のある問いが見えてきたとしても，そのままでは研究を開始できない。特に，初めて問いをたてる場合，その問いが大きすぎたり，漠然としたものになっていることも少なくない。一度の研究で扱える問いの大きさには限界があり，そのために研究者は多くの研究を積み重ねている。具体的な研究の実施のためには大きな問いを研究可能な小さな問いのレベルにまでかみ砕き，その研究の中で何を扱い，何を扱わないのかを明確にすることが重要になる。

問いを洗練する作業では，**概念**[2]の定義や**先行研究**[3]のレビューを行うことが求められる。大まかな問いが決まり，それに関連するいくつかの心理学用語を洗い出してみると，それらの間に類似する点や異なる点のあることに気づくだろう。また，同じ心理学用語であっても，研究者によって定義が異なることも珍しくない。類似する概念やさまざまな定義を見比べて，まずは自分の研究の核となる概念が他の概念とどのように異なるのか，どのように定義されるのかについて明確にしておく必要がある。

並行して，その問いに関する先行研究では何が明らかにされてきたのかを調べる必要がある。ここでは，なるべく多くの先行研究を集めることが重要である。ある程度文献が集まったら，研究目的，研究方法，得られた知見などに注目しながら，それぞれの研究の相違点について整理していくと良いだろう。そうすることで，先行研究の中で重点的に扱われてきた問題や，反対にあまり明らかにされてこなかった問題が見えてくる。問いをたてる上での本質的な点は，先行研究で明らかにされてこなかった問題を見つけることだといえる。なぜなら，研究には**新規性**[4]が求められるからである。また，明らかにされていない問いを発見するためには**批判的な思考**[5]が求められる。先行研究で自分の興味関心が全て明らかにされているか，用いられている研究方法に問題はないか，そもそも研究の前提となっている概念や理論に問題はないのかなど，既存の研究を疑い続けることでオリジナリティのある研究の原石が見つかるといえよう。

（岡田有司）

▶2　例えば，研究テーマを「生徒の学校適応」とする場合，「学校適応」が何を意味するのかを明確にしておく必要がある。この「学校適応とは何か」についてまとめたものが，当該研究における「学校適応」の概念となる。

▶3　**先行研究**
研究しようとしている領域でこれまでに行われた研究のこと。

▶4　**新規性**
⇨ VIII-3 参照。

▶5　**批判的な思考**
批判的な思考はものごとを批判的に捉えられるかどうかという批判的思考能力だけでなく，ものごとを批判的に捉えようとしているかどうかという批判的思考態度にも支えられている。

3 心理学研究の流れ(2)文献検索

1 研究領域の概要を知る

心理学が蓄積してきた知見は膨大であり，やみくもに図書館に行って文献を集めるだけでは本当に必要な情報を得ることは難しい。効率的な情報収集のためには，文献検索のしかたも工夫する必要がある。

文献検索の方法として，まず心理学事典や**ハンドブック**[1]を活用するのが良いだろう。心理学事典やハンドブックには，心理学の個々の研究領域において，どのような研究がなされてきたのかが簡潔に解説されている。心理学の主要な分野別（認知心理学，発達心理学，臨床心理学等）に事典やハンドブックが出版されているので，目次を見て関心のありそうな節を読むとその領域の大まかな研究の概要をつかむことができる。こうした本は高価なことが多いので，大学の図書館などで閲覧すると良いだろう。また，心理学事典・ハンドブック以外に「〜心理学概論」といった概論書も役に立つ。こちらは値段も手ごろなので，自分の関心のある分野であれば購入して手元に置いておくと良いだろう。目次を見て自分の関心のある研究領域がうまく見つけられない場合は，本の最後にある索引を活用してみると良い。索引には心理学のキーワードが列挙してあり，そこから，心理学の代表的な専門用語を知ることができる。

▶1　**ハンドブック**
ある領域における理論や概念，研究から得られた知見などについて概説してあり，その領域の研究を行う際に手引きとなる本のこと。

2 学術論文を探す

上記のような文献にあたることで，興味関心のある研究領域の概要を知ることができるだろう。しかし，心理学の研究を行う場合，出版された書籍を数冊読むだけで事足りるということはない。むしろ，この後の学術雑誌の検索が重要であり，これは高校までの文献検索とは大きく異なる。心理学に限らず，どの学問分野にも専門の学術雑誌が存在する。学問分野によっても異なるが，心理学では基本的に最新の研究成果は学術雑誌に掲載され，それらが心理学の専門書や一般向けの書籍に引用・紹介されるというケースが多い。つまり，学術雑誌には最新の研究成果が掲載されており，心理学の研究を行う上では学術雑誌を調べることが必須となる。

学術雑誌には大きく２つの種類があり，学会などの学術団体が発行しているものと，大学や研究所等によって**紀要**[2]という形で発行されているものがある。学術団体の発行する雑誌には査読という制度があり，複数の研究者が匿名で論

▶2　**紀要**
大学や研究所が発行する学術雑誌で，その機関の研究者が行った研究成果が掲載されるのが一般的である。

文の内容をチェックし，論文が掲載に値するかどうかが判断される。紀要に関しては査読があるケースとないケースがある。査読を経ていないからといって必ずしも論文の質が低いということはないが，他の研究者のチェックも受けているという点では査読があることで一定の質が担保されているといえる。

学術論文の中にはレビュー論文と呼ばれるものもある。レビュー論文とは，ある領域で行われた研究を整理し得られた知見をまとめたり批評を加えたりした論文のことである。自分の関心に近い研究領域のレビュー論文を見つけることができれば，研究を進める上でも参考になる。レビュー論文に特化した学術雑誌も存在し，国内では『心理学評論』が発行されている。国外では *Psychological Bulletin, Annual Review of Psychology* など多くのレビュー雑誌が存在する。自分の関心にあったレビュー論文が見つからなかったとしても，学術論文の「問題・目的」部分ではその研究領域の簡単なレビューがなされている。その領域の論文を集め読み進めていくことで，自分なりに先行研究の整理ができるようになるはずである。また，いくつか論文を読んでいくと何度も引用されている論文があることに気づくだろう。こうした論文はその領域を研究する上では押さえておくべき重要な文献なので，必ず目を通しておく必要がある。

3 文献の検索方法

次に学術論文の具体的な検索方法についてだが，現在では Web でさまざまな学術雑誌を検索することができる。国内の文献については **J-STAGE**[3] や **CiNii**[4] などの文献検索サイトがあり，多くの学術論文を閲覧できる。有料の学術雑誌もあるが，心理学研究，教育心理学研究，社会心理学研究，発達心理学研究，基礎心理学研究，パーソナリティ研究など国内の主要な学術雑誌は無料で読むことができる。国外の学術雑誌については，無料で全文が閲覧できる雑誌もあるが，有料のものが多い。心理学の論文を検索する際のデータベースとしては **APA PsycInfo や APA PsycArticles**[5] などがよく用いられ，大学の図書館がこれらのデータベースと契約していれば利用できる。また，大学は必要に応じて学術雑誌に関するデータベースを契約しており，そこに含まれる学術雑誌は全文を入手できる。大学のデータベース以外では，Google Scholar も活用でき，誰でもどのような学術論文があるのかを検索することができる。

Web 上で論文が入手できなければ，紙媒体で論文を入手することになる。ただし，自大学の図書館の蔵書を検索しその雑誌が置いてあればよいが，そうでないケースも多い。その場合には，一定の金額は発生するが，蔵書のある他大学から必要な文献をコピーし送ってもらうことが可能である。図書館の蔵書だけでなく検索サイトやデータベースも駆使して多くの文献を集めることが，良い研究を行うための初めの一歩になる。

（岡田有司）

▷3 **J-STAGE**
J-STAGE は科学技術振興機構（JST）が運営するデータベースで，国内の論文を検索できるとともに，論文の全文を入手できる。CiNii とも連携がなされている。

▷4 **CiNii**
国立情報学研究所（NII）が運営しているデータベースで論文，図書，雑誌，博士論文などが検索できる。CiNii Research では国内の学術雑誌・紀要等を検索でき，全文入手が可能なリンクも張られている。

▷5 **APA PsycInfo・APA PsycArticles**
アメリカ心理学会（APA）が作成しているデータベースで，PsycInfo は論文の書誌情報や抄録は閲覧できるが，全文を入手することはできない。PsycArticles は APA が発行している学術雑誌を中心に全文を入手することができる。

4　心理学研究の流れ(3)方法の選択

1　心理学研究の目的

心理学の研究対象は主に人であり，人によって（あるいは，同じ人でも時間経過などによって）値が変化する[1]さまざまな側面を扱う。このような，“値が変化する”側面のことを，変数（variable）と呼び，その例として，性別，出身地，出生順位，性格，知識，テストの正答率や反応時間などが挙げられる。

心理学研究の多くは，そのような変数間の関係性を明らかにすることを目的にしている。例えば，「血液型と性格の関係性[2]」を検討するために調査を行ったり，「錯視図形における辺の長さと，錯視の量との関係性[3]」を検討するために実験を行ったりする。

2　実験研究と相関研究

心理学研究の多くは，変数間の関係性をどのように検討するかによって，実験研究と相関研究に分類される。

実験研究とは，研究者が原因であると仮定した独立変数（independent variable）の値を操作した後で，結果であると仮定した従属変数（dependent variable）の値が変化するか否かを検討する研究であり，変数間の因果関係に関する仮説[4]の検証を目的としている。そして，このような実験研究を実施するための研究法を実験と呼ぶのである。

一方，相関研究とは，変数の値を操作することはせず，関心のある複数の変数について測定のみを行う研究であり，変数間の相関関係（例えば，一方の変数の値が大きい場合にはもう一方の変数の値も大きいという規則的な関係性）についての仮説の検証を目的としている。そして，このような相関研究を実施するために用いられる研究法として，調査（質問紙調査，面接調査）や観察が挙げられる。

なお，相関関係とは，変数間に規則的な関係性があることのみを意味するため，その関係性は因果関係であるかもしれないし，因果関係ではないかもしれない。例えば，「給料が高い（年長の）人は血圧も高い」という関係性は，「給料が上げられると，それが原因で，血圧も上がってしまう」という関係性や，「血圧が高くなると，それが原因で，給料を上げてもらえる」という関係性ではないと考えらえるため，相関関係ではあるが，因果関係ではないのである。

▶1　“変数”といった字面や，“値が変化するもの”といった説明から，変数とは数量が変化するものに限定されると捉えられがちだが，本文中で挙げた“性別（値の例として，男性，女性）”や“出身地（値の例として，東京都，群馬県，長崎県）”など，人によって変化するのが数量ではないとしても，変数と呼ばれる。

▶2　これまでの国内外の心理学研究では，血液型と性格との間に関連があるとはいえないことが繰り返し報告されており，近年においても，日本およびアメリカにおいて大規模な調査が行われた結果，無関係であることが主張されている（縄田，2014）。

▶3　⇨ II-1 ～ II-3 参照。

▶4　研究において，たてられた「問い」に対する，「仮置きの答え」のことである。

3 研究法の選択――実験

仮に何らかの変数間の因果関係についての心理学的な仮説を持っており，それを検証したいというのであれば，実験という研究法を選択するのが最適であろう。例えば，日常的な観察体験などを根拠にして，「暴力的なシーンが含まれているゲームで遊んでいると，日常生活の振る舞いも暴力的になってしまうのではないか」という疑問を持ったとしたら，それは「ゲームに暴力的なシーンが含まれているか否か（独立変数）によって，暴力的な言動の回数（従属変数）が変化する」といった因果関係についての仮説とみなせる。

実験では，そのような因果関係に関する仮説を検証するために，独立変数の値を人為的に操作して，従属変数の値が変化するか否かを検討する。具体的な手続きの例は以下の通りである。まず，無作為に選ばれた半数の実験参加者には「暴力的なシーンが含まれているゲーム」（以下，「暴力ゲーム条件」）で遊んでもらい，もう半数の参加者には「暴力的なシーンが含まれていないゲーム」（以下，「非暴力ゲーム条件」）で遊んでもらう。独立変数の値を人為的に操作するとは，このように，実験者が独立変数の値が異なる複数の条件を設けることなのである。

なお，「ゲームで遊ぶ時間」や「ゲームの内容に対する周囲の人物からの評価」など，独立変数以外で従属変数に影響を与えることが予測される変数のことを剰余変数（extraneous variable）と呼ぶが，そのような剰余変数の値は，「暴力ゲーム条件」と「非暴力ゲーム条件」とで，異ならないように配慮しておく必要がある。

その後，各参加者の「暴力的な言動の回数」について測定し，「暴力ゲーム条件」の参加者の方が，「非暴力ゲーム条件」の参加者よりも「暴力的な言動の回数」が多くなる（または，少なくなる）など，両条件間で「暴力的な言動の回数」が異なった場合には，「遊ぶゲームに暴力的なシーンが含まれているか否かによって，暴力的な言動の回数が変化する」といった因果関係についての仮説が検証されたことになる。なぜなら，「暴力的な言動の回数」が異なった原因として考えられるのは，剰余変数の値が異ならない限り，「暴力ゲーム条件」や「非暴力ゲーム条件」という独立変数の値における差異しか存在しないからである。

4 研究法の選択――調査・観察

仮にあなたが，(a)変数間の因果関係についての仮説を持ってはいるが，独立変数の値を操作することが倫理的・方法論的に不可能である場合，あるいは，(b)変数間の因果関係についての仮説はないが，相関関係についての仮説は持っており，それを検証したい場合には，調査（質問紙調査，面接調査）や観察といった研究法に基づき，相関研究を行う。

実は，前述した「ゲームに暴力的なシーンが含まれているか否かによって，暴力的な言動の回数が変化する」という仮説を検証するために，暴力的なシーンが含まれるゲームで遊ぶよう操作することは，その結果として，暴力的な言動の回数が増大することを予測しているため，倫理的にやや問題がある操作だと考えられる[5]。

▷5　方法論的にも倫理的にも問題がない独立変数の操作例は，本書の第Ⅱ章〜第Ⅴ章に，多くの研究例とともに記載されている。

一方，調査や観察は，関心のある変数の測定のみを行い，変数の操作は行わないため，倫理的には，より適切な方法であると考えられる。つまり，実験のように，暴力的なシーンが含まれるゲームで遊ぶような条件を設けることはせず，「普段，どのくらい暴力的なシーンを含むゲームで遊んでいるか」といった日常の行動について，質問紙や面接を通して自己報告を求めたり，観察をしたりするのである。そして，同様に，自己報告，あるいは，観察された「暴力的な言動の回数」との間に相関関係があるのか否かを検討する。

また，倫理的には問題がなかったとしても，冒頭で例示した，「血液型と性格の関係性」のように，関係性を検討したい変数（血液型，性格）の値を操作することが方法論的に不可能だと考えられる場合もある。その場合，調査や観察といった実験以外の方法に頼らざるを得ない。

なお，実験研究が不可能な場合であっても，変数間の因果関係について関心がある場合には，相関研究の結果から変数間の因果関係について推論をすることになる。しかし，その推論は実験研究と比較して難解である。調査や観察は，実験のように，「ゲームに暴力的なシーンが含まれているか否か」のみを操作した後に，「暴力的な言動の回数」が変化するのかを確認するわけではない。そのため，研究結果として，「暴力的なシーンが含まれているゲームで遊ぶことが多い場合には，暴力的な言動の回数も多い」という相関関係が得られたとしても，因果関係は存在しないかもしれないし[6]，仮に因果関係が存在したとしても，どちらの変数が原因であるのかは，研究結果からは何もわからないのである[7]。

▷6　本文中の例においても，相関関係はあるが，因果関係が存在しない場合が考えられる。その詳細は，「心理学研究の流れ(5)考察」に示した。

▷7　本文中の例においても，「暴力的な言動の回数」が多いことが原因で，「暴力的なシーンが含まれているゲームで遊ぶこと」が多くなったという因果関係が存在する場合が考えられる。例えば，何らかのストレッサーにより，「暴力的な言動の回数」が多くなってしまい，「暴力的な言動の回数」を減らすために，「暴力的なシーンが含まれているゲームで遊ぶ」ことで，ストレス解消するようになった，というパターンが考えられる。

さて，ここで，調査や観察といった，相関研究の各方法を選択するための判断基準をいくつか示しておこう。まず，一定の言語能力を持たない幼児や動物を対象にした研究をする際，あるいは，研究対象者が知らず知らずのうちに行っている行為などを研究する際には，言語を介した自己報告が難しいため，観察を選ぶことになる。

一方，倫理的・方法論的に観察できない行動や意識が研究対象である場合には，言語を介した自己報告によってデータを収集する調査が適切だと考えられる。そして，質問紙調査と面接調査のどちらを選択するかについては，相互にコミュニケーションを取ったり，臨機応変に追加質問をしたりする必要性に依存する。そのような必要性が高い場合には面接調査が適切であるが，必要性が

Figure Ⅰ-1
研究法を選択するための簡易フローチャート

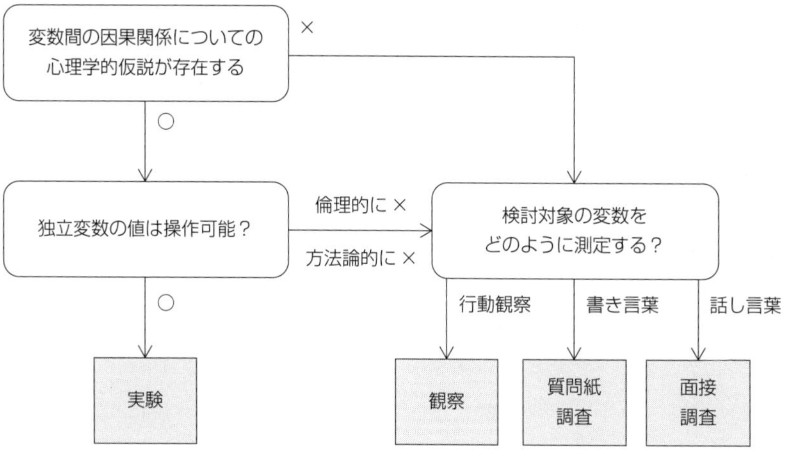

低い場合には，質問内容や質問形式を統一した質問紙を用いてデータを収集した方が，分析や解釈の客観性が保たれやすいために適切だと考えられる。

5 研究法選択のためのフローチャート

これまでの内容に基づき，研究法を選択するためのフローチャートをFigure Ⅰ-1に示した。

なお，Figure Ⅰ-1は，簡易的なフローチャートであるため，方法の選択をする際には，ここに示した以外の観点も存在する。例えば，質問紙調査は，多数の対象者に質問紙を同時に配布して回答を求めることができるため，他の方法と比較して，相対的に多くのデータを短期間で得ることができるという長所が存在する。データ収集にどの程度の時間がかけられるのか，そして，その期間中にどの程度多くのデータを収集する必要があるのかといったことは，実際に研究を行う上では，必ず考慮しなければならない重要な問題である。

また，前述の通り，変数間の因果関係についての心理学的仮説が存在し，かつ，独立変数の値を操作することが倫理的にも方法論的にも可能であれば，実験を選択することが一般的に最適だと考えられる。そして，実験をする際には，従属変数を測定する方法も重要な問題であるのだが，従属変数の測定方法を選択するまでの流れは，Figure Ⅰ-1には記載していない。実験においても，従属変数の測定方法については，相関研究と同様の判断基準に基づいて，参加者の行動を観察する，あるいは，参加者に言語を介して自己報告をさせる（その場合には，質問紙を用いるのか，面接を行うのか），などといった選択をしなければならないのである。

（浅野昭祐）

引用文献

縄田健悟（2014）．血液型と性格の無関連性――日本と米国の大規模な社会調査を用いた実証的論拠――　心理学研究，*85*(2)，148-156．

5 心理学研究の流れ⑷結果の整理と分析

1 本節が扱う範囲

ここでは，実験研究や相関研究によって得られたデータを，どのように整理，分析するかについての概略を示す。なお，ここで紹介する内容は，あくまで，一般的な内容であり，研究目的によって適切な整理・分析手法は異なることに注意されたい。また，ここは，量的変数のデータを整理・分析する手法の概略であり，その分析手法の詳細や，質的変数のデータを整理・分析する手法については，心理統計学に関する書籍[1]を参照してほしい。

2 実験研究における結果の整理と分析

実験研究の目的は，独立変数が従属変数に与える影響の有無を検討することである。そのため，実験研究から得られたデータを分析する際に，まず検討すべきは，独立変数の条件間（例えば，「暴力ゲーム条件」と「非暴力ゲーム条件」）で従属変数（例えば，「暴力的な言動の回数」）の値が異なるか否かである。

Table Ⅰ-1は，前項で例示した実験研究のダミー・データであるが，「暴力ゲーム条件」と「非暴力ゲーム条件」とで，どちらが「暴力的な言動の回数」が多いと判断されるだろうか。

このような条件間の比較に関心がある場合には，まず，各条件における特定の人物のデータを比較するのではなく，各条件におけるデータの全体を比較してどのような差異があるのかを検討する[2]。そのための具体的な分析手続きとして，まず挙げられるのは**代表値**[3]の比較である。今回の例のように，「暴力的な言動の回数」といった量的データを比較する場合には，平均値の比較をするのが一般的であり，「暴力ゲーム条件」における平均回数（46.0）の方が「非暴力ゲーム条件」における平均回数（36.0）よりも多いといった判断を下すことになる。

さて，ここで，Table Ⅰ-2に示したダミー・データを基に，どちらの条件の方が，「暴力的な言動の回数」が多いかについて，判断してみてほしい。

Table Ⅰ-2に示したダミー・データは，各条件における平均値がTable Ⅰ-1と同一になるようにしているのだが，「暴力ゲーム条件」と「非暴力ゲーム条件」の差が，Table Ⅰ-1よりも顕著であると感じられたのではないだろうか。

Table Ⅰ-1とTable Ⅰ-2に示したデータで異なるのは，データの散らばり

▶1　初学者向けの心理統計学に関する書籍としては，(a)川端・荘島（2014），(b)山田・村井（2004），(c)吉田（1998）がおすすめである。なお，(a)〜(c)の難易度については順序がつけにくいが，それぞれの書籍が扱っている（特に，推測統計学の）範囲の広さは大きく異なるため，もし，特定の分析手法について学びたいという目的があるならば，その分析手法が掲載されているか否かを確認した方が良い。

▶2　例えば，「欧米人と日本人では，どちらの方がより身長が高いか」といった問いを考える際には，まず，欧米人と日本人の全体を比較して，「一般的に，欧米人の方が，より身長が高い」といった結論を下すべきだと考えられる。仮に，“例外的”な個別のデータに関心がある場合であっても，全体を比較した結果を明らかにしない限り，どのデータが“例外的”なデータであるとみなせるのかは，判断できないのである。

▶3　**代表値**
代表値とは，「ある1つの数値ですべてのデータを代表させて“〜という変数の値は，普通，〇〇くらいです”と記述した時に，全体的にみて一番間違いが小さ

Table I－1
実験研究のダミー・データ（データの標準偏差が相対的に大きい場合）

暴力ゲーム条件		非暴力ゲーム条件	
参加者	暴力的な言動の回数(回)	参加者	暴力的な言動の回数(回)
1	25	11	45
2	39	12	51
3	55	13	29
4	53	14	15
5	60	15	45
6	38	16	30
7	60	17	25
8	68	18	16
9	34	19	46
10	28	20	58

Table I－2
実験研究のダミー・データ（データの標準偏差が相対的に小さい場合）

暴力ゲーム条件		非暴力ゲーム条件	
参加者	暴力的な言動の回数(回)	参加者	暴力的な言動の回数(回)
1	45	11	35
2	49	12	31
3	45	13	39
4	43	14	35
5	50	15	35
6	48	16	40
7	40	17	35
8	48	18	36
9	44	19	36
10	48	20	38

の程度を示す，散布度である。量的変数に関しては，散布度として標準偏差を算出することが多い。標準偏差とは「個々のデータが平均値から，“平均的に”どの程度散らばっているか」を示した値である。Table I－1における，「暴力ゲーム条件」と「非暴力ゲーム条件」の標準偏差（それぞれ，14.24，14.21）は相対的に大きく，Table I－2における「暴力ゲーム条件」と「非暴力ゲーム条件」の標準偏差（それぞれ，2.97と2.41）は相対的に小さい。一般的に，標準偏差が相対的に小さい場合には個々のデータが平均値と比較的近い（個人差が小さい）値をとっており，標準偏差が相対的に大きい場合には個々のデータが平均値と比較的離れた（個人差が大きい）値をとっていると解釈される[4]。つまり，Table I－2の方がTable I－1よりも，条件間の差が顕著であると感じられたのは，Table I－2の方がTable I－1よりも，各条件における標準偏差が小さく，各条件の平均値付近に個々のデータが存在していたからである。

このように，独立変数の条件間で従属変数の値がどの程度異なるのかを判断する際には，平均値などの代表値の差の大きさだけでなく，各条件内におけるデータの散らばりの大小も役立つのである。

い無難な値（吉田，1998，p. 42)」のことであり，平均値（mean）以外にも，中央値（median），最頻値（mode），などがある。

▶4 独立変数の条件間で，従属変数のデータにおける個人差の程度が異なるか否かを検討することが研究の目的である場合には，標準偏差の値を条件間で比較することが主な目的になる。なお，標準偏差はデータの散らばり度合いの大小を相対的に判断するためのものである。データの散らばり度合いの大小を絶対的に判断する基準はない。

3 相関研究における結果の整理・分析

相関研究は，関心のある複数の変数（例えば，「暴力的なシーンが含まれているゲームで遊ぶ時間」（以下，ゲームで遊ぶ時間）と「暴力的な言動の回数」）について測定を行う。そして，相関研究から得られたデータを分析する際に，まず検討すべきは，測定した複数の変数間に相関関係があるか否かである。

Table Ⅰ-3は，前項で例示した相関研究のダミー・データであるが，「ゲームで遊ぶ時間（単位は，時間）」と「暴力的な言動の回数」の間には，どのような関係性があると判断できるだろうか。今回の例のような量的変数間の相関関係を検討する場合には，まず，Figure Ⅰ-2のような散布図を作成する。

Figure Ⅰ-2から，全体的様相として，「ゲームで遊ぶ時間」が長い場合には「暴力的な言動の回数」も多く，「ゲームで遊ぶ時間」が短い場合には「暴力的な言動の回数」も少ないといった規則的な関係があることが読み取れる。このように，散布図上で“右上がり”になるような関係性は，正の相関（positive correlation）と呼ぶ。一方，散布図上で“右下がり”になるような関係性は，負の相関（negative correlation）と呼ぶ。負の相関とは，一方の変数の値（例えば，「アパートの家賃」）が大きい場合には，もう一方の変数の値（例えば，「駅からアパートまでの距離」）は小さいといった規則的な関係性のことである。

なお，Figure Ⅰ-2に示した散布図では，正の相関関係が明確に読み取れるが，実際の研究においては，これほど明確な関係性が読み取れる場合はそれほど多くない。そのため，散布図だけを基にすると，変数間の関係性についての判断が分析者によって異なってしまう危険性がある。そこで，量的変数間の関係性について，より客観的に判断するために，**相関係数**[◁5]（correlation coefficient）という数的指標を算出し，散布図とあわせて判断することが一般的である。[◁6]

4 統計的仮説検定（statistical hypothesis testing）

これまでに示した分析結果は，各図表に示された参加者1～参加者20のデータのみに限定すれば，客観的な事実である。しかし，心理学における多くの研究では，実験や調査の参加者から得たデータの特徴（平均値の差や変数間の相関関係）が，より大きな集団のデータにも当てはまるのか否かに関心を持つことが多い。例えば，日本の中高生において，「暴力ゲーム条件」と「非暴力ゲーム条件」間で，「暴力的な言動の回数」に差があるか否かを知ることが研究目的であったとしよう。その場合，本来の研究対象は日本の中高生全員（約700万人）だが，日本の中高生全員に対して実験を実施することは物理的に不可能である。そのため，実験を実施することが可能な少数の中高生を選択し，その少数の中高生から得られたデータの特徴から，日本の中高生全員のデータの特徴を推測するのである。このような，研究対象全体（例えば，日本の中高生全員）

▷5　**相関係数**
相関係数は－1.0から1.0の間の値をとり，負の相関関係が明確であるほど－1.0に近くなり，正の相関関係が明確であるほど1.0に近くなる。相関関係が明確であるとは，その規則的な関係と反する例外的なデータが少ないことを意味しており，相関関係が強いとも表現される。なお，変数間にまったく相関関係がない場合には0になる。本書のTable Ⅰ-3やFigure Ⅰ-2に示したデータから，相関係数を算出した場合には.86となり，相関係数からも強い正の相関があると判断できる。

▷6　相関係数は客観的かつ効率的な数的指標であるが，相関係数だけに基づいて変数間の関係性を判断することは避けるべきである。例えば，二変数が散布図上でU字型や逆U字型の曲線的な相関関係を示す場合，相関係数の値は（直線的な相関関係しか捉えられないため）0に近くなってしまう。このように，相関係数の値だけでは，変数間の関係性を適切に判断できない場合も多いのである。

▷7　**“偶然”**
この場合の“偶然”とは，「暴力ゲーム条件」の10名には「暴力的な言動の回数」が（個人的特性として）多い者が抽出され，「非暴力ゲーム条件」の10名には「暴力的な言動の回数」が（個人的特性として）少ない者が抽出される，といった標本抽出における“偶然”の偏りのことを意味する。

Table Ⅰ－3
相関研究におけるダミー・データ

参加者	ゲームで遊ぶ時間（時間）	暴力的な言動の回数（回）
1	1	30
2	3	44
3	4	50
4	5	48
5	3	55
6	2	43
7	4	55
8	5	63
9	2	39
10	1	33

Figure Ⅰ－2
散布図の例

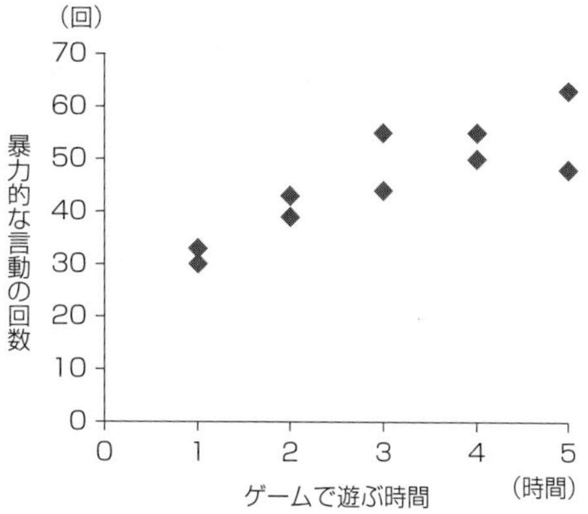

のデータのことを母集団（population）と呼び，母集団から抽出された一部のデータ（例えば，少数の中高生から得たデータ）のことを標本（sample）と呼ぶ。そして，標本における平均値の差の大きさや相関関係の強弱などの情報から，母集団における平均値の差の有無や相関関係の有無について推測する分析手法を統計的仮説検定（以下，検定とする）と呼ぶ。

母集団における平均値の差の有無を推測する場合を例に，検定の基本的な考え方を説明すると以下のようになる。仮に，日本の中高生全員といった母集団においては，「暴力ゲーム条件」と「非暴力ゲーム条件」の間で「暴力的な言動の回数」の平均値にまったく差がなかったとする。しかし，母集団の平均値にはまったく差がない場合であっても，母集団から中高生10名ずつのデータを標本として抽出した結果，標本の平均値が「暴力ゲーム条件」と「非暴力ゲーム条件」の間で多少ずれることは起こり得る。多少の差であれば，**“偶然”**[7]生じる確率は高いと考えられる。しかしながら，標本の平均値が「暴力ゲーム条件」と「非暴力ゲーム条件」の間で顕著に異なった場合はどうだろう。母集団の平均値にまったく差がないという仮定が正しいのであれば，標本の平均値において顕著な差が“偶然”生じることは，なかなか起こりにくいことなのである。そのため，標本の平均値において顕著な差が生じた場合には，母集団の平均値にまったく差がないという仮定は捨てさり，母集団の平均値にも差があると推測するのである。

なお，参考までに，本節で示したダミー・データについて検定を行うと，Table Ⅰ－1に示した平均値の差は“偶然”生じた（つまり，母集団の平均値にはまったく差がない）ことを否定できない。しかし，Table Ⅰ－2に示した平均値の差や，Table Ⅰ－3やFigure Ⅰ－2に示した相関関係については“偶然”生じた結果ではないと判断される[8]。そして，検定によって，“偶然”生じた結果ではないと判断された場合には，「有意な」平均値の差や，「有意な」相関関係と表現される。

（浅野昭祐）

▶8　一般的には，“偶然”生じる確率が5％以下である場合に，“偶然”得られた結果ではない（つまり，母集団の平均値にも差がある／母集団においても変数間に相関関係がある）と判断される。ここで示したダミー・データについて検定を行い，“偶然”生じる確率を算出すると，Table Ⅰ－1における平均値の差は15.32％，Table Ⅰ－2における平均値の差は0.00003％，Figure Ⅰ－2における変数間の相関関係については0.08％となる。

引用文献

川端一光・荘島宏二郎（2014）．心理学のための統計学入門——ココロのデータ分析——　誠信書房
山田剛史・村井潤一郎（2004）．よくわかる心理統計　ミネルヴァ書房
吉田寿夫（1998）．本当にわかりやすいすごく大切なことが書いてあるごく初歩の統計の本　北大路書房

6 心理学研究の流れ(5)考察

1 研究結果から何を考察するべきか

心理学の研究の多くは，人に関する変数間の因果関係や相関関係を明らかにすることが目的である。しかしながら，相関関係を明らかにすることが目的である相関研究でさえ，その結果から因果関係について推論する場合が少なくない。例えば，本来は変数間の因果関係について検証したいが，倫理的・方法論的な問題から実験が実施できないために，調査や観察という方法を用いた場合や，変数間の因果関係に関する仮説を構築するための第一歩として相関研究を行った場合である。

そもそも因果関係について明らかにすることにはどのような利点があるのだろうか。例えば，「暴力的なシーンが含まれているゲームで遊ぶことが多い場合には，暴力的な言動の回数も多い」という相関関係が明らかになったとしても，因果関係の有無は不明であるため，「暴力的な言動を抑えるためには，暴力的なシーンを含むゲームで遊ぶことを禁止すれば良いのか」といった疑問には「そうかもしれないし，そうでないかもしれない」といった曖昧な回答しかできない[1]。一方，「暴力的なシーンが含まれているゲームで遊ぶと，暴力的な言動の回数が増える（減る）」という因果関係が明らかになれば，「禁止すれば良い（遊ばせれば良い）」といった明確な回答が可能になる。

つまり，「因果関係がわかった場合だけ，私たちは現実を確実にコントロールすることができ，それによって生存の確率を高めたり，より良い生活を送ったりすることができるのである（高野・岡，2004，p. 12）」。

心理学研究を行った結果，わたしたちの生活や社会をより良くするための知見が得られたのか否かを見極めるための重要な観点の一つ[2]が，研究結果から変数間の因果関係がどの程度明らかになったのか，ということについて考察することである。

2 実験研究における変数間の因果関係についての推論

変数間の因果関係を明らかにするための，もっとも適切な方法は実験である。しかしながら，実験によって得られた結果であっても，独立変数と従属変数との間に因果関係があると結論づけるためには，剰余変数が従属変数に与える影響を取り除くこと（統制：control）ができているか否かを見極める必要がある。

▶1　変数間の相関関係を明らかにしただけではまったく役に立たない，ということではない。本文中の例で言えば，「暴力的なシーンが含まれているゲームで遊ぶことが多い」人は，（現在，あるいは将来）「暴力的な言動」をしてしまうような何らかの問題が，生活環境に存在するかもしれないと予測することは可能である。

▶2　加えて，その研究結果がどの程度一般化できるのかについて考察することも，重要な観点の一つである。本書では，第Ⅱ章から第Ⅶ章に記載された各実習の考察の視点において，“社会還元”についての考察を要求している。実習で得られた結果が，わたしたちの生活や社会をより良くするために，どのように活かせるのかについて，十分に，そして（過度な一般化をしないよう）慎重に，考察を行っていただきたい。

▶3　**恒常化**
恒常化とは全参加者の剰余変数の値を一定にする統制手法である。実験室の明るさや室温といった環境が剰余変数になるとみなされる変数であった場合に，同一の環境になるよう配慮することが挙げられる。

▶4　**無作為化**
無作為化とは，独立変数の各条件への参加者の割り当

例えば，I-4 で挙げた実験の場合に，「暴力ゲーム条件」はゲームで遊ぶ時間が非常に長く，「非暴力ゲーム条件」はゲームで遊ぶ時間が非常に短かったとしたら，どうなるだろう。その場合，独立変数と従属変数との間に因果関係があると結論づけることはできなくなってしまう。なぜなら，「日常生活における暴力的な言動の回数」が異なった原因は，「遊ぶゲームに暴力的なシーンが含まれているか否か」といった独立変数であるかもしれないし，「ゲームで遊ぶ時間の長さ」という剰余変数であるかもしれないからである。例えば，「ゲームで遊ぶ時間の長さ」が長時間になると，眼精疲労や頭痛を引き起こし，それによって気分がイライラして，結果的に「日常生活における暴力的な言動の回数」が多くなる，という可能性も考えられる。

このような剰余変数の統制手法は，**恒常化**[3]，**無作為化**[4]，**マッチング**[5]，**カウンターバランス**[6]などさまざまであるが，実験結果から変数間の因果関係についての推論を正しく行うためには，そのような統制手法に関する知識も必要不可欠なのである。

3 相関研究における変数間の因果関係についての推論

相関研究の結果から変数間の因果関係について推論をする場合は，実験研究よりも難解になる。まず問題になるのは，相関関係があったとしても因果関係が存在しない場合があるという点である。先の例を用いれば，「暴力的なシーンが含まれているゲームで遊ぶことが多い場合には，暴力的な言動の回数も多い」という相関関係が明らかになったとしても，実は「暴力を称賛したり扇動したりする人間が周囲にどの程度いるか」が共通の原因であり，周囲にそのような人間が多いことで，「暴力的なシーンが含まれているゲームで遊ぶ」ことも多くなり，「暴力的な言動の回数」も多くなった可能性が考えられるのである。このように，2つの変数間に因果関係がない場合であっても，両方の変数に共通した原因である第3の変数が存在することによって，相関関係が得られることがある。これを，疑似相関（spurious correlation）と呼ぶ。上述した例の場合，「暴力的な言動の回数」の原因は「暴力的なシーンが含まれているゲームで遊ぶ」ことではないため，「暴力を称賛したり扇動したりする人間」との付き合いをやめさせなければ，ゲームで遊ぶのを禁止しても「暴力的な言動の回数」は減らないのである。

さらに，もし仮に因果関係があったとしても，どちらが原因で，どちらが結果であるのかといった方向性は，相関研究の結果からは不明なことである。理論的には，原因は結果よりも時間的な先行性があることが推論のヒントになるが，先の例では，どちらの変数も原因となる可能性がある。

相関研究から変数間の因果関係についての推論を行うには，より高度な研究法や統計法の知識が必要不可欠[7]なのである。

（浅野昭祐）

てを，無作為に行うことによって，剰余変数（例えば，既存知識や性格など，参加者の属性に関する変数）の値が，独立変数の条件間で異ならないように統制する手法である。

▶5 **マッチング**
(a)独立変数の条件間で特定の剰余変数の平均値が異ならないように参加者を割り当てる平均値マッチングと，(b)特定の剰余変数の値が同一の参加者を対にして，独立変数の各条件に割り当てる対マッチングという方法がある。

▶6 **カウンターバランス**
独立変数の各条件（条件A，条件B）の実施順を，半数の参加者は条件Aの次に条件B，もう半数の参加者は逆の実施順にすることで，剰余変数からの影響（例えば，練習効果，疲労効果）を排除する統制手法である。

▶7 例えば，調査や観察によってデータを収集する際に，(a)疑似相関である可能性をできるだけ排除できるような工夫や，(b)因果関係の方向性の推論に役立てるために，変数間の時間的な順序関係が明らかになるような工夫が必要になる。そして，それらのデータを適切な統計手法によって分析する必要がある。このような，より高度な研究法や統計法の知識については，南風原（2011）が詳しい。

引用文献

南風原朝和（2011）．臨床心理学をまなぶ7　量的研究法　東京大学出版会

高野陽太郎・岡隆（編）（2004）．心理学研究法——心を見つめる科学のまなざし——有斐閣

コラム 1

実験参加者の勧誘における倫理的配慮

研究における倫理とは

大学等で心理学の研究を行う場合には，一般的に所属する組織の倫理委員会等による承認を受ける必要がある。また，学術誌等で研究成果を発表する時には，論文に倫理的配慮について記載していなければならず，適切な配慮が行われていない場合には論文の掲載を許可されない。このように，研究を行う上で，倫理的配慮は必要不可欠となっている。研究計画を立てる段階から成果発表に至るまで，常に気を配っておく必要がある。

研究における倫理[1]とは，研究に臨む姿勢・責任，個人情報を含んだデータの取り扱い，研究費の使用，利益相反[2]等，大変多くの要素を含んでいる。指導者の下で実習として実験を行う場合，学生自身がこれらの問題について考える機会は多くないかもしれないが，研究倫理に関する理解・配慮は当然必要である。ここでは，研究倫理に関する問題の一端として，卒業研究等の実施の最初の段階において直面する，実験参加者の勧誘に関する倫理的配慮について紹介する。

自由意志による参加

卒業研究等のために実験を行う場合，気心の知れた友人等に実験参加を依頼することがあろう。身近な人は義理人情で参加してくれるかもしれないが，だからといって倫理的配慮がおろそかになってはならない。身近な人であっても，研究実施者は参加者本人の意志に従った決定ができるよう，配慮する姿勢が重要である。研究実施者が虚偽の説明によって実験参加を促したり，立場の弱い者を強制的に参加させたりすることは，当然許されないことである。

このような問題は，一部の「悪質な」研究者に限ったことではない。研究者は，それぞれ研究成果を挙げたいという願望を持っており，そのためには参加者には是非協力してもらいたいと考えている。研究者が，得られる研究成果が社会に貢献すると信じていて，参加者への負担が大したものではないと考えていたとすれば，倫理的な逸脱について軽視してしまうことがあるかもしれない。

研究実施者が倫理的に配慮しているつもりであっても，実験内容に関する説明不足や，断りにくい雰囲気が醸し出されることによって，参加者が実は不本意ながら実験に参加していたという事態も起こりかねない。実験の内容，拘束時間，報酬の有無，不参加により不利益が生じないこと，そして実験途中でも参加を取りやめることができること等は事前に十分に説明しなければならない。質問事項や呈示する刺激についても，研究実施者自身が不快に感じなくとも，不快感を与える可能性があるものがあれば事前の説明が必要であろう。そして，示された条件について，最終的には本人の自由意志に基づいて参加・不参加が決定できるように配慮すべきである。

同意を得れば良いのか？

実験参加に関して事前に十分な説明を行い，文書で同意を得ること，すなわちインフォームド・コンセントの重要性については明らかであろう。では，実験参加の意思を確認することができないヒト以外の動物を研究対象とする場合は，どうするべきであろうか。ヒトであっても，乳幼児であったり，障害等によって本人の意思を確認することが困難な場合は，家族の了解を得ればそれで良いのであろうか。また，高額の謝礼を条件として，参加者の苦痛を伴う研究を行うことは，どこまで許容されるのであろうか。本人が事前に了解していれば何をしても良いという訳ではなかろうが，何か客観的な基準は設けられているのであろうか。

動物を対象とした研究を例に説明するが，現行の法律[3]では，対象動物にある程度の苦痛や不快感を与えることが予想される研究であっても，動物の命を奪うような研究であっても，その研究に十分に意義があり，他に代替法がない場合に限り，必要最小限の範囲で実施することが許容されている。ここで重要なのは，個別の研究計画の実施可否を判断するために，方法論的な問題だけでなく，期待される研究成果が動物の苦痛を伴う方法に見合うかどうかについてまで評価・判断が必要だということである。ほとんどの場合，研究を計画する者は期待される成果に大いに価値があると信じているため，動物の苦痛と成果を天秤にかけるような価値判断を本人だけで行うことには問題がある。

動物に与える不快感がどこまで許容されるのかは難しい問題である。動物の感じる不快感の程度を知るのはそもそも困難であり，研究において動物に与える不快感がどこまで許容されるのかを決めるのは難題である。ヒトを対象とした研究の場合であっても，どの程度の不快感まで許容されるのかは，個々の研究実施者の判断によって決められることではなく，個人が主観的な感覚を過信して，「この程度は大丈夫だろう」といった恣意的な判断を重ねていくべきではない。倫理委員会等における判断においては，一般に感じられると思われる不快感の程度が参考とされるであろう。同時に，不快感を与えることの研究上の必要性も問われることになる。

倫理に関する判断は難しいことであり，多くの場合は絶対的な正解がある訳ではなく，時代や地域によって倫理観が異なることもある。教科書に載っているような過去の有名な研究であっても，現在では倫理的な問題から実施が難しそうなものもある。個々の研究者が責任と自覚を持って研究に取り組むことはもちろん大切だが，個人の倫理観・価値観のみによって研究を行うことは困難であり，危険なことである。これまでの歴史が示している通り，何らかの制約がなければ，一般の倫理観と大きく乖離した研究が行われてしまうであろう。心理学を含めた研究活動は，社会の幅広い理解の下で実施を承認されている。倫理上の不備が，研究に対する社会の信頼を大きく損なう可能性があることを心に留めておきたい。

近年，学会や大学等で研究倫理に関する規定等が整備され，運用されるようになってきた。このことは，研究を取り巻く環境が徐々に厳しくなり，以前であれば研究実施者個人の判断で行っていたことが，具体的な手続き・承認を得なければ実施できなくなったという見方もできる。そして，倫理的配慮には手間がかかるし，面倒だと感じることがあるかもしれない。しかし，研究計画の段階から倫理面の問題について熟考し，必要な手続きを踏めば，参加者を害することも避けられ，研究実施者自身も安心して研究を進めることができるだろう。十分な倫理的配慮を行い，参加者に気持ち良く協力してもらうことは，良いデータを得るための前提であるといえる。

（泉　明宏）

▶ 1　研究における倫理：研究倫理に関する問題の広範さについて，例えば日本心理学会の倫理規程を参照。
http://www.psych.or.jp/publication/rinri_kitei/

▶ 2　ここでは研究を行う者としてのあるべき立場と，それに伴う金銭的利益などが衝突することをいう。例えば，ある企業から研究予算等の協力を得ながら，その企業の商品に関する研究を行うとしたら，商品について肯定的な結果のみが公表されるかもしれない。研究者が学術誌等で研究成果を発表する際には，利益相反を開示することが求められる。

▶ 3　動物の愛護及び管理に関する法律（特に第41条）
http://elaws.e-gov.go.jp/document?lawid=348AC1000000105

7 レポートの書き方(1)大前提

1 心理学におけるレポートの位置づけ

心理学におけるレポート（論文）とは，自分が行った研究を他の人に知らせる報告書である。他の領域のレポートと違う点は，全体の構成や形式が細かく決められているということである。レポートの構成は基本的に「標題・問題・方法・結果・考察・引用文献[1]」であり，内容は同じでも決められた形式で表現しなければ減点対象となることもある。慣れないうちはこうした決まりを面倒に感じるかもしれないが，レポートの形式が書き手によって異なると，読み手は内容を把握するのに膨大な時間を必要とし，書き手はどこに何を書くかという問題に悩むことになる。こうしたことを防ぎ効率よく学問を発展させていくために，心理学では論文作成のルール（投稿規定[2]）がそれぞれの学会によって定められている。心理学実験実習（以下，実験実習）は，投稿規定を簡易な形に修正したルールに基づいてレポートを作成するトレーニングの場ともいえる。

実験実習のレポート作成は，科目の単位取得につながるだけではない。この授業で学習するレポートの決まりは心理学の卒業研究に応用できるので，実験実習のレポートをルールに基づいて書けるようになれば，卒業研究を進めるのも容易になる。また，レポートでは客観性を保つ文章を書くことが求められるが，そのような文章が書けることは心理学以外の授業のレポートでも役立ち，ビジネス場面においても重要なスキルとなる。実験実習のレポートは決まりが多いので，負担に感じることもあるかもしれないが，苦労した分だけスキルアップもできるので，着実に取り組んでほしい。

▶1　この形式は，各部の頭文字（Introduction, Materials and Methods, Results and Discussion. 問題の他の呼び方については Ⅰ-8 参照。）をとって，IMRAD 形式と呼ばれることもある。

▶2　学会の投稿規定は数年おきに改訂され，実験実習に反映される程度にも大学によって差があるため，まずは自分の大学でのレポート執筆のルールをしっかり確認することが望ましい。（本書は第1版では2015年版，第2版では2022年度版の投稿規定の内容を反映させている。）

2 レポートの文章表現

レポートの文章は，客観的，論理的，簡潔であることが求められ，自分の研究について必要な内容を誤解されないように伝える必要がある。

客観的な文章とは，誰にでも同じように受け取られるような一般的事実を述べる文章を指す。例えば，「私は～と思う」「～と感じた」「～は当たり前だ」といった主観的と捉えられる表現は避ける。自分の意見を書く場合は，根拠やデータを伴った論理的な文章を書き，「～と考えられる」という表現を使うと良い。こうした自発の表現は，その根拠に注目するなら誰でも同じ結論に行きつくことを意味し，より客観的と捉えられやすい。

論理的な文章は「なぜ」が的確に説明できている文章ともいえる。適切な根拠をもち，説明に飛躍がなければ，それは論理的な文章だと判断される。こうした文章を書くのは難しいが，まずは「なぜこういえるのか」がレポートの中で的確に言及されているか自問しながら文章を書いていくと良いだろう。

簡潔な文章は，過度な修飾や冗長な言い回しを避け，伝えたいことを明確に書いたものである。簡潔な文章を書く手段の一つとして，レポートでは「だ」「である」といった常体の文章を書くことが求められる。「です」「ます」などの敬体は冗長となるため避ける。ただし，簡潔な文章と言っても，箇条書きや体言止め（名詞・代名詞・数詞で文を終わらせること）を使用してはならない。簡潔すぎて読み手が自分で情報を補わなくてはならず，誤解が生じやすくなるからである。「・」などの行頭記号を入れて簡潔に書いた後に改行する形式[3]は使わず，接続詞を使うなどして流れのわかる文章を書くことを意識する。「～を利用。」は「～を利用した。」のように，文章の形を保って書き進めるようにすると良い。

3 実験実習レポートのキーワード

最後に，実験実習で必ず出てくるいくつかの専門用語について，あらかじめ説明する。心理学の実験は，ある事象（できごとや行動）が何によって生じているかという因果関係を明らかにするために行われる。例えば，英単語のテスト勉強時に単語の音読をしたかどうかとテストの点数の因果関係を調べるためには，単語を音読した人としなかった人がテストで何点をとるかを調べるという実験を行う。

ここで研究対象となるそれぞれの事象のことを**変数**と呼ぶ。変数は実験参加者に応じて変化する（あるいは異なる）ことが想定される具体的な内容を総称するラベル・見出しのようなものだと考えると良いだろう。上の例では，「テスト勉強時の単語の音読」と「テストの点数」が変数にあたる。それぞれの変数のとり得る内容，たとえば音読をしたか，しなかったかということを**値**[4]と呼ぶ。値は数値になる場合（点数など）とそうでない場合（有無など）がある。

変数の中で原因にあたるものを独立変数，結果にあたるものを従属変数という。先ほどの例では，単語の音読の有無が独立変数，テストの点数が従属変数である。独立変数の中にある値は条件とも呼ばれる。また，条件の違いに応じて従属変数がどのような値になるかの予測を仮説と呼ぶ。単語を音読した人はしなかった人よりもテストの点数が高いだろう，などの形で条件を比較して大小関係を述べる，というのが典型的な仮説の形である。

以上のように，心理学の実験は独立変数として設定された複数の条件が従属変数にどのような影響を及ぼすかの予想をあらかじめ仮説として主張しておき，実験を行って得られたデータを分析し，仮説の正しさを確かめるという形となる[5]。

（小森めぐみ）

▶3　ただし実験の手続きなど，関連性のある内容の段落を並べる場合には，段落の冒頭に通し番号をふってもよい。

▶4　**変数と値**

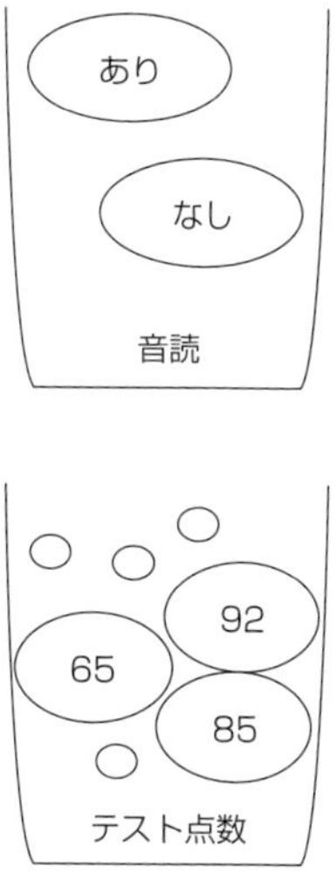

入れ物が変数，○が値を表す。実験参加者一人ひとりで，それぞれの変数の値は変わる。

⇨ I-4 参照。

▶5　心理学研究の詳細については I-4 参照。

8　レポートの書き方(2)標題

1　「標題」には何を書くのか

レポートを提出する際，多くの場合，標題をつける。それは，どのような内容のレポートを書いたのかを，読み手に示すためといって良い。フィンドレイ（1996）は，「『**表題**』は何を研究するのかを表現できるような比較的簡潔なものが望まれます。（中略）論文の表題で中身がわかるようにすることが必要です。（中略）もしあなたが『表題』に独立変数と従属変数を含めて表現することができれば，かなりわかりやすいものになると思います」と書いている。「論文の表題で中身がわかるようにする」「かなりわかりやすいものになる」，すなわち，読み手側に立って表現されるべきもの，それが標題である。

▶表題・標題
title は「表題（標題）」と訳されていることが多い。そこで複数の国語辞典で表題と標題をひくと，表題は，雑誌のタイトルなど，いくつかの話題や章を含んだ大きなまとまりに対して用いられ，標題は話題や章の一つひとつに対して用いられる，というような解説となる。心理学実験実習で作成するレポートは，卒業論文や修士論文，博士論文のような，いくつかの研究や章をまとめているものではなく，むしろ，一つの事象に関して探求された報告・まとめであるため，「標題」のほうが適切かと思われる。

2　「標題」を書く上で気をつけることは何か

フィンドレイ（1996）を心理学実験実習のレポートという文脈で読み替えてみると，「心理学実験実習のレポートの『標題』はどのような実験・調査・検査を何のために実習したのかを表現できるような比較的簡潔なものが望まれます。（中略）レポートの標題で中身がわかるようにすることが必要です。（中略）もしあなたが『標題』に独立変数と従属変数を含めて表現することができれば，かなりわかりやすいものになると思います」となる。実験実習では実験のみを実習するわけではないため，そもそも独立変数と従属変数が設定されているとは限らないが，少なくとも「どのような実験・調査・検査を何のために実習したのか」が，過不足なく読み手に伝わるような標題をつける必要がある。

3　「標題」の具体的な記述内容

それでは，具体的にはどのような標題をつければ良いのだろうか。

各実習には実習名がある。例えば，本書の最初の実習には，「ミュラー・リヤー錯視」という実習名がつけられている。この実習名は，ミュラー・リヤーが発見した錯視という現象についての実習である，という内容は含まれている。しかし，このままでは，それが実験による実習なのか，調査によるのか，検査によるのか，まったくわからない。当たり前のことだが，少なくともその点がわからなければ，「どのような実験・調査・検査を実習したのか」が伝わる標題にはならない。この点を踏まえて，「ミュラー・リヤー錯視図形を用いた錯視の実験的検討」と標題をつけたとしよう。これなら，実験を実習したことが明らかとなる。しかしこれではまだ，「どのような実験」であったのかは示せていない。「ミュラー・リヤー錯視図形を用いた錯視の実験」であることはわかるが，まだ「何のためにその実験を実習したのか」が明示されていない。そこでさらに，「ミュラー・リヤー錯視図形を用いた矢羽の角度と長さが錯視に与える影響の実験的検討」としてみる。これで，「矢羽の角度と長さが錯視に与える影響を実験的に検討するために」行った実習のレポートであることがわかるようになった。ただ，こういう指摘がある。「表題は，論文の内容に即したものとし，長さは40文字を超えないことが望ましい。副題は，できるだけ避ける」。これは，心理学研究という学術雑誌の論文投稿規定に明記されているルールである。あくまでも論文投稿規定であるため，実験実習のレポートの規定としては厳しいが，あまりダラダラと長い標題をつけることは望ましくないという点は重要視するべきであろう。

4 「標題」を書くコツ――優秀論文賞受賞論文の標題

どのような標題をつけるべきか，という問いに正解はない。しかし，最善はあるだろう。そこで，先述の心理学研究に掲載された論文のうち，優秀論文賞を受賞した論文の標題にそのコツを得てみよう。

「態度が相反する他者への過度なバイアス認知を錯視経験が緩和する効果」（2022年度受賞）

「指先が変える単語の意味――スマートフォン使用と単語の感情価の関係――」（2021年度受賞）

「漢字の形態情報が共感覚色の数に与える影響」（2019年度受賞）

上記３つに共通しているのは，端的に実験内容と何を明らかにしようとしたのか，何が明らかになったのかが過不足なく書かれているという点だといえる。

また，上記の２つ目の標題には副題がある。松井（2006）は，「論文の表題には『～に関する考察』などはつけません。『～に関する一研究』という表題も見ることがありますが，『一研究』であることは自明なので，無駄でしょう。（中略）表題はやや抽象的な表現にし，具体的な内容は副題につけるという方法もあります」と書いている。だが，先の心理学研究の投稿規定には，「副題は，できるだけ避ける」とある。レポートの標題では，できる限り副題は用いないが，どうしても必要な場合には，標題をやや抽象的な表現に，具体的な内容は副題に，という基準で副題をつけるのが良いだろう。

これまでにどのような標題が用いられているのかを，先行研究などから抽出しつつ，自身のレポートの標題を考えるのがコツといえよう。

（山崎浩一）

引用文献

フィンドレイ，B. 細江達郎・細越久美子（訳）（1996）．心理学実験・研究レポートの書き方――学生のための初歩から卒論まで――　北大路書房

川上直秋（2020）．指先が変える単語の意味――スマートフォン使用と単語の感情価の関係――　心理学研究，*1*，23-33.

神原歩（2021）．態度が相反する他者への過度なバイアス認知を錯視経験が緩和する効果．心理学研究，*92*，12-20.

松井豊（2006）．心理学論文の書き方――卒業論文や修士論文を書くために――　河出書房新社

宇野究人・浅野倫子・横澤一彦（2019）．漢字の形態情報が共感覚色の数に与える影響　心理学研究，*89*, 571-579.

9 レポートの書き方(3)問題

1 「問題」では何を書くのか

実験実習レポートの「問題[1]」の部分は論文の序論にあたる。「問題」では，これからレポートでどのようなことを取り上げるのか，なぜそれを取り上げるのかなどの研究の意義を，その研究についてよく知らない読み手に伝えていく。また，同じ領域で先に行われている研究（先行研究）の中に自分の研究を位置づけるために，これまで行われた研究をまとめる，自分が検証しようと考える仮説についての説明をするなど，多くの内容を含める必要がある。「問題」の最後に，「目的」という小見出しをつけて自分の研究で何を検討するかを改めてまとめることもある。この「目的」に基づいて，研究が進められることになる。なお，本文冒頭に「問題」という見出しはつけない。

▷1 「問題」全体を「目的」「序論」と呼ぶこともある。いずれにしろ『日本心理学会　執筆・投稿の手びき』では見出しはつけないとしている。

2 「問題」を書く上で気をつけることは何か

「問題」では，自分がこれからどのような研究をしていくのかを書いていくが，その際に「なぜ」を意識して書き進めていくことが重要である。ここでいう「なぜ」とは，「なぜこのテーマを扱うのか」「なぜこの研究をするのか」「なぜ仮説がそう予測されるのか」の３点である。実験を「どのように」行うのかについてはこの後の「方法」部分で書いていくことになるので，「問題」では「なぜ」を中心に文章を組み立てていく。実験実習では，過去に行われた有名な実験を**追試**[2]することが多い。よって，実験を行った研究者たちがどういった関心に基づいて，なぜこの実験を行ったのかを確認したり，考えたりしながら「問題」を書くと良いだろう。

▷2　**追試**
これまでに行われた研究を同じ手続きで実施すること。追試でも同じ結果が得られれば，その結果の信頼性は高いと判断できる。

3 「問題」の具体的な記述内容

「問題」では，「これからどのような研究をしようとしているのか」を 2 であげた３つの「なぜ」と関連させながら書いていくことになる。

まず導入として，「なぜこのテーマを扱うのか」を書いていく。日常生活や社会問題に目を向け，実験実習で扱うテーマとの関連を考えると良いだろう。例えば，記憶についての実験実習であれば，日常生活の中で記憶が重要な役割を果たす場面を考えてみよう。その際，実験実習の内容とまったく関係のないことを書くのではなく，何か関係することを考える必要がある。

次に書かなくてはならないことは「なぜこの実験をするのか」である。この部分を書くためには，先行研究や代表的な理論を振り返る必要がある。卒業研究の場合は先行研究を自力で探して読み込んでいかなければならないが，実験実習の場合は教員から前もって先行研究を指定されていることが多い。こうした場合でも，誰がどのような関心をもって，どのような手続きで研究を行ったのか，その結果どういったことがわかったのかについて，引用元を明らかにしながら◁3自分の言葉で説明する。また，専門用語や日常とは違う使い方をする言葉が登場する場合は，それが何を意味するのかについても先行研究を引用しながら説明しておくと良い。

▶3　文献の引用の方法については I-14 参照。

その上で，先行研究で明らかになっていない点や理論の問題点などを指摘する。ここは卒業研究ではとても大変なところだが，実験実習の場合は先行研究の議論を参考にしたり，同じ結果が別の参加者でも得られるかどうかを確認する，というだけでも良いだろう。先行研究で得られた結果が日常場面とどう関係するかを考え，その場面が少し変わった場合について考えてみるのも一つである。このようにして先行研究に対して問題提起を行い，それらを検討するために自分が今回の研究をする，という形に議論を運ぶ。

自分がどのような研究をするのかを書くことができたら，その研究によってどのような結果が得られるのかの予測を仮説として明記し，「なぜ仮説がそうなるのか」についても説明する。ここでは，独立変数の違いがどのようにして従属変数に見られる違いにつながっていくのかを，読んだ人に納得してもらえるようていねいに説明していく。仮説があてずっぽうだったり，根拠のない直観的な思いつきだったりせず，論理的に説明できることを示す必要がある。

最後に改めて「目的」として研究の検討内容を明記することもある。実習内容によっては，明確な仮説がない探索型と呼ばれる研究もある。その場合でも，何と何の関係について検討するのか，何を比較するのかなど，研究をすることで何を明らかにするのかを短くまとめておくと良い。

4 「問題」を書くコツ

「問題」で書くべき内容はどれも簡単ではないが，実験実習の場合，教員がプリントにまとめておいてくれたり，説明してくれたりする。しっかりノートやメモをとって，レポート執筆に備えよう。また，必要に応じて専門用語を調べ，先行研究に触れる機会を作ると良い。卒業研究では実験実習のようなまとめや説明はなく，「問題」を一から自分で書いていくことになる。内容がある程度指定されているうちに，自分がいま何について書いているのかをしっかり意識して，「問題」の書き方を身につけてほしい。　（小森めぐみ）

10 レポートの書き方(4)方法

1 「方法」では何を書くのか

実験実習レポートの「方法」部分では，実験がどのようにして行われたのかを具体的に詳しく書くことが求められる。誰を対象として，どのような手続きで，どのような刺激や装置を使い，どのような質問をしてデータをとったのかなどを，小見出しを使いながら順番に記述していく。

2 「方法」を書く上で気をつけることは何か

「方法」を書く時に注意しなくてはならないのは，あなたが書いた「方法」を読めば，他の人でもまったく同じ研究を再現できるように詳しく書くことである。その理由は2つある。一つ目の理由は，「方法」に書かれる内容が，その研究の信頼性や妥当性の判断材料となるからである。仮説の内容と対応しない操作をする，仮説を支持する結果を得ようと適切でない測定を行う，別の解釈ができる方法を用いるなど，疑わしい方法を使っている研究は優れた研究とはいえない。研究の質を評価する際には，どのような研究方法を用いたかという情報が判断材料の一つとなるのである。

もう一つの理由は，研究を再現できるような「方法」が書かれていなければ，別の研究者がその研究をやり直す，すなわち追試することができないからである。追試を行って，一つの研究で得られた結果と同じものが他の人や他の場所でも得られるのかを調べることで，その研究の結果が偶然の産物ではなく，一般的な傾向を反映したものだと判断できる。また，手続きや刺激の一部を変えたり追加したりすることで別の結果を得られれば，その研究領域について理解を深めることができるようにもなる。

以上のような理由から，「方法」を書く時には研究の内容を詳しく書くことが必要となる。ただし，単に細かく書けば良いという訳ではない。詳細は以下に記すが，研究の目的に関連する重要な情報は詳しく，そうではない情報（例えば質問紙を記入する時に使った机やいすの型番，器具の消毒に使った消毒液の名称）は省略して書く。

3 「方法」の具体的な記述内容[1]

「方法」では，「実験参加者」「装置・材料（刺激）」「手続き」について過去

▶1　実習が検査の場合はこの限りではない。また，実験の場合「実験計画」として，独立変数の各条件への実験参加者の割り当てが参加者間（一人の参加者が一つの条件に割り当てられる）で行われたのか，参加者内（一人の参加者が全ての条件に割り当てられる）で行われたのかを明記することもある。

形の文体で書いていく。質問紙を用いた場合は「質問項目」，実施状況が特殊な場合は「実験環境」などの小見出しを必要に応じて追加することもある。どのような小見出しを含めるかは実習によって異なるので，教員の指示をよく聞いておくと良い。

「実験参加者[◀2]」には，実験に参加した人数や性別ごとの人数，平均年齢，職業（実験実習の場合は大学生であることが多いだろう）などを書く。どのような立場で実験に参加したのか（報酬をもらったのか，授業の一部なのか）などもあわせて書いておく。この時，参加者個人の情報はわからないようにしなくてはならない。参加者について書く時には，全体の合計や平均，割合の形で表現する，あるいは，個人名を書かずに「実験参加者１，実験参加者２……」というように通し番号で表現する。

▶2　被験者という言い方もあるが，避けた方が良い。調査の場合は調査対象者，調査協力者，回答者と書くこともある。詳細は本書の構成を参照。

「装置・材料」には，実験で参加者に呈示した刺激や，測定に用いた装置等について詳しく書く。参加者に何かを見せた場合には，どのような内容のものをどのくらいの大きさで何秒間，どのような順番で呈示したのかを書いていく。同様に「質問項目」「実験環境」について書く場合には，❷の再現性を意識して書く。例えば「質問項目」では，質問内容，質問数，回答の形式などを書く。項目の例が一つくらいあっても良い。先行研究で使われた材料や尺度を使っている場合には，その研究を文中で必ず引用する。利き手や視力など，実験実施に重要な影響を及ぼす個人差があれば，それを書くこともある。

「手続き」には，どのような流れで実験を行ったのかを時系列で書いていく。特に独立変数をどう操作したのか，従属変数をどう測定したのかがはっきりとわかるようにする。教示内容や課題の実施回数，休憩の有無なども書く。手続きが複雑な場合や，特定の部分だけ情報量が多くなる場合は，フローチャートや小見出しを使って，全体の流れがスムーズに理解できるように書くと良い。

4 「方法」を書くコツ

「方法」は，考えたことではなく実際に行われたことを書いていくので，比較的苦労せずに書き進められる。ただ，時間の経過とともに記憶が薄れていきやすい箇所でもあるので，レポートを書くにあたっては，最初に「方法」の執筆を済ませることをおすすめする。これによりレポート全体の執筆に弾みがつくだけでなく，研究の質を左右する方法への注意力が養われるようになる。

慣れないうちは，どのような内容を含めれば実験を再現できるのかがわからないことが多い。料理のレシピをイメージして順番に書き進めていくと良いだろう。ただし，料理本の時制は現在形だが，実験実習のレポートはすでに実施した研究の報告であるので，文体は必ず過去形にしなくてはならない。

（小森めぐみ）

11 レポートの書き方(5)結果

1 「結果」では何を書くのか

実験実習レポートの「結果」の部分では，実験を行って得られたデータをどのように整理・分析したのか，また，どのような結果が得られたのかを正確に報告することが求められる。その際には，得られた結果を視覚的にわかりやすく報告するために，表計算ソフトやグラフ作成機能などを用いて結果を図や表にまとめることもある。結果を書くときには図表の作成に気をとられやすいが，もっとも重要なことは，レポート本文の中で具体的な数値を挙げながら，得られた結果をしっかりとまとめて報告することである。

2 「結果」を書く上で気をつけることは何か

「結果」を書く時に注意しなくてはならないことは，正確な記述を行うことと，結果の報告に徹することである。自分が考えたことや思ったことは「結果」には書かないようにする。また，図表や統計的分析を用いた結果報告の形式にはいくつかの決まりがあり，それらが守られていない場合には大幅に減点されることもあるので，注意が必要である。

○正確な記述を心がける

「結果」で正確な記述を心がけるとは，単にウソの報告をしないことを意味するわけではない。自分にとって都合が悪い結果であっても全て報告することが，「結果」における正確な記述である。実験では，自分が思っていた通りの結果が出ないということがある。先行研究で見られた条件間の差が自分たちの実験では見られなかったり，予測していた大小関係とは逆の結果が出てきたりすることもある。データの一部は仮説を支持するが，残りは支持しないということもある。いずれの場合でも，得られた結果を隠したり歪めたりせず，ありのままを報告することが必要である。たとえ，先行研究と異なる結果が出たとしても，その実験は間違いや失敗ではない。「条件間に差がない」という結果も立派な結果である。そうした場合でも，なぜ先行研究と違う結果になったのかを「考察」で熟考することで，研究が新しい方向に進むきっかけとなるので，隠さずに記述する。

○結果の報告に徹する

結果の報告に徹するということには，大きく分けて2つの意味がある。一つ目は主観を含めずに客観的な文章で結果を報告するということである[1]。客観的な文章表現は実験実習のレポート全体でも気をつけるべきだが，特に「結果」の報告には主観的表現が入らないように注意する。例えば，ある数値が大きいか小さいかといったことは，それだけでは主観的な判断になってしまう（何をもって「大きい」とするかは人によって異なるため）。得られた結果を客観的に報告する時は，平均値などの具体的な数値を挙げる。また，大小関係に言及する場合は，何が何と比べてどのくらい差があるのかということをあわせて書くと良い。文章を書く時に不必要な修飾語を入れないということにも注意が必要である。例えば，仮説と一致しない結果が出た際に「残念ながら」と入れたり，予想外の結果が出た際に「なんと」と入れたり，条件間に「はっきりと」違いが見られるなどの表現を使うことは，書き手の主観を含めることになるので，これらを入れないように注意する。

▷1　レポート全体の文章表現における注意点は I-7 を参照。

二つ目は，「結果」と「考察」を混同しないということである。「結果」も「考察」も実験データに基づいて書くものだが，「結果」ではどのような結果が得られたのかを具体的な数値を伴う形で報告し，「考察」ではなぜそのような結果が得られたのか，その結果が何を意味するのかについて，自分の考えを述べる。レポートで「結果」を書いている最中に「考察」で書くべき内容を思いつくことが時々あるが，そのアイディアは「結果」には書かずにメモをしておき，「考察」で活用すると良い。

3 「結果」の具体的な記述内容

「結果」の本文では，データの整理のしかたや分析方法などを説明してから，実験の目的や仮説に沿って得られた結果を順番に説明していく。図表を作成した場合は，データの整理のしかたの部分でどのような図表を作成したかも説明し，得られた結果を報告する際に図表に言及する。統計的分析を行った場合は，分析の種類や統計量などを決まった形で報告する。「結果」も「方法」と同様，ほとんどの部分を過去形で書く。また，数字や英字は半角で記載する。

◯データの整理のしかたや分析方法の説明

「結果」の冒頭では，データの整理のしかたや分析方法の説明として，図表を作成したこと，代表値や散布度[2]を求めたこと，統計的仮説検定を行ったこと等について述べる。この部分は「方法」と同様に，それを読んだ人が同じように実験のデータを整理できるように詳しく書いておくと良い。図表を作成した際も，何をどの図表にどうまとめたのかを記述する。本文中で図表に言及する際には，「〜の平均値を表で表した（Table 1）」や「〜平均値の推移を Figure 1に示した」のように図表の番号のみを書き，タイトルは記さない。なお，図表そのものの形式にも細かい決まりがあるので，I-12 を確認してほしい。

▷2　レポートでは代表値として平均，散布度として標準偏差を用いることが多い。代表値や散布度の詳しい説明は I-5 を参照。

❍得られた結果の説明

データの整理のしかたや分析方法を書き終わったら，いよいよ具体的な数値を挙げながら，得られた結果の特徴を文章で報告していく。ここで中心となるのは，従属変数の値である。いくつかの条件が設定されている実験では，条件ごとに従属変数の値を明記する。平均値や標準偏差，合計などを小数点以下第二位までで報告するのが一般的だが，測定した値の性質や実験の内容に応じて言及すべき統計量やその形式は変わるので，教員の指示を聞いておく。その上で，複数の条件間で大小関係がどうであったのか，どういった方向にどれくらいの変化や違いがあったのかを報告する。図表を作成している場合は，「Figure 1の通り，～であった」「～だった（Table 1）」のように，該当する図表に言及する。しかし，従属変数の値をただ羅列するだけでは，結果の説明としてわかりにくいものになってしまう。得られた結果の特徴がわかるように順番を工夫するなどして，具体的な数値を挙げて説明すると良いだろう。

また，**統計的仮説検定**[3]を行っている場合は，その結果が有意であったのかどうかも「結果」に記載する。具体例は「4『統計的分析』の報告のしかた」に記すが，分析の種類，統計量などを報告する。これらの結果を仮説と照合して，仮説が支持されたのか，不支持だったのか，一部支持されたのかなどを判断する（これは「考察」で書くようにと指示されることもある）。

▷3　**統計的仮説検定**
統計的仮説検定の考え方については，I-5 を参照すること。

実験の目的や仮説とは直接関係しないが興味深い結果が得られることもある。ユニークな結果はまっさきに報告したくなるが，まずは実験の目的や仮説に関連する結果の報告を優先し，それ以外の結果はその後に書くようにする。また，実験操作がうまくいったかどうかのチェック（操作チェック）を設けている場合は，その項目がどのような結果になったかを報告する（これは仮説に関係する分析の前に書いても良い）。

4 「統計的分析」の報告のしかた

統計的分析には，記述統計と**推測統計**[4]の2種類がある。推測統計だけが統計的分析だと思われがちだが，記述統計も統計的分析の一つであり，その結果を報告しておくことも「結果」では非常に重要なので，忘れないようにする。

▷4　**推測統計**
推測統計には統計的仮説検定と統計的推定とがあるが，実験実習で実施を求められるのは，統計的仮説検定であることが多い。

❍記述統計

記述統計とは，平均値（*M*）や標準偏差（*SD*），**相関係数**[5]（*r*）の算出など，データ全体の特徴をまとめるための分析を指す。カッコ内はそれぞれの記述統計量に該当する統計記号で，斜体の半角アルファベットで表記する。特に平均値の記載はほとんどの実験実習レポートで求められるので，それぞれの実習の指示に従って，必ず書くようにする。統計記号を使って報告する場合は「○○条件（$M = 3.00$）の値は××条件（$M = 1.55$）の値を1.45上回った。」などのように半角の数字や英字を使って表現する。

▷5　**相関係数**
⇨ I-5 参照。

❍推測統計

実験で得られた条件間の差が，統計的に意味のある差であるかどうかを検討するような場合には，統計的仮説検定（以下，検定とする）を実施する。検定では，「本来は差がない」と仮定した場合に，実験で得られたような差が偶然に生じる確率（有意確率）を計算する。有意確率が低ければ，実験で得られた差は「差がない」という仮定のもとでは偶然には生じづらいことを意味し，「差がない」という仮定が誤りで「差がある」と判断するほうが妥当であると考える。心理学では一般に，有意確率が５％未満（これを有意水準という）である時，「差がある」と判断する。検定の結果から「差がある」と判断した場合，「統計的に有意な差が見られた」と表現する。

検定は統計アプリケーションを用いて行うことがほとんどで，そこから関係する数値を読み取って「結果」を書いていく。まず，どの変数に対してどのような検定を行ったのかを本文中に明記する。主に２つの条件の平均値の差を比較する場合にはt検定，それ以上の条件を比較する場合には分散分析という分析方法が用いられる。続けて，条件間で統計的に有意な差が得られたかどうかを書く。その際，使用した分析の種類をあらわす統計記号（t検定の場合はt，分散分析の場合はF）を斜体であらわし，それに続けて**自由度**[6]をカッコに入れて書いた後で，算出された**統計量**[7]をイコール（=）で結ぶ。次にカンマをふってから，有意確率を一の位の０を省略して小数点第２位か第３位まで記載する（.001未満の場合はp＜.001と書く）。**効果量や信頼区間**[8]**の**記載を求められることもある。これら全てを半角英数字で書く。例えば，自由度30，統計量2.25，有意確率0.03（３％）で統計的に有意になったt検定について報告する場合は「○○条件の値は××条件の値を統計的に有意に上回った（$t(30) = 2.25$，$p = .03$）」や，「○○条件の平均値は××条件の平均値を上回り，その差は統計的に有意であった（$t(30) = 2.25$，$p = .03$）」などの書き方をする。統計的に有意な結果が得られなかった場合は，有意確率をそのまま記載し，文章で条件間に統計的に有意な結果が得られなかったことを明記する[9]。

5 「結果」を書くコツ

「結果」部分では，統計アプリケーションが出力した結果表や，初期設定のまま作った図をレポートに貼りつけるだけで，本文をほとんど書かないという間違いが見られる。図表はあくまでも本文に書いてあることをわかりやすく理解するための補助資料であり，本文に結果の説明がないことはあり得ないので注意してほしい。また，「結果」で報告すべき内容や図表作成のルールはあらかじめ配布資料などで指示されることも多いので，それらを熟読して，指示に沿った形の結果を書いていこう。「結果」は特に細かい形式的な決まりが多いので，ていねいに見直しをすることをおすすめする。　（小森めぐみ）

▶6　**自由度**
統計量を算出したり，有意水準を参照するために必要な値の一つで，データの個数や条件数の影響を受ける。

▶7　**統計量**
有意確率を求めるために必要な値の一つで，t検定の場合はt値，分散分析の場合はF値と呼ばれる。

▶8　**効果量と信頼区間**
効果量とは，効果の大きさを示す指標で Cohen のdやη^2（イータ２乗）などが知られている。有意確率を書いた後に$d = 0.45$のように追記する。信頼区間とは定められた確率で推定値に母数が含まれる区間を示す指標で，95% CI［下限値，上限値］のように追記する。いずれも2022年度の投稿規定から報告が求められている指標である。ただし，２年生で受講することが多い実験実習では，記載を求められない場合もある。

▶9　以前は有意差なし（not significant）をあらわす*n.s.*を用いた記載方法（たとえば$t(30) = 1.10$，*n.s.*）が主流であったが，近年では有意確率をそのまま記載する形が推奨されている。

12 レポートの書き方(6)図表の作り方

1 実験実習レポートにおける図表とは

実験実習レポートでは，得られた結果をわかりやすく把握する補助資料として，「結果」の中で図表の作成が求められることがある。表（Table）とは平均値や標準偏差などの細かい数値を一覧にしてまとめたものである。一方，図（Figure）とはグラフの他，写真やチャートなど細かい内容を視覚的にわかりやすくするために作成されたものである。実験実習では同じデータに関して図と表の両方の作成を求められることもあるが，卒業研究や一般的な心理学論文では基本的に同じデータからは図か表のどちらかしか作らない。大小関係を一目で把握したい時は図，条件間の細かい違いを把握したい場合は表というように使い分けると良い。

図と表は区別して英語表記とした上で別々に通し番号をふる（例えば図が2つ，表が1つの場合は Figure 1，Figure 2，Table 1となる）。また，通し番号の下の行に内容を簡潔に表したタイトルをつける[1]。通し番号とタイトルは図表の本体の上に左揃えで配置する。図と表の適切な例（Table I-4，Figure I-3）と不適切な例（Table I-5，Figure I-4）を以下に掲載したので，これらを確認しながらそれぞれの注意点を見ていくと良いだろう。

2 表作成のルール

表を作成する時には，縦線は使わず，横線も必要最低限にすることを意識しよう。適切な表の例（Table I-4）にある通り，列見出し[2]に独立変数，行見出

▶1　タイトルの位置はこれまで表では本体の上，図では本体の下とされてきたが，2022年度の投稿規定により，いずれもタイトルは上に配置するようになった。また，投稿規定では図表を英語で作成することも推奨されているが，説明をわかりやすくするため本書では日本語表記を用いる。

▶2　行見出しは横に並ぶ行のデータが何を表しているかを説明する部分で，列見出しは縦に並ぶ列のデータが何を表しているかを説明する部分を指す。

Table I-4
適切な表の例

Table 1
予習の有無によるテストの平均点

（点）

	N	予習なし条件	予習あり条件
暗記テスト	15	64.60(5.14)	75.00(4.78)
読解テスト	15	80.40(4.33)	82.69(4.50)

注：カッコ内は標準偏差

Table I-5
不適切な表の例

	予習なし条件	予習あり条件
暗記テスト	64.5983	75
読解テスト	80.4	82.69!!

Figure Ⅰ-3
適切な図の例

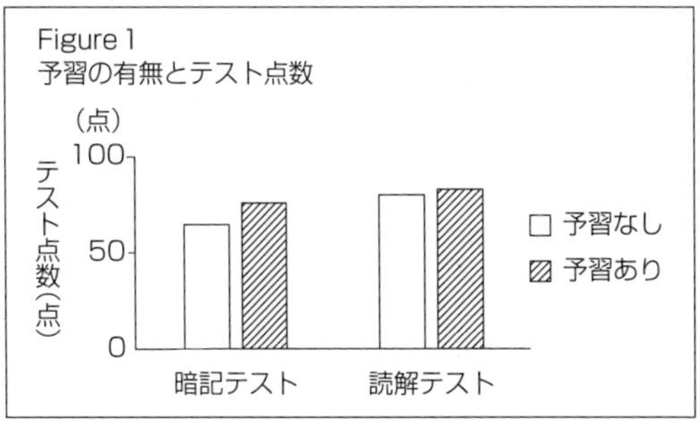

Figure Ⅰ-4
不適切な図の例

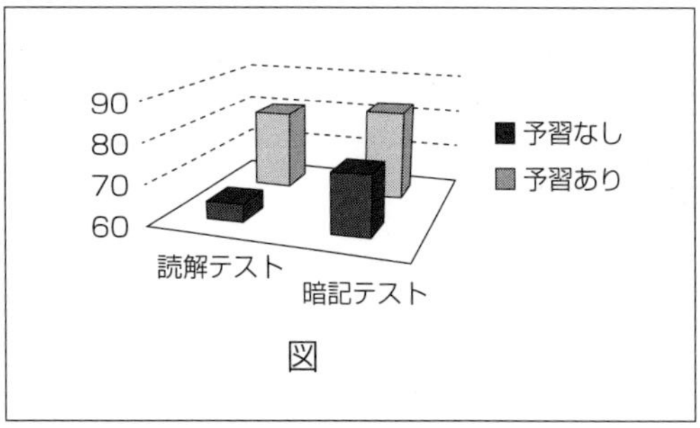

しに従属変数を書き，参加者数，平均値，標準偏差などを書くのが一般的である。小数の桁数を揃えたり，単位を含めたりして，情報を十分に含めつつ見やすいものを作ると良い。また，表番号とタイトルは表の上部に表記する。不適切な表の例（Table Ⅰ-5）には不要な縦線と横線が見られ，表番号とタイトル，単位がないほか，小数の桁や文字の位置，大きさが揃っておらず，不要な「！」マークまであるので，これらを修正する必要がある。

その他，結果集計表などで個人ごとのデータを報告する必要がある場合は，名前の代わりに参加者に通し番号をふるなど，プライバシーにも留意して表を作成する。

3 図（グラフ）作成のルール

図を作成する場合は，グラフの種類とレイアウトに注意する。グラフには棒グラフ，円グラフ，折れ線グラフなどがあるが，独立変数や従属変数の種類に応じてどれを用いるべきかが変わってくる。時間経過など連続的に変化するデータを表す場合は折れ線グラフ，条件間の比較をする場合は棒グラフ，割合などを見る場合は円グラフを用いる。

適切な図の例（Figure Ⅰ-3）にある通り，棒グラフや折れ線グラフでは，横軸に独立変数を，縦軸に従属変数を配置する。カラーや影，３Ｄ加工などは結果を把握しにくくさせるので使用しない。それぞれの条件を区別する必要がある場合は，折れ線グラフの場合には線を直線と点線にしたり，棒グラフの場合には塗りつぶしパターンを変えて対応すると良い。また，縦軸にはラベルをつけて，従属変数のとり得る値全て（例えば１～５のいずれかに○をつける質問の場合は１～５）または原点（０）が入るようにする[3]。縦軸の範囲を狭くしてしまうと，ほんの少しの差が大きな差に見えてしまい，結果の正確な理解を妨げる。また，図番号とタイトルは図の下部に表記することを忘れないようにする。不適切な図の例（Figure Ⅰ-4）は，３Ｄ加工がなされ，色を使用し，図番号とタイトルが表記されておらず，不要な目盛線があり，縦軸が何を表すのかわからず，範囲も狭いという点が問題である。　（小森めぐみ）

▶3　0から条件の最低値の間にかなり隔たりがある場合は，縦軸の途中に二重の波線を入れておくこともあるが，エクセルなどの標準機能で行うのは難しい。

13 レポートの書き方(7)考察

1 「考察」では何を書くのか

「考察」では，結果の部分で報告した内容を仮説と照らし合わせながら，結果の解釈や研究の意義，今後の課題を書いていく。「考察」は結果を基にして自分で考えた内容を書くことになるので，実験実習レポートの中ではオリジナリティを出しやすい。ただし，個性的なことをむやみに書く必要はなく，実験の目的や仮説に沿って考えをまとめていくことが重要である。

2 「考察」を書く上で気をつけることは何か

「考察」を書く上で気をつけることは，結果を踏まえて自分の考えを述べることである。「考察」では，まず実験全体や得られた結果について簡単にふりかえる。それに続けて，結果を基に考えた内容を書いていく。結果をまとめるだけでも，唐突に自分の考えを述べるだけでも「考察」としては足りないので注意する必要がある。

「考察」でも「結果」と同様，仮説を支持する結果だけに言及するのではなく，全ての仮説について得られた結果がどうであったのかを報告し，仮説の一つひとつについての自分の考えを説明する。また，仮説とは関係のないユニークな結果が得られている場合は，それについてもなぜそのような結果になったのかを考えて書く必要がある。単に不思議な結果が出たと報告するだけでは不十分であることに注意する。

実験結果についての自分の考えとは，なぜそのような結果が得られたのか，得られた結果からどのようなことが言えるのかなどを指す。感想ではないことに気をつけてほしい。研究結果と直接関係しない自分の意見などは書かずに，実験の内容に関連する事柄にしぼって書いていくようにすると良い。また，ここで書く内容はあくまで自分が頭の中で考えたものに過ぎないので，断定や**過度の一般化**[1]はしないように注意する。自分の解釈以外の考え方もあり得ることを意識して「～といった可能性が考えられる」「～ということが示唆される」などの婉曲な表現をしたほうが良い。

▶1　**過度の一般化**
ここでは研究結果が他のどのような場合にもあてはまると拡大解釈することを指す。

3 「考察」の具体的な記述内容

「考察」の本文では，まず実験全体をふりかえる。実験の目的や仮説をふりかえった上で，得られた結果について報告する。細かい数値についてはすでに「結果」で書いているので，「考察」では条件間の従属変数の大小関係や違いの内容を数値を入れずに報告する形をとる。

次に，得られた結果を仮説に基づいて解釈していく。仮説を支持する結果が得られた場合は，その理由を説明するだけでなく，「問題」部分で説明した因果関係とは違う形で実験結果を説明できる可能性がないかを，改めて考えてみる。また，仮説を支持しない結果が得られた場合は，なぜそのような結果になったのかを考える。ここでは，「問題」や「方法」を見直したり，先行研究と自分たちの研究の違いを考えてみると良いだろう[2]。

最後に，この研究の意義や今後の課題（今後の研究への提案）などを書く。研究の意義としては，**学術的な意義**[3]と**実践的な意義**[4]に分けて，これまで勉強したことや日常生活のさまざまな場面を思い浮かべたりして検討してみると良い。今後の研究への提案は，例えば，仮説が支持されなかった場合，どのような手続きであれば仮説を支持する結果が得られると考えられるか，別の説明が成立しないようにするためにはどうしたら良いかなどを考えて書く。また，結果に影響を及ぼし得る他の変数についても指摘しておくと，今後その研究を進めていく研究者のヒントとなるだろう。

4 「考察」を書くコツ

実験実習レポートで「考察」を書く場合は，考察のポイントとなる事項があらかじめ知らされることも多いので，それらに沿って考えをまとめていこう。ただし，その前に結果のふりかえりを行うことを忘れないようにしよう。

自分の考えを書くという作業に慣れないうちは，時間をかけて実験内容や結果と向き合う必要がある。問題部分で想定されている独立変数と従属変数の関係が変わる場合はないか，実験の手続きに問題はないか（操作はうまくいっていたか，違うものを操作したり，測定したりしていないか），結果の分析のしかたは適切かなど，ていねいに研究を見直そう。実験課題の領域について教科書を見直したり，授業の受講生同士で意見交換することも良いだろう。

「考察」を書き進める際には，自分の考えがどの結果を論拠としているのかがわかるように記す。また，文末に「大変だったがとても勉強になった」「仮説が支持されず残念だった」などの感想を入れたくなるが，「考察」に感想を書いてはならない。感想は自分が主観的に感じたことであり，根拠を基に論理的に考えた内容とは区別される。「考察」でもやはり主観的な表現を避けることを忘れないように注意しよう。

（小森めぐみ）

▶2　因果関係の推論については I-6 を参照。

▶3　**学術的な意義**
研究結果がこの研究領域全体の中にどう位置づけられ，どういった点でこの領域の研究を一歩前に進めたかを指す。

▶4　**実践的な意義**
研究結果が日常生活においてどのように活かせると考えられるか（社会への還元）を指す。

14　レポートの書き方(8)引用文献

1　「引用文献」では何を書くのか

心理学の研究を進める際には，それまでに行われた研究をふりかえることが求められる。例えば，自分が研究をしようとしている領域では以前にどのような研究が行われたのか，専門用語や理論を提唱したのは誰なのか，実験の手続きや装置，使用する尺度は誰が開発したものかなどについて先行研究を調べた上で，自分の研究を考えたり位置づけたりしなくてはならない。そして，レポートに先行研究など他の**文献**[1]で調べたことを書く時には，それが自分の考えによるものではなく，他の研究の内容であることがわかるように，本文中に決まった形で引用を明記する必要がある。その上で，レポートの最後に「引用文献」の項目を立て，本文中で言及した文献の書誌情報（著者やタイトルなど）をリスト化する。

▶1　**文献**
研究を実施する上で参考となる資料のこと。論文や書籍，学会発表，報告書，新聞や雑誌の記事などが挙げられる。

本文での引用のしかたは，先行研究の文章をそのまま使う直接引用と，先行研究の内容を自分の言葉でまとめて使う間接引用とがある。いずれにしても，他の研究の内容について書いているにもかかわらず，引用についての情報がない場合，そのレポートは剽窃，すなわち他人の研究やアイディアを盗んだとみなされる。これはあってはならないことなので，先行研究に言及する場合は本文中にも「引用文献」の項目にも引用であることを明記するように注意しよう。

2　「引用文献」を書く上で気をつけることは何か

❍本文中の引用

本文中で文献を引用する時に注意しなくてはならないことは，自分自身の意見と，引用する先行研究の中で示されている内容をしっかりと区別して文章を書くということである。例えば，ある研究結果が生じた理由を自分なりに解釈したという場合は，先行研究の結果は引用の形で書き，その後で自分の解釈を書く（例．○○がX年に行った実験では△という結果が得られているが（○○，X），この結果は□のために生じたと考えられる）。一方，ある研究結果を先行研究の著者自身が解釈しており，その解釈を自分のレポートでも採用する場合は，研究結果と解釈の両方が引用であることがわかるように文章を書く必要がある（例．○○はX年の実験で△を示し，この結果は□のために生じたとしている（○○，X））。

❍「引用文献」項目

レポート本文で言及した文献は全て「引用文献」に含める必要があるが，反対に本文で言及していない文献を「引用文献」に記載してはならない。研究に関連すると思って入手したものの，読んでみたら関連がなかった文献は「引用文献」に含めることができないので，注意が必要である。さらに，本文に引用しなかったが研究領域と関連がある文献を「参考文献」として載せる学問分野もあるが，心理学では「参考文献」は用いない。したがって，実験実習レポートにおいても「参考文献」は載せてはならない。

文献の引用の形式には厳密なルールがある。特にレポートの最後に書く「引用文献」のリストは，レポートの中でももっとも形式が複雑な箇所である。文献が論文なのか，書籍なのか，書籍の一部なのかなどにより書き方が異なるし，日本語で書かれたものかどうかでも形式が異なる。よく使う例をTable I-6とTable I-7にまとめたが，これ以外の文献を引用する場合は日本心理学会が発行している論文の執筆要綱[2]（「執筆・投稿の手びき」）を参考にすると良い。

インターネット上の情報は，新聞や官公庁などの組織の公式ページの情報，学術雑誌のサイトに掲載されている論文などであれば引用が認められるが，内容の信頼性が疑わしかったり，情報の出どころが不確かであったり，突然変更・消去されたりする可能性がある情報（例えばWikipedia[3]や個人ブログで紹介されている内容）は使わないでおくことが望ましい。

また，自分が読んだ先行研究の中で別の文献が引用されていることがあるが，こうした先行研究で引用された文献を読まずにレポートに含めることは「孫引き」と呼ばれ，避けなければならない行為である。なぜなら，「❍本文中の引用」で述べた通り，先行研究を引用する際には，引用した側の解釈が含まれる

Table I-6
本文中における文献の引用例

○基本的な引用例
・直接引用：鈴木（1999）は「○は△とまったく同じだ（鈴木，1999，p. 123)」と述べている。
・文頭での間接引用：鈴木（1999）によれば，○と△は等しい。
・文末での間接引用：○と△が等しいことが主張された（鈴木，1999）。
○日本語論文で著者が2名の場合
・文頭での間接引用：佐藤・鈴木（1999）によれば，○と△は等しい。
・文末での間接引用：○と△が等しいことが示された（佐藤・鈴木，1999）。
○英語論文で著者が2名の場合
・文頭での間接引用：Smith & Brown（2009）によれば，○と△は等しい。
・文末での間接引用：○と△が等しいことが示された（Smith & Brown, 2009）。
○日本語論文で著者が3名以上の場合
・文頭での間接引用かつ初出時：佐藤他（1986）によれば，○と△は等しい。
・文末での間接引用：○と△が等しいことが示された（佐藤他，1986）。
・文末での間接引用かつ二回目以降：○と△が等しいことが示された（佐藤他，1986）。
○英語論文で著者が3名以上の場合
・文頭での間接引用：Smith et al.（1994）によれば，○と△は等しい。
・文末での間接引用：○と△が等しいことが示された（Smith et al., 1994）。
○新聞の引用（執筆者氏名がわかる場合はそちらを書く）
・毎日新聞（2001）は○と△は同じだと報じた（毎日新聞，2001年×月◇日）。

▶2　2023年度時点の最新版の「執筆・投稿の手びき（2022年度版）」はhttps://psych.or.jp/manual/を参照。

▶3　Wikipediaの中で紹介されている新聞記事や本の内容を使いたい場合は，その元となる記事や書籍などを直接自分で入手し，読んで内容を確認すれば，引用してもよい。その場合はWikipediaではなく元の文献を引用する。

Table I-7
文末の「引用文献」項目における文献の記載例

○日本語論文の場合

小川 時洋・門地 里絵・菊谷 麻美・鈴木 直人（2000）．一般感情尺度の作成 心理学研究，71，241-246．https://doi.org/10.4992/jjpsy.71.241

○外国語論文の場合

Ishii, K., Eisen, C., & Hitokoto, H.（2017）. The effects of social status and culture on delay discounting. *Japanese Psychological Research*, 59, 230-237. https://doi.org/10.1111/jpr.12154

○日本語書籍の場合

杉浦 淳吉（2003）．環境配慮の社会心理学　ナカニシヤ出版

○日本語書籍の一部の場合

角辻 豊（1978）．情動の表出 金子 仁郎・菱川 泰夫・志水 彰（編）精神生理学Ⅳ 情動の生理学（pp. 196-209）金原出版

○外国語書籍の場合

American Psychiatric Association. (2013). *Diagnostic and statistical manual of mental disorders* (5th ed.). American Psychiatric Association.

○外国語書籍の一部の場合

Morioka, M. (2018). On the constitution of self-experience in the psychotherapeutic dialogue. In A. Konopka, H. J. M. Hermans, & M. M. Gonçalves（Eds.), *Handbook of Dialogical Self Theory and Psychotherapy: Bridging Psychotherapeutic and Cultural Traditions* (pp. 206-219). Routledge.

○学会発表原稿の場合

古賀 愛人・岸本 陽一・寺崎 正治（1992）．多面的感情状態尺度（短縮版）の妥当性 日本心理学会第56回大会発表論文集，646．

○翻訳書の場合

Lopez-Corvo, R. E. (2009). *The Woman Within: A Psychoanalytic Essay on Femininity.* Routledge.

（ロペスーコルヴォ，R. E. 井上 果子（監訳）飯野 晴子・赤木 里奈・山田 一子（訳）（2014）．内なる女性——女性性に関する精神分析的小論——　星和書店）

○新聞の場合（執筆者名不明の場合は掲載紙名を書く）

サトウタツヤ（2013）．ちょっとココロ学——悩み事どうやって打開？——読売新聞７月８日夕刊，７．

○インターネット上の情報の場合

日本心理学会（2022）．執筆・投稿の手びき　2022年版　日本心理学会　Retrieved October 25, 2022 from https://psych.or.jp/manual/

出所：日本心理学会「執筆・投稿の手びき（2015年版）（2022年版）」より作成。

ことがあり，先行研究で引用された文献をさらに引用すると，解釈を重ねることになってしまうため，もとの文献から内容が遠ざかる可能性があるからである。したがって，先行研究で引用されている文献を記す必要がある場合は，その文献を入手し，自分で読んで内容を確認した上で，「引用文献」に含めるようにする。

3 「引用文献」の具体的な記述内容

文献の引用のしかたは，本文中と「引用文献」でそれぞれ決まりがある。Table I-6とTable I-7を見ながらここからの内容を確認してほしい。

❍本文中の引用

まず，本文中に引用文献を記す場合は，文献の著者と発行年を記載する。文頭・文中・文末のどこに記載するかで形式が異なる。論文タイトルや掲載雑誌名などの詳細は「引用文献」項目に記載する。

著者が2名の場合は，和文なら「・(中黒)」を，英文なら「& (and)」を用いて姓をつなげる。著者が3名以上の場合は，第1著者の姓のみを記し，第2著者以降は日本人の場合は「他」，外国人の場合はand othersを意味するラテン語の「et al.」を書いて省略する。第一著者が同じ論文が複数ある場合は，区別がつくまで第二著者，第三著者…と著者名を記載する。

さらに，直接引用をする場合は引用する箇所を日本語ではカギカッコ（「」），英語ではクォテーション（“”）で囲むが，間接引用をする場合はこれらは不要である。心理学のレポートではできるだけ直接引用を避け，自分の言葉で先行研究の結果を言い換える間接引用を使うことが望ましい。

❍「引用文献」項目

レポートの最後に載せる「引用文献」は，日本語のものと外国語のものを全てあわせて，著者の姓のアルファベット順に書いていく。著者名，発行年，タイトルの他に，論文の場合は学術雑誌名，巻数，号数，掲載ページ，doi[4]を記す。また，書籍の場合は出版社名，新聞の場合は発行日などが必要となる。英文雑誌の雑誌名や書籍名などは斜体で表現する。書籍の一部や翻訳書の場合は編集者や訳者の情報も含める。具体例を参考にして，形式を整えたリストを作成してほしい。

同一著者の論文が複数ある場合は，発行年の古い順に列記する。また，同一著者の単著論文と共著論文がある場合は，単著論文を先に記し，これらが複数ある場合には発行年の古い順に記載する。インターネット上で入手した論文については，紙媒体と同じ形で雑誌名や巻号数，ページ番号，doiを記載[5]する。「2『引用文献』を書く上で気をつけることは何か」でインターネット上の情報は引用しない方が望ましいと記したが，例えば，文部科学省や厚生労働省などが公開しているデータを引用する場合は，発行母体，データ掲載年，タイトルの他にアクセスしたホームページのアドレスと閲覧日を記載すると良い[6]。

4「引用文献」を書くコツ

実験実習の場合は，引用文献があらかじめ与えられていることも多い。配布された資料や指示にしたがって，正しい形式で引用することを心がけよう。また，自分で文献を探す場合は，文献を見つけた時点で著者や出版年，雑誌名や出版社など必要な情報をメモしたり，コピーを取っておくと良いだろう。万が一メモを忘れてしまった場合は，インターネット検索をすると情報が入手できることもある。

「2『引用文献』を書く上で気をつけることは何か」に記した通り，「引用文献」には厳密なルールがあり，複雑な箇所である。そのため，注意深く作成するとともに，学会誌に掲載されている論文の形式を見本とし，学習を進めると良いだろう。

(小森めぐみ)

▷4 doi (Digital Object Indetifier)
インターネット上の電子コンテンツを区別するためにつけられる特殊な記号（識別子）。学術論文が電子化されるのに伴い，それぞれの論文や学術雑誌そのものに付与されるようになったが，大学紀要など一部の雑誌論文には付与されていない。

▷5 本書では，「引用文献」のレポート作成例のみdoiを記載する。

▷6 doiが付与されていない論文やコンテンツをインターネット上で入手して引用する場合は，コンテンツ作成者名，作成年，タイトルを書いた後で，そのコンテンツを入手したウェブサイトのURLとアクセス日を「Retrieved アクセス日 from URL」の形式で記載する。

コラム 2

わかりやすい文章の書き方

読み手を意識した文章を

論文・研究報告書・レポート等は，他者にその内容を理解してもらって初めて価値が生まれるものである。そのため，他者が苦労なく理解できるように，注意して記述しなければならない。ここではまず，他者が苦労なく理解できる文章を書くために最低限気を配るべき２つのポイントを確認する。どちらも当たり前と思われるかもしれないが，締め切りに追われていたり疲れた状態であったりすると，これらをおろそかにしてしまうことがある。レポートを書く前および書き終わった際には，よく確認してほしい。

1　適切な段落分けをする

一つ目のポイントは，適切な段落分けをすることである。想像すればわかるだろうが，段落分けがほとんどなされていない文章は，一目見た段階で読み手の読む意欲を大きく失わせる。それだけでなく，内容の区切りがわかりにくいため，読み手の理解を妨げる。段落分けがあまりにも多い文章もまた，どこで本当に内容が区切れるのかがわからなくなってしまうため，やはり読み手の理解を阻害する。要するに，段落分けは多すぎても少なすぎても良くなく，適切になされなければならないのである。

適切な段落分けとは，一つの段落に一つの内容が入っている状態にすることである。例えば，心理学実験実習のレポートにおける「結果」の記述では，目的に対応する結果ごとに段落を分けると良いだろう。また，「考察」の記述では，指定された「考察の視点」ごとに段落を分けると良いだろう[◀1]。このように一つの段落に一つの内容のみが含まれるようにするだけで，読み手の理解が大幅に促進されることが期待される。

2　一文は短くし，適切な接続表現でつなげる

２つ目のポイントは，一文を長くしすぎないようにし，適切な接続表現を用いて文と文をつなげることである。物語文や随筆文では，状況や心情の複雑さを演出するためにあえて一文を長くする場合や，リズム感を出すために接続詞を使用せずに文を羅列する場合がある。しかし科学的な文章では，そのような演出は求められていない。科学的な文章では，論理の明快さが第一に求められる。以上の理由から，心理学実験実習のレポートを書く際にも，一文を短くし，それらを適切な接続表現でつなげ，論理を明確にする必要がある。

一文を短くし，適切な接続表現でつなげることで，わかりやすさにどのような変化があるのか，具体例を挙げて説明しよう。まず，以下の文を読んでいただきたい。「これまでの調査では，貧しい人のほうが豊かな人より寄付をすることが示されており，合理的な観点からみると謎であり，貧しい人のほうが他者に対して共感的であるという事実を踏まえると，それほど不思議ではないかもしれない」。おそらく多くの人が「わかりにくい」と思ったのではないだろうか。それは，一文が長く，また，適切な接続表現が用いられていないためである。この文を複数の文に区切り，適切な接続表現でつなげると，以下のようになる。「これまでの調査では，貧しい人のほうが豊かな人より寄付をすることが示されている。この現象は，合理的な観点からみると謎である。しかし，貧しい人のほうが他者に対して共感的であるという事実を踏まえると，それほど不思議ではないかもしれない」。修正前より，だいぶわかりやすくなっているのではないだろうか。このように，一文を短くして適切な接続表現でつなげることで，読み手の理解が大幅に進む場合がある。

Table 1には，レポートで用いられることが多い接

Table 1
レポートで用いられることが多い接続表現

	順接	そのため，そこで，したがって
	逆接	しかし
	例示	例えば
接続詞	並列，追加	また，さらに，加えて
	言い換え	すなわち，つまり，要するに
	対比	反対に，他方
	補足	なお，ただし
指示語を用いた表現		これは，この○○は，このように

注：同じ種類に分類されていても，厳密には意味が異なるものもある。

Figure 1
段落の構造

トピック・センテンス
↓
サポート・センテンス①
サポート・センテンス②
サポート・センテンス③
↓
コンクルーディング・センテンス

続表現をまとめてある。レポートを書く際には，Table 1のような表現を効果的に用いると良いだろう。

さらにわかりやすい文章に――段落の構造を意識する

ここまで，文章を書く際の2つのポイントを確認してきた。これらは，他者に理解してもらえる文章を書くために，最低限気を配るべきことである。ここからは，さらにわかりやすい文章を書くために知っておくべき「段落の構造」について説明する。

段落は「トピック・センテンス」「サポート・センテンス」「コンクルーディング・センテンス」という3つのパートから成り立つように構成すると，よりわかりやすくなるといえる（Figure 1）。トピック・センテンスとは，その段落で主張したい内容を一文でまとめたものである。これは通常，段落の最初にくる。サポート・センテンスとは，トピック・センテンスに続いて，それをさらに具体的に説明したり証明したりする，複数の文である。コンクルーディング・センテンスとは，段落の最後に書く「まとめ」の一文である。これら3つのパートから段落を構成すると，わかりやすい文章となる[2]。

実は，これまで読んできた段落のほとんども，Figure 1のような構造になっている。例えば，「1　適切な段落分けをする」の1段落目を見てほしい。1文目がトピック・センテンス，2～4文目がサポート・センテンス，5文目がコンクルーディング・センテンスとなっている。「1　適切な段落分けをする」の2段落目，「2　一文は短くし，適切な接続表現でつなげる」の1，2段落目もFigure 1の構造になっている。ただし，「2　一文は短くし，適切な接続表現でつなげる」の3段落目など，この構造に当てはめられない場合もある。しかし基本的には，この構造に当てはめて記述することを心がけると，わかりやすい文章となるだろう。

おわりに

以上見てきたように，わかりやすい文章を書くためにはいくつかのポイントを押さえる必要がある。言い換えると，それらを押さえればわかりやすい文章を書くことは誰にでも可能なのである。他者に苦労なく理解してもらえる文章を書こうと努力する過程で，実は自身の頭の中が整理されるというメリットもあるため，ぜひ，より良い文章を書くことに挑戦していただきたい。

（竹部成崇）

▶1　必ずしも常にこの限りではなく，一つの「考察の視点」について2つ以上の内容を記述する場合は，その内容ごとに段落分けをした方が良い。

▶2　ただし，サポート・センテンスが少ない等の理由で段落が短い場合には，コンクルーディング・センテンスがあるとしつこく見える場合もある。

1　ミュラー・リヤー錯視(1)問題

1　実習の概要

錯視とは，視覚における錯覚を指す。錯視は古くから議論の的となり，心理学においても多くの研究がなされている。本実習では，錯視の一つであるミュラー・リヤーの錯視図形を用い，刺激条件と知覚判断の間の関連を検討し，刺激条件が錯視現象に及ぼす影響について理解する。

2　人の知覚と錯覚

錯覚とは，対象が実際の物理現象とは異なって知覚される現象を指す。そのうち，視覚において生じる錯覚を錯視という。錯覚は，外界を忠実に知覚していないという点で知覚の誤りだと思われるかもしれないが，基本的には誰にでも生じることから，人間の知覚のメカニズムの特徴が反映されていると考えられる。そもそも，人をはじめとする生物の知覚は，外界を写し取る単なるセンサーではなく，生物が生きていくために“適した”ように外界を解釈するメカニズムである。このメカニズムは非常に洗練されており，多くの場合は妥当な知覚をもたらす。しかし，ある特定の刺激や状況下では，妥当ではない知覚，すなわち錯覚が生じてしまう。この錯覚現象がなぜ生じるのかを明らかにしていくことで人間の知覚のメカニズムを解明できると期待され，研究が進められている（例えば錯視に関しては，後藤・田中，2005）。

3　幾何学的錯視

例えば，地平線からのぼり始めたころの月が大きく見え，空高くのぼっていくにつれて小さく見えることがある。実際の月の大きさは変わっていないことから，これは錯視現象であると考えられる。この「月の錯視」は，古くはアリストテレスの時代から，多くの議論がなされてきている（Ross & Plug, 2002；東山訳，2014）。

このように，錯視現象は人々の関心を惹きつけてきた。心理学でも錯視について多くの研究が行われており，その中でも特に**幾何学的錯視**[1]に関する研究の歴史は古い。幾何学的錯視とは，幾何学図形の特徴によって引き起こされる錯視で，図形の長さや大きさ，傾きの角度，位置などが実際とは異なって知覚される現象である。幾何学的錯視の図形として知られるもっとも古いものは，

▶1　**幾何学的錯視**
「イリュージョンフォーラム」(https://illusion-forum.ilab.ntt.co.jp/) はNTTコミュニケーション科学基礎研究所が運営・管理しているwebサイトで，幾何学的錯視以外にもさまざまな錯視や錯聴（聴覚における錯覚）を体験できる。興味がある方はのぞいてみてはいかがだろうか。

▶2　例えば，実際には動いていないのに，平面図形が動いて見えるような錯視図形が考案されている。北岡（2005）にも，その一例が載っている。

北岡明佳（2005）．幾何学的錯視のリアリティ　日本バーチャルリアリティ学会誌，*10*，8-12.

▶3　**ミュラー・リヤー錯視**
日本語では，ミューラー・リヤー錯視やミュラー・リエル錯視など，表記のパターンがいくつかあるが，同一のものを指している。

Figure Ⅱ-1
フィック錯視

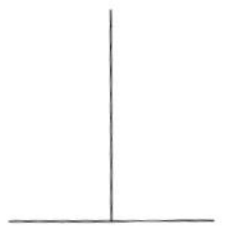

出所：Fick (1851)

Figure Ⅱ-2
デルブーフ錯視

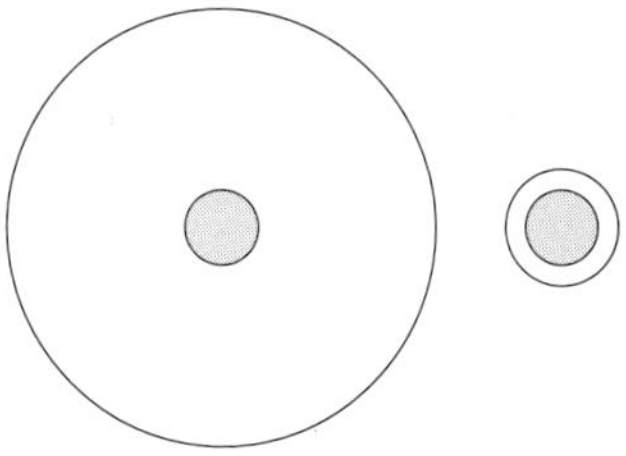

出所：Nicolas (1995)

Figure Ⅱ-3
ミュラー・リヤー錯視

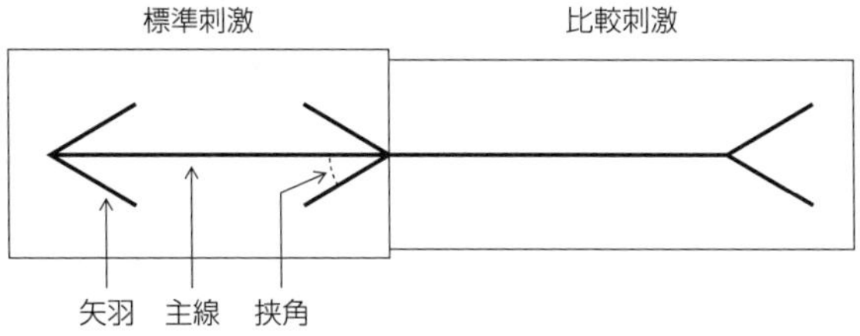

1851年に示されたフィック錯視である (Fick, 1851)。この錯視では，T字型（あるいは逆T字型）に配置された同じ長さの線分において，水平線よりも垂直線の方が長く見える (Figure Ⅱ-1)。また，錯視は大きさに関しても生じる。例えば同心円を描いた時に，外側の円の大きさによって内側の円の大きさの知覚が影響を受ける (Figure Ⅱ-2：デルブーフ錯視，Nicolas, 1995)。Figure Ⅱ-2の2つの灰色の円は同一の大きさであるが，右側の方が大きく見える。この他にも，数多くの幾何学的錯視の図形が知られており，近年ではより複雑な錯視図形[2]が考察されている。

4　ミュラー・リヤー錯視とは

幾何学的錯視の中で有名なものに，**ミュラー・リヤー錯視**[3] (Müller-Lyer illusion) がある (Müller-Lyer, 1889)。この錯視図形では，両端に内向きの矢羽を付けた線分は実際よりも短く，両端に外向きの矢羽を付けた線分は実際よりも長く知覚される。Figure Ⅱ-3でも，左右の刺激の主線の長さは同じであるが，標準刺激よりも比較刺激の方が，主線が長く感じられる。このミュラー・リヤー錯視の原理については諸説があり，完全には解明されていない。

5　目的

本実験の目的は，ミュラー・リヤーの錯視図形を用い，刺激条件と知覚判断の関連を検討することである。特に，ミュラー・リヤーの錯視図形における矢羽の長さと挟角の大きさが，錯視量に及ぼす影響について検討する。

（津村健太）

引用文献

Fick, A. (1851). *Da errone quodam optic asymmetria bulbi effecto.* Marburg: Koch.

後藤倬男・田中平八（編）(2005). 錯視の科学ハンドブック　東京大学出版会

Müller-Lyer, F.C. (1889). Optische urteilstäuschungen. *Archiv für Physiologie, Supplement volume,* 263-270.

Nicolas, S. (1995). Joseph Delboeuf on visual illusions: A historical sketch. *American Journal of Psychology, 108,* 563-574.

Ross, H. E., & Plug, C. (2002). *The mystery of the moon illusion: Exploring size perception.* London: Oxford University Press.（ロス, H. &プラグ, C. 東山篤規（訳）(2014). 月の錯視――なぜ大きく見えるのか――　勁草書房）

2　ミュラー・リヤー錯視(2)方法

ここではミュラー・リヤー錯視の実験参加者，装置・材料，手続きの説明や，実験実施に際しての注意事項ならびにレポート作成例を記す。

1　実験参加者

視覚を用いた実験であるため，視力が低いなどの事情がある場合は，視力矯正を行っていることが望ましい。

2　装置・材料

ミュラー・リヤー錯視図形◁1（Ⅱ-1 Figure Ⅱ-3参照）を用いる。装置は2枚の板からなっている。このうち1枚には，矢羽が内向きになっている内向図形が描かれている。これを標準刺激とする。もう1枚には，標準刺激に接する形で直線が描かれており，標準刺激とは反対の側に外向きの矢羽が描かれている。こちらが長さを調整する比較刺激である。

標準刺激の主線の長さは100㎜である。刺激条件（挟角の大きさと矢羽の長さの組み合わせ）はTable Ⅱ-1の通り，6種類である。また，記録表を用意する◁2。

3　手続き

実験は，参加者自身が装置の操作を行う参加者調整法とし，参加者は標準刺激と比較刺激の主線の長さが等しく見える（**主観的等価点**◁3，point of subjective equality：以下，PSE）ように装置を調整する。

各装置の調整は，標準刺激よりも比較刺激の方が明らかに短く見える点から開始する上昇系列を4試行，標準刺激よりも比較刺激の方が明らかに長く見える点から開始する下降系列を4試行，計8試行実施する。その際，順序の効果を相殺するため，上昇系列と下降系列の実施順は参加者ごとにランダム（無作為）とする。また，一つの装置について8試行実施した後，次の装置の調整を実施する。同様に6つの装置全てで実験を行う。なお，6つの装置をどの順序で提示するのかについても，参加者ごとにランダムとする。

Table Ⅱ-1
ミュラー・リヤー錯視図形の挟角の大きさと矢羽の長さの組み合わせ

挟角の大きさ	15°	30°	60°	30°	30°	30°
矢羽の長さ	30㎜	30㎜	30㎜	15㎜	35㎜	45㎜

▷1　**ミュラー・リヤー錯視図形**
本書の刺激条件は，竹井機器工業が製造・販売を行っているミュラー・リヤー錯視の実験機器にあわせてある。それ以外の機器を用いる場合には，使用する機器の刺激条件にあわせて実験を行うと良い。入手できない場合は，p. 174-180に掲載した資料を用いて簡易的な錯視装置を作成することが可能である。

▷2　ミュラー・リヤー錯視：記録表。
⇨ p. 181参照。

▷3　**主観的等価点**
標準刺激と比較刺激が，同等の物理量（長さ，大きさ，明るさ等）を持っているように判断される点を指す。

実験を開始する前に，参加者に装置を見せながら以下の教示を行う。

「これから実験を行います。（比較刺激を指しながら）利き手の方にこちらがくるように，装置を読書をする時の位置で持ってください。そして，図形全体を見ながら，（標準刺激の主線を指しながら）この線の長さと同じ長さになるように，（比較刺激の主線を指しながら）この線の長さを調整してください。調整は，できるだけ同じスピードで行ってください。もし行き過ぎたと思ったら，戻しても構いません。あくまでも目測で判断し，指などを使って長さを測らないでください。２つの線の長さが同じになったと判断したら，『はい』と言って知らせてください」。

実験者は，上昇系列では比較刺激の方が明らかに短く見えるように，下降系列では比較刺激の方が明らかに長く見えるように装置をセットする。そして，装置を参加者に手渡し，利き手側に比較刺激がくるように両手で装置を持たせ，読書距離（読書に適した距離。個人差はあるが30cm程度）で維持させる。その後，どちらの系列での試行かを伝え，調整を開始してもらう。

参加者からPSEに達したとの合図があったら，比較刺激の長さを**測定**[4]し，PSEとしてその値を記録する。なお，実験者は，参加者が長さの調整をしている間や，自身がPSEの長さを測定する際などに，調整のヒントとなるような助言や反応をしない。また，参加者に測定結果を見られないよう注意する。

《レポート作成例》

方法

実験参加者　実験参加者は大学生10名（男性４名，女性６名）で年齢の平均は____。

実験計画　本実験では，１要因３水準（挟角：15°／30°／60°），１要因４水準（矢羽の長さ：15mm／30mm／35mm／45mm）の実験参加者内計画であった。

材料　ミュラー・リヤー錯視図を用いた。標準刺激の主線の長さは100mmであった。また，刺激条件（挟角の大きさと矢羽の長さの組み合わせ）は……

手続き　実験は，参加者自身が装置の操作を行う参加者調整法とし，標準刺激と比較刺激の主線の長さが等しく見える（主観的等価点，point of subjective equality：以下，PSE）ように調整してもらった。各装置の調整は，……計８試行を行った。その際，……ランダムとした。また，一つの装置について……実施した。同様に……行った。なお，……ランダムとした。

実験を開始する前に，参加者に装置を見せながら以下のように教示を行った。「これから……」。

実験者は……装置をセットした。そして，……調整を開始してもらった。

（津村健太）

▷４　**測定**
最小目盛が１mmの定規で測る場合には，目盛の10分の１，すなわち0.1mmの単位まで（目分量で）読み取るのが一般的である。ノギス等，精密に長さを測定できる器具の場合は，測定精度が器具ごとに定められていることが多いので，設定された測定精度で読み取りを行うようにする。平均値の桁数は，測定精度に合わせる。例えば，0.1mm単位で読み取った場合は，平均値も小数第２位で四捨五入し，0.1mm単位まで求める。

なお，竹井機器工業製の実験機器では，裏面に目盛が記載されており，錯視量を測定できるようになっている。そのため，PSEの測定や錯視量の計算は，不要である。

3　ミュラー・リヤー錯視(3)結果・考察・引用文献

ここでは，ミュラー・リヤー錯視の実験によって得られたデータをどのように整理・分析するのか（結果の整理），また，その結果を基にどのような視点から考察すれば良いのか（考察の視点）について説明する。加えて，レポートを作成する際には，本文で引用した文献を列記しなければならないので，その例を載せる。

1　結果の整理

実験によって得られたデータは次の手順で整理・分析を行う。

(1)参加者ごとに各装置の上昇系列，下降系列，全系列の合計と平均値を算出し，主観的等価点（PSE）の長さを求める[1]。PSE の平均値から標準刺激の主線の長さを引いたものを錯視量とする。PSE の長さが標準刺激の主線より短い場合は，負の値となる。

(2)矢羽の挟角が錯視量に与える影響について検討するため，15°・30mm，30°・30mm，60°・30mmの結果を，系列別（上昇系列，下降系列，全系列）に表にまとめ[2]，グラフを作成する。その後，図表から読み取れることを文章で説明する（作成例は Table Ⅱ-2，Figure Ⅱ-4）。

(3)同様に，矢羽の長さが錯視量に与える影響について検討するため，30°・15mm，30°・30mm，30°・35mm，30°・45mmの結果を，系列別に表にまとめ，グラフを作成する。その後，図表から読み取れることを文章で説明する。

▶1　ミュラー・リヤー錯視：記録表。
⇨ p. 181参照。
竹井機器工業製の実験機器を用いた場合は，裏面の目盛を用いて錯視量を測定する。

▶2　ミュラー・リヤー錯視：集計表（錯視量）。
⇨ p. 182-183参照。

《レポート作成例》

結果[3]

各装置の上昇系列，下降系列，全系列の合計と平均値を算出し，主観的等価点（PSE）の長さを求めた。次に，PSE の平均値から標準刺激の主線の長さを引き，刺激条件別に，上昇系列，下降系列，全系列の錯視量の平均を求めた。その結果，矢羽の長さ30mmの錯視図形における錯視量は，上昇系列では挟角15°の時 −4.4mm，30°の時 −7.8mm，60°の時 −12.1mmであった（Table 1）。下降系列では……。

▶3　実際に用いた実験機器での測定方法に合わせ，記述内容を変更する。

2　考察の視点

考察は得られた結果を基に，次の視点から行う。

(1)矢羽の挟角は錯視量にどのような影響を与えているか考察する。

Table Ⅱ-2
錯視図形の挟角が錯視量に与える影響
(上昇系列)(単位:mm)

挟角	15°	30°	60°
参加者1	−5.6	−8.3	−13.9
参加者2	−2.9	−6.0	−10.8
⋮			
平均	−4.4	−7.8	−12.1

Figure Ⅱ-4
錯視図形の挟角が錯視量に与える影響

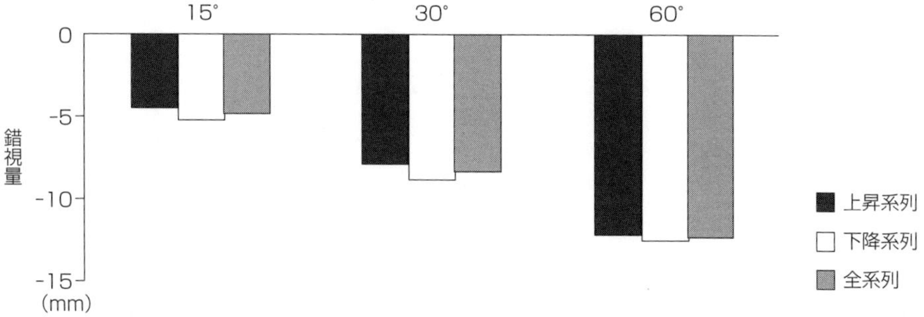

(2)矢羽の長さは錯視量にどのような影響を与えているか考察する。

(3)上昇系列と下降系列で錯視量に違いはあるか検討する。違いがあるとすれば,その理由は何か考察する。

(4)本実験の結果を日常生活の中でどのように活かせるか考察する。

《レポート作成例》

考察

本実験の目的は,ミュラー・リヤーの錯視図形において,矢羽の挟角,および矢羽の長さが錯視量に与える影響を検討することであった。実験の結果,矢羽の挟角が大きくなるほど錯視量が……。このことから……。

3 引用文献

レポートを作成する際,本文で引用した文献は,「引用文献」の項目に著者の姓のアルファベット順に列記する。

《レポート作成例》

引用文献

Müller-Lyer, F. C. (1889). Optische urteilstäuschungen. *Archiv für Physiologie, Supplement volume*, 263-270.

後藤 倬男・田中 平八(編)(2005). 錯視の科学ハンドブック 東京大学出版会

(津村健太)

4 触２点閾の測定⑴問題

1 実習の概要

手のひら（手掌部）や腕に２本のペンを同時にあてると，「２本ある」と感じられるだろう。しかし，２本のペンの距離を短くすると，「２本ある」とは感じにくくなる。同じように２本のペンをあてているにもかかわらず，その知覚が異なるのはなぜだろうか。本実習における触２点閾の測定の実験では，感覚の感度を表す指標の一つである触２点閾を身体の異なる部位で測定し，触覚の特徴や測定方法について理解を深める。

2 皮膚感覚の種類と感度

対象に触れた時に生じる感覚は皮膚感覚と呼ばれ，一般に，視覚・聴覚・味覚・嗅覚とともに主要な感覚システムの一つとして数えられる。さらに，皮膚感覚は，⑴触覚（触れたという感覚），⑵**圧覚**[1]（触れられ続けているという感覚），⑶温覚（温かいという感覚），⑷冷覚（冷たいという感覚），⑸痛覚（痛いという感覚）の５種類に区別される（松田，2000）。本実験では，これらのうち触覚を取り上げ，その感度を問題とする。

感覚の感度を表す指標の一つとして，**絶対閾**[2]がある。絶対閾は，感覚が生じるための最小の刺激の強さである。例えば，触覚の絶対閾は触覚閾と呼ばれ，何かが皮膚に触れているという感覚が生じる最小の刺激強度（圧力）として測定される。

感覚の感度を表すもう一つの指標が弁別閾である。弁別閾とは，２つの刺激を区別することのできる最小の刺激差異のことである。特に，触覚の弁別閾を触２点閾という。２本のペンで皮膚の２点に同時に触れる時，２点の距離がある程度大きければ２点と感じられるが，距離が小さくなると２点ではなく，１点としか感じられなくなる。この時の，２点を２点と感じる距離と１点としか感じなくなる距離の境目が触２点閾である。触２点閾は触覚計（Figure Ⅱ-5）を用いて比較的簡単に測定でき，これまでに多くの研究で測定されてきた。

▷1　**圧覚**
触覚と圧覚の感覚受容器は異なるが，感覚として両者を厳密に区別することは困難であることから，これらをまとめて触圧覚と呼ぶこともある。

▷2　**絶対閾**
刺激閾（stimulus threshold）とも呼ばれる。

▷3　**極限法**
心理物理学的手法の一つであり，他に恒常法や調整法がある。

Figure Ⅱ-5
スピアマン式触覚計（竹井機器工業社製）

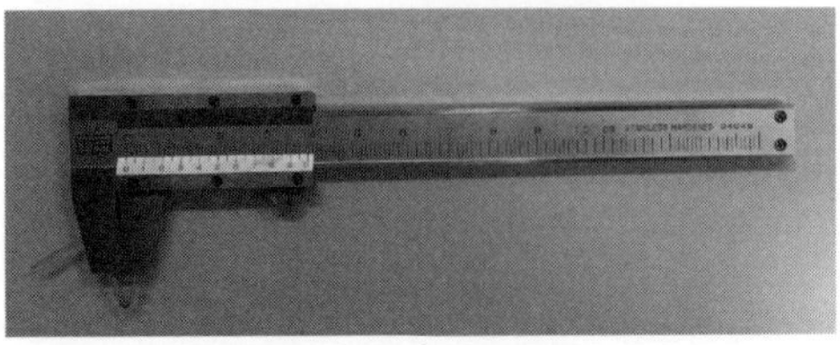

3 触２点閾の測定法

触２点閾など，閾値の測定においてよく用いられる方法は**極限法**[3]である（岡嶋，2008）。極限法では，刺激の大きさを一定の間隔で少しずつ変化させながら，その刺激に対する実験参加者の判断を求め，判断が変化する点を見出すことで閾値を測定する。刺激を変化させる方法には2つある。一つは上昇系列（ascending series）であり，閾値よりも小さい刺激からはじめ，徐々に刺激を大きくしていく。もう一つは下降系列（descending series）であり，閾値よりも大きい刺激からはじめ，徐々に刺激を小さくしていく。例えば，触2点閾を上昇系列によって測定する場合，明らかに1点としか感じられない距離から測定を開始し，2点と感じられるまで一定の間隔（例えば1㎜ずつ）で距離を大きくしていく。この時，最初に2点と感じられた距離とその直前の距離の中間値が触2点閾となる。

Figure Ⅱ-6
身体各部位における触2点閾

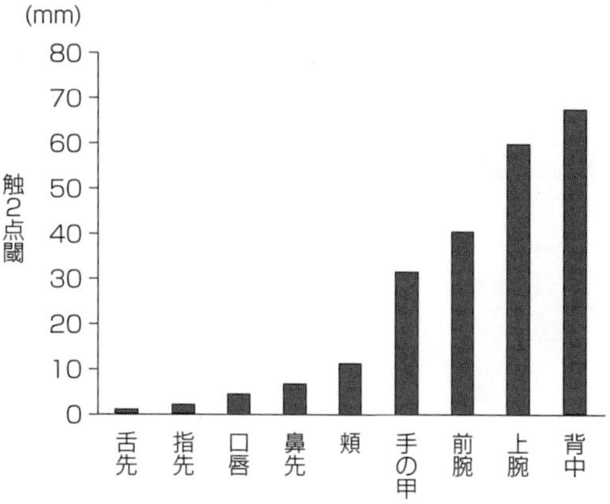

出所：松田（2000）および高木・城戸（1953）より作成。

極限法には，実施が容易であるという利点がある一方で，測定値に歪みが生じやすいという欠点もある（岡嶋，2008）。例えば，「そろそろ変化するだろう」といった期待によって，実験参加者の判断が尚早に変化してしまう[4]可能性がある。この場合，真の閾値よりも上昇系列では小さな刺激強度が，下降系列では大きな刺激強度が閾値として測定されてしまうことになる。

4　身体部位による触2点閾の違い

皮膚感覚以外の感覚は，感覚受容器が身体の特定の部位に存在する。例えば，視覚は目に，嗅覚は鼻に感覚受容器がある。一方，皮膚感覚の感覚受容器は，身体の皮膚全体に分布している。しかし，その感度はどこでも同じわけではなく，身体の部位によって大きく異なる。

触2点閾についても，身体の部位によってその値が大きく異なることが知られている。Figure Ⅱ-6は身体の部位別に触2点閾の値を示したものであり，舌先は1.1㎜，指先は2.2㎜と値が小さく，感覚が鋭いことがわかる。一方で，上腕は60.0㎜，背中は67.7㎜となっており，感覚が鈍い。舌先や指先では皮膚に存在する**触点**[5]の分布密度が高いことから，触覚の感度は触点の分布密度と概して対応していると考えられる（松田，2000）。

5　目的

極限法を用いて，中指の指先と手掌部[6]における触2点閾を測定し，手の部位による違いを検討する。また，上昇系列と下降系列によって触2点閾が異なるかどうかについても検討する。

（埴田健司）

▶4　期待誤差という。これとは逆に，慣れの誤差もあり，「まだまだ」という思い込みや反復による疲労等によって同じ判断が過度に続いてしまうこともある。

▶5　**触点**
触覚を生む感覚点のこと。圧覚を生む圧点とまとめて，触圧点と呼ぶこともある。その他，皮膚感覚の種類に応じて温点・冷点・痛点がある。

▶6　余裕があれば，前腕（肘から手首の間）を加え，3部位における触2点閾の違いを検討できると良い。

引用文献

松田隆夫（2000）．知覚心理学の基礎　培風館
岡嶋克典（2008）．心理物理測定法　岡嶋克典（編）講座〈感覚・知覚の科学〉5　感覚・知覚実験法（pp. 1-10）　朝倉書店
高木貞二・城戸幡太郎（監修）（1953）．実験心理学提要（第3巻）　岩波書店

5　触2点閾の測定(2)方法

ここでは触2点閾の測定の実験における実験参加者，装置・材料，手続きの説明や，実験実施に際しての注意事項ならびにレポート作成例を記す。

1　実験参加者

実験は2人1組となり，実験者と実験参加者の役割を担う。1人分の実験を終えたら役割を交代する。10名以上のデータを収集することが望ましい。

2　測定部位

触2点閾を測定する部位は，利き手の中指の指先と手掌とする。実験に先立ち，各部位の刺激を与える部分に水性ペン等でマーキングを行う（Figure II-7）。

指先には，末節の中央（指の先端から第一関節のしわの中間）に「×」印をつけ，この印を中心に15㎜ほどの直線を引く。手掌にも中央に「×」印をつけ，この印を中心に30㎜ほどの直線を引く。◁1

▶1　前腕も測定する場合は，前腕の中央に「×」印をつけ，この印を中心に60㎜ほどの直線を引き，測定部位とする。

3　記録表の作成と測定結果の記載方法

Table II-3のように，測定結果を記録するための表を作成する。記録表は測定部位ごとに作成し，性別と年齢の記入欄も設ける。2点間の距離は，手掌では0から30㎜，指先では0から15㎜程度の欄を設ければ十分である。◁2 測定は上昇系列と下降系列がおよそ交互の順になるよう，記録表上部にあらかじめ測定系列を記入しておく。測定結果は，参加者が1点と反応した場合には「1」，2点と反応した場合には「2」と，該当するマス目に記入する。

▶2　前腕では0から60㎜程度の欄を設ける。

Figure II-7
測定部位へのマーキング

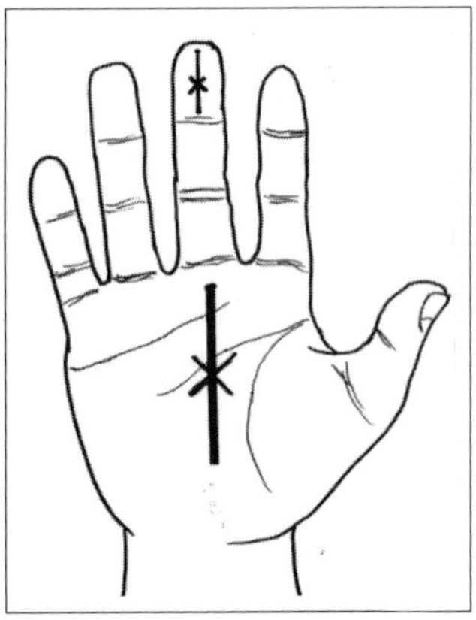

4　手続き

参加者は着席し，触覚計をあてやすいよう，手掌を開いた状態で机の上に置く。その際，手掌が水平となるよう，タオル等を台とし，その上に手の甲を置く。触覚計をあてられることに参加者を慣れさせるため，最初に練習を行う。まず，触覚計を示しながら参加者に次のように教示する。

「今からこの触覚計であなたの皮膚の表面を刺激します。触覚計をあてられたら，2点と感じられたか1点と感じられたかのどちらかでお答えください。その間，目は閉じていてください。まず練習を行います」。

教示後，2点間の距離を適当に変えながら，触覚計を5回程度あて，そ

Table Ⅱ-3
触2点閾測定時の記録表の例（手掌の場合）

測定部位：手掌　　性別：　　年齢：

2点間の距離（mm）	1 上昇	2 下降	3 上昇	4 下降	5 下降	6 上昇	7 上昇	8 下降
30								
29								
（中略）								
1								
0								
触2点閾（mm）								

れぞれ反応を求める。反応は1点か2点かのどちらかとする。練習は指先と手掌の両方に対して行う。触覚計は「×」印をつけた部分を中心として2点が同時に皮膚に触れるようにし，1回2秒間程度あてる。刺激を与える間隔は，少なくとも5秒はあけるようにする◁3。

練習が終了したら，本試行を開始する。本試行の測定は極限法で行う。上昇系列では，明らかに1点と感じる2点間の距離からはじめ，1㎜ずつ距離を広げていき，参加者が最初に2点と反応した時点で試行を終了する。下降系列では，明らかに2点と感じる2点間の距離から始め，1㎜ずつ距離を狭くしていき，参加者が最初に1点と反応した時点で試行を終了とする◁4。上昇系列と下降系列は，記録表に記されている順に，4試行ずつ行う。測定開始距離は試行ごとに変化させ，参加者が予見によって反応することを防ぐ。以上をまず指先において実施した後，手掌においても同様に実施する◁5。

▶3　加えて，触覚計を垂直に降ろし，毎回同じ強さになるよう留意する。また，実験者の体のどこか（例えば，触覚計を持っている手の指など）が参加者の皮膚に触れないよう注意する。

▶4　上昇系列の最初に参加者が2点と答えた場合は，2点間の距離をより狭くしてやり直す。同様に，下降系列の最初に参加者が1点と答えた場合は，より広くしてやり直す。

▶5　カウンターバランスをとり，半数の参加者は指先を先に，残り半数の参加者は手掌を先に実施する手続きをとっても良い。

《レポート作成例》

方法

実験参加者　大学生__名（男性__名，女性__名）が実験に参加した。

実験計画　2（部位：指先／手掌）×2（系列：上昇／下降）の参加者内計画であった。

装置・材料　スピアマン式触覚計（……社製）を用いた。また，……のために……を，……のために……を用いた。

手続き　参加者を着席させ，次のようにして測定部位にマーキングを行った。……。

参加者に「……」と教示し，実験に慣れてもらうため，練習を行った。練習では2点間の距離をランダムにして触覚計で刺激を与え，参加者に○○か○○のいずれかで反応するよう求めた。刺激を与える際は，……や……に留意した。

本試行は極限法で行った。具体的には，……。上昇系列と下降系列は各部位4試行ずつ行い，順序は……とした。以上を指先にて行い，続いて……。

（埴田健司）

6 触２点閾の測定(3)結果・考察・引用文献

ここでは，触２点閾の測定の実験によって得られたデータをどのように整理・分析するのか（結果の整理），その結果を基にどのような視点から考察すれば良いのか（考察の視点）について説明する。また，レポートの最後には本文で引用した文献を記載するが，その例も載せる。

1 結果の整理

実験によって得られたデータは次の手順で整理・分析を行う。

(1)実験参加者別に各試行の触２点閾を算出する。上昇系列では反応が１点から２点に変化した時とその直前の２点間の距離の中間値を，下降系列では反応が２点から１点に変化した時とその直前の２点間の距離の中間値を触２点閾とする。[1]

(2)参加者別に各測定部位の上昇系列４試行および下降系列４試行の触２点閾の平均値を求める。

(3)全参加者のデータを基に，各測定部位の触２点閾平均値を系列別に求める。

(4)(3)で求めた平均値を棒グラフに表す[2]（Figure Ⅱ-8）。

▷1　例えば，上昇系列において15mmで反応が変化した場合は14.5mm（＝（15＋14）÷２）となる。

▷2　触２点閾の平均値に対して統計的検定を行う場合は，実験計画に基づき，触２点閾の値を従属変数とする２（部位：指先／手掌）×２（系列：上昇／下降）の分散分析（２要因とも参加者内要因）を行う。

《レポート作成例》

結果

まず，参加者別に各試行の触２点閾を求めた。上昇系列では反応が１点から２点に変化した時とその直前の２点間の距離の中間値を，下降系列では……触２点閾とした。次に，上昇系列４試行，……の平均値を部位ごとに算出した。そして全参加者のデータをもとに，……の平均値を算出し，Figure__に示した。

上昇系列における触２点閾の平均値は，指先で____mm，手掌で____mmとなり，○○のほうが○○よりも大きかった（Figure__）。下降系列では，……（Figure__）。部位ごとに上昇系列と下降系列の触２点閾平均値を比較すると，……（Figure__）。

2 考察の視点

考察は得られた結果を基に，次の視点から行う。

(1)部位によって触２点閾に違いが見られたかどうかを検討する。そして，そのような結果となった理由や，そのような結果をもたらす皮膚感覚の仕組みを考察する。[3]

▷3　感覚受容器の密度などが考えられる。皮膚感覚が生じる仕組みについては，多くの書籍で解説されているので，そうした書籍を引用しながら考察できると良い。

Figure Ⅱ-8
触2点閾の平均値を示すグラフの例

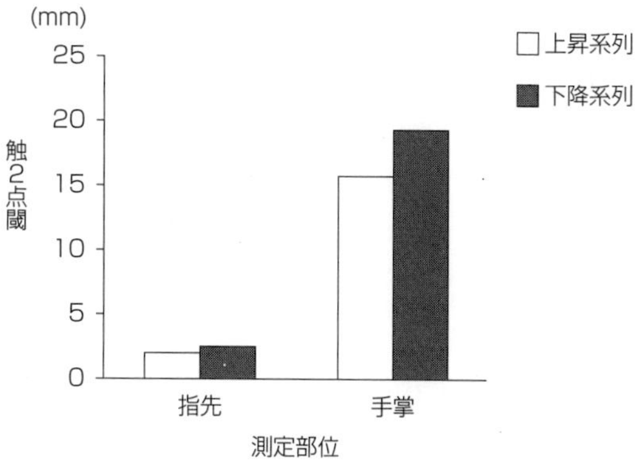

(2)系列によって触2点閾に違いが見られたかどうかを検討する。そして，そのような結果が得られた理由や，結果から考えられることを考察する。

(3)この実験の結果を日常場面で役立てようとした場合，どのように役立てられるかを考察する。

《レポート作成例》

考察

本研究の目的は，……であった。実験の結果，指先と手掌における触2点閾は……。また，上昇系列と下降系列の触2点閾を比較したところ，……。

指先と手掌で触2点閾を比較したところ，……。このような結果が得られたのは，……。また，人の皮膚感覚の仕組みについては，……。

本研究では極限法を用いて触2点閾を測定したが，上昇系列と下降系列で触2点閾の値は……。このような結果が得られたのは，……が一因だろう。

本研究では……という結果が得られたが，このことは……に活かせるだろう。例えば，……。

3 引用文献

レポートを作成する際，本文で引用した文献は「引用文献」の項目に，著者の姓のアルファベット順で次のようにして列記する。

《レポート作成例》

引用文献

松田 隆夫（2000）．知覚心理学の基礎　培風館
岡嶋 克典（2008）．心理物理測定法　岡嶋 克典（編）講座〈感覚・知覚の科学〉5 感覚・知覚実験法（pp. 1-10）　朝倉書店
高木 貞二・城戸 幡太郎（監修）（1953）．実験心理学提要（第3巻）　岩波書店

（埴田健司）

7　反応時間の測定(1)問題

1　実習の概要

視覚をはじめとした感覚情報の処理は速やかに行われ，日常生活でそのプロセスが意識されることはほとんどない。情報処理に要する反応時間の計測は，そのようなプロセスについて考える上での重要な研究手法である。本実習では，視覚探索に要する反応時間を計測し，**初期視覚**[1]と**視覚的注意**[2]について学ぶ。

研究として反応時間について検討する場合には，一般的にはコンピュータを用いて反応ごとの所要時間をミリ秒単位で記録する。本実習では，便宜的にセッション完了に要した時間をストップウォッチにより計測し，試行数で割って各試行に要した時間を算出する。

▶1　**初期視覚**
対象に対する知識を必要としない，初期の視覚過程。

▶2　**視覚的注意**
目に入った視覚刺激の中から重要な部分を瞬時に判断すること。

2　探索しやすい視覚刺激とは

視覚探索とは視覚的に対象を探すことであり，わたしたちが日常生活で頻繁に行っていることである。多数の視覚刺激の中から特定の刺激を探す時に，素早く探索できる条件と，探索に時間を要する条件がある。街中で知人を探す時，奇抜な格好をしていたら容易に探すことができるが，地味な格好であれば周りの人々に埋没して見つけることが困難になるであろう。視覚探索の難しさに影響を与える要因として，探索する対象（目標刺激）とその他（妨害刺激）の類似性が挙げられるが，それ以外の要因も考えられる。

例えば，多数の青い丸の中から赤い丸を探索することは素早くできるだろう。この場合は単一の特徴（色）に基づいた探索（特徴探索）が可能であり，視覚的注意が目標刺激に引きつけられやすい。目標刺激が目に“飛び込んで”きて素早い発見が可能であり（ポップアウト），同時呈示されるその他の刺激（妨害刺激）が増えても探索に要する時間はあまり長くならない。

一方で，青い丸や赤い四角が同時に存在している中から赤い丸を探索する場合には，上記の例よりも時間を要する。この場合は，複数の特徴（色と形）を手掛かりとしてはじめて可能な探索（結合探索）であり，妨害刺激の増加に応じて探索時間が長くなる。

単一の手掛かりで探索可能である場合でも，探索の難しさに違いが見られることがある。例えば，多数の垂直線分の中で傾斜線分はポップアウトするが，その逆の，傾斜線分の中の垂直線分はポップアウトしない（Figure II - 9）。こ

Figure Ⅱ-9
探索非対称性の例
注：(左) 垂直線分から傾斜線分を探索する条件。(右) 傾斜線分から垂直線分を探索する条件。

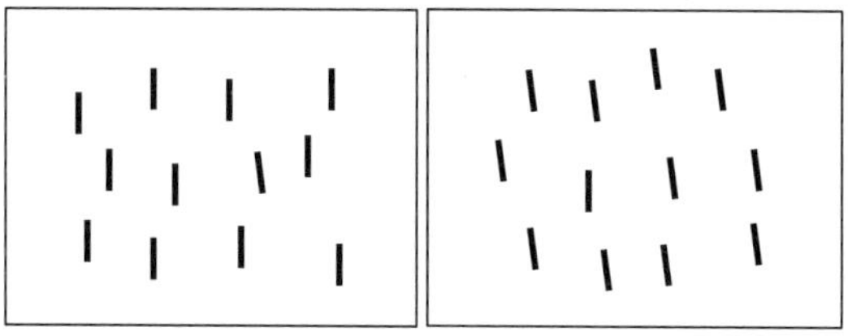

のように，目標刺激と妨害刺激の役割を入れ替えた時に，探索の難しさが異なることを探索非対称性と呼ぶ（Treisman, 1986；Treisman & Souther, 1985）。

3 特徴統合理論

視覚的に素早く探索できる条件と，探索に時間を要する条件があるのはなぜだろうか。Treisman & Gelade (1980) の視覚の**特徴統合理論**[3]によれば，初期視覚における**前注意過程**[4]において基本的な視覚的特徴の検出が並列的・自動的に行われる。そして，それらの情報が続く注意段階において統合される。この理論によれば，視覚探索におけるポップアウトとは，前注意段階における基本的特徴の検出を反映する。前述の線分の傾きは，そのような基本的特徴の一つと考えられ，初期視覚においては線分の垂直方向からのずれを検出していると考えられる。基本的特徴が存在する刺激が目標刺激であればポップアウトするが，基本的特徴が存在する刺激が背景刺激で，そのような特徴を欠いている刺激が目標刺激となっている場合には，ポップアウトは起きない。

ポップアウトが起きない条件においては，その後の注意段階における探索が行われる。それぞれの空間位置に注意を向けて，そこから得られる手掛かりを統合して判断を行うという逐次的な探索が必要になるため，妨害刺激の増加に従って探索時間が延長すると考えられている。

4 目的

本課題では，視覚刺激の閉合（領域が閉じていること）が探索時間に与える影響について調べる。開いた円（“C”のような図形）と閉じた円（“O”のような図形）を用い，そのうちいずれかを目標刺激，もう一方を妨害刺激として視覚探索課題を行うことによって，探索時間の違い（探索非対称性）が見られるか検討する。得られた結果について，特徴統合理論に基づいて考察することを通して，初期視覚における特徴検出や視覚的注意について学ぶ。

（泉　明宏）

▶3 **特徴統合理論**
初期視覚のモデル。単純な特徴の並列処理と，後続する統合処理よりなる。

▶4 **前注意過程**
選択的注意（必要な情報を選択的に取得する働き）の影響を受けない過程。

引用文献

Treisman, A. (1986). Feature and objects in visual processing. *Scientific American, 255*, 114-125.（トリーズマン，A. 高野陽太郎（訳）(1987). 特徴と対象の視覚情報処理 サイエンス, *17*, 86-98.）

Treisman, A., & Gelade, G. (1980). A feature-integration theory of attention. *Cognitive Psychology, 12*, 97-136.

Treisman, A., & Souther, J. (1985). Search asymmetry: a diagnostic for preattentive processing of separable features. *Journal of Experimental Psychology: General, 114*, 285-310.

8　反応時間の測定(2)方法

ここでは反応時間の測定の実験参加者，装置，刺激，手続きの説明や，実験実施に際しての注意事項ならびにレポート作成例を記す。

1　実験参加者

実験参加者と実験者の各１名が組となって実験を行う。人数が多い場合は，順に参加者・実験者となって実施すれば良い。

2　装置

コンピュータは一般的なノート型パーソナルコンピュータ等を用いる。本来は反応ごとの正確な反応時間を記録するためには，刺激の呈示および反応記録が可能なプログラムを用いることが必要であるが，本実験では簡便法として，刺激を Microsoft PowerPoint を用いて呈示し，ストップウォッチを用いて各セッションの所要時間の計測を行う。

▶ 市販のものとして，例えば E-Prime（Psychology Software Tools 社）や SuperLab（Cedrus 社）などがある。

3　刺激

刺激は，Figure II-10に示すような“開いた円”と“閉じた円”であり，それぞれを目標刺激および妨害刺激として用いる。同時呈示刺激数（画面上に同時に呈示する刺激の数）は３個または12個とする。目標刺激は一つであり，他は妨害刺激である。

１セッションは20試行よりなる。セッション内では，目標刺激の種類および同時呈示刺激数は固定とする。各セッション用に，Figure II-10のような課題実施用のスライドを各20枚（20試行分）用意する。刺激の配置はスライドごとに変える。これらのスライドの前に，空白のスライドを１枚入れておく。

4　手続き

各試行の流れは以下の通りである。

(1)コンピュータの画面には，スライドの１枚目（空白）を呈示しておく。参加者は，コンピュータの画面に向かい着席する。スライドを進めるためのキー（スペースキー等）の上に指を置く。

(2)実験者は，参加者が探索すべき目標刺激の種類を教示する（閉じた円，または開いた円）。

Figure Ⅱ-10
呈示する刺激の例
注：(左) 閉じた円の中から開いた円を探索する条件。(右) 開いた円の中から閉じた円を探索する条件。

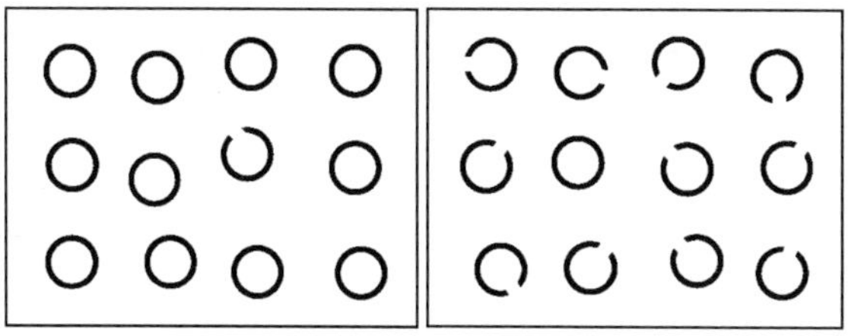

(3)実験者は実験開始を告げ，ストップウォッチで時間計測を開始する。参加者は，キー押しによってスライドを進め，課題を開始する。

(4)参加者は，できるだけ早く目標刺激を発見し，キー押しにより次のスライドに進める。

(5)20枚のスライド全ての探索が終了したら，実験者はストップウォッチを止め，経過時間を記録する。

正確なデータを得るために，参加者および実験者ともに素早く反応・時間計測を行うことが極めて重要である。

それぞれの参加者は，2種類の目標刺激（閉じた円，開いた円），そして2段階の同時呈示刺激数（3個または12個）の計4条件全てを行う。各条件の実施順序は，参加者ごとに変える。

《レポート作成例》

方法

実験参加者　参加者は大学生8名（男性4名，女性4名）であった。

実験計画　目標刺激の種類（閉じた円，開いた円の2水準）と同時呈示刺激数（3個，12個の2水準）の2要因計画で，両要因とも参加者内要因であった。

装置　ノート型パーソナルコンピュータ（画面サイズ15.6インチ），およびストップウォッチを用いた。

刺激　刺激図形として，Figure 1に示すような“開いた円”と“閉じた円”を用いた。“開いた円”は，“閉じた円”から円周の8分の1を消去したものであった。

手続き　各試行において，コンピュータの画面上に3個または12個の刺激図形を呈示した。刺激図形のうち1つのみが目標刺激であり，他の妨害刺激とは図形の種類が異なっていた。参加者は，できるだけ早く目標刺激を発見し，コンピュータのスペースキーを押すことを求められた。1セッションは20試行で，実験者はセッションに要する時間をストップウォッチにより計測した。

（泉　明宏）

9 反応時間の測定(3)結果・考察・引用文献

ここでは，反応時間の測定の実験によって得たデータをどのように整理・分析するのか（結果の整理），また，その結果を基にどのような視点から考察すれば良いのか（考察の視点）について説明する。加えて，レポートを作成する際には，本文で引用した文献を列記しなければならないので，その例を載せる。

1 結果の整理

実験によって得られたデータは次の手順で整理・分析を行う。

(1)各セッションに要した時間を試行数（20試行）で割って，試行ごとの探索時間とする。

(2)横軸を同時呈示刺激数，縦軸を探索時間（単位はミリ秒）として折れ線グラフを作成し，条件ごとの探索時間の平均値を示す[1]（Figure Ⅱ-11）。また，探索時間の標準偏差をエラーバーとして加える[2]。

(3)統計的検定を行う場合は，探索時間について2要因（目標刺激の種類×同時呈示刺激数）の分散分析を行う。

▶1　実験参加者数が少数であれば（4名程度以下），グラフに各参加者の反応時間を示す。

▶2　データのばらつきの程度を示すために，折れ線グラフの各データ点の上下に垂直線分として標準偏差を示す。

《レポート作成例》

結果

まず，4つの刺激条件ごとの探索時間の平均値を算出した。それらを条件ごとに比較できるよう，Figure 1を作成した。……探索時間について2要因（目標刺激の種類×同時呈示刺激数）の分散分析を行ったところ……目標刺激が開いた円の場合と閉じた円の場合を比較すると……

2 考察の視点

考察は得られた結果を基に，次の視点から行う。

(1)同時呈示刺激数が多い（12個）条件と少ない（3個）条件の間で，探索時間に差が見られたであろうか，あるいは差は見られなかったであろうか。そのような結果が得られた理由について考察する。

(2)目標刺激の種類によって探索時間に差が見られたであろうか（探索非対称性）。そのような結果が得られた理由について考察する。

(3)初期視覚における図形の閉合の処理について，特徴統合理論に基づいて考察する。

Figure Ⅱ-11
条件ごとの探索時間のグラフの見本（データは示していない）

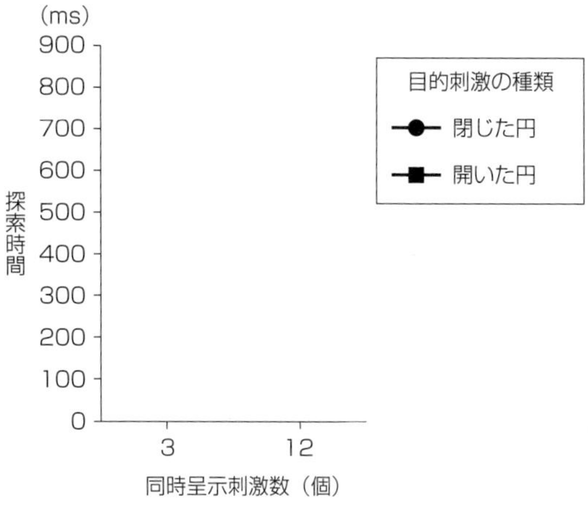

《レポート作成例》

考察

本実験では，視覚刺激の閉合が探索時間に与える影響について検討した。目標刺激が○○の場合は，同時呈示刺激数が多くなると探索時間が長くなった。このことから，参加者が逐次探索を行っていたことが示唆された。

一方で，目標刺激が○○の場合には，同時呈示刺激数の違いが探索時間に与えた影響は小さかった。これは，目標刺激がポップアウトすることにより，効率的な探索が可能であった為であると考えられる。目標刺激のポップアウトがおきたということは，初期視覚において……。

3 引用文献

レポートを作成する際，本文で引用した文献は「引用文献」をたて，著者の姓のアルファベット順に列記する。

《レポート作成例》

引用文献

Treisman, A. (1986). Feature and objects in visual processing. *Scientific American, 255,* 114–125. https://doi.org/10.1038/scientificamerican1186-114B（トリーズマン，A. 高野 陽太郎（訳）(1987). 特徴と対象の視覚情報処理　サイエンス，*17,* 86–98.）

Treisman, A., & Gelade, G. (1980). A feature integration theory of attention. *Cognitive Psychology, 12,* 97–136. https://doi.org/10.1016/0010-0285(80)90005-5

Treisman, A., & Souther, J. (1985). Search asymmetry: a diagnostic for preattentive processing of separable features. *Journal of Experimental Psychology: General, 114,* 285–310. https://doi.org/10.1037//0096-3445.114.3.285

（泉　明宏）

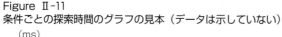

1 両側性転移(1)問題

1 実習の概要

身体の一方の側の器官（例えば，左手）を用いた学習を通して得た知識や技能などが，後の，反対側の器官（例えば，右手）を用いた学習を促進する現象を両側性転移と呼ぶ。本実習は，鏡映描写課題を用いた実験によって，両側性転移の生起メカニズムに関する仮説を検証し，両側性転移や，より一般的な学習の転移についての理解を深めることが目的である。

2 学習の転移

わたしたちは日々，さまざまな経験を通じて，多くのことを学び，また新しい経験に活かしている。一般的に，学習という用語から連想されるのは，学校のテストや資格試験に活かされるような知識を得ることであるかもしれない。しかしながら，心理学における学習[1]の対象はさまざまであり，いわゆる“身につくもの”全てと言っても良いだろう。例えば，歩くことや走ること，衣服の着脱，箸使い，歯磨き，化粧，ひげそり，楽器演奏，乗物の操縦，電子機器の操作，各種のスポーツにおける一連の動作，外国語によるコミュニケーション，“場の空気”の読み方，議論のしかたなど，これらは全て学習の対象として挙げられる。

学習により得られた知識や技能は，その後の学習を促進，あるいは，妨害することが知られている。例えば，わたしたちは母語として日本語を学習しているが，新たに外国語を学習する場合，韓国語やモンゴル語などの外国語は文法体系が類似しているため比較的習得しやすいとされている。一方で，英語は文法体系が類似していないため比較的習得しにくいようである。このように，前の学習が，その後の学習に影響を及ぼすことを，学習の転移（transfer of learning）と呼び，前の学習が後の学習を促進する場合を正の転移（positive learning），妨害する場合を負の転移（negative learning）と呼ぶ（西田，1999）。

3 両側性転移

本実験で扱うのは，学習の転移の中でも両側性転移（bilateral transfer）と呼ばれる現象であり，典型的には，身体の一方の側の器官（例えば，左手，左足）を用いた学習を通して得た知識や技能などが，後の，反対側の器官（例えば，

▷1　学習の定義においてはさまざまな議論があるが，(a)経験による，(b)比較的永続的な，(c)行動に表れる変化，であることが共通項として挙げられる（詳しくは，山崎，2013）。

▷2　**知覚運動学習**
視覚情報などの知覚と身体的動作を密接に結びつけることで，運動の正確性，迅速性，安定性などを獲得する学習のこと。例えば，ギターでコード（和音）を弾く場合，最初は，指で弦を押す位置を目で確認するのに時間がかかるし，その動作はぎこちなく不正確なものである。しかしながら，繰り返しの経験によって，知覚と身体的動作が密接に結びつけられれば，複雑なコードであっても速く正確に弾けるようになるのである。

右手，右足）を用いた学習を促進する現象を指す。例えば，わたしたちが，非利き手で文字を書いたり箸を使ったりすることが（あまり上手ではないにしても）できるのは，これまでに，利き手で長期間文字を書いたり箸を使ってきたことによる影響だと考えられる。

4 目的

本実験は，鏡映描写課題を用いて，両側性転移の生起メカニズムについての仮説を検証することを目的とする。鏡映描写課題とは，専用の装置（Ⅲ-2 FigureⅢ-1参照）を利用して，上下反転に映る鏡越しに見ながら星型などの図形をたどるという，**知覚運動学習**[2]における両側性転移を検討するための代表的な課題である。

本実験で検証する具体的な仮説は，Underwood（1949）によって考案された，以下の3つである。これらは，鏡映描写課題を用いた学習において，どのような知識や技能が習得されるのか（何が両側性転移を引き起こすのか）といった問題についての仮説である。

〈仮説A〉鏡映描写の学習においては，**逆映像の一般原理**[3]のみが習得される。そのため，一方の手から他方の手への両側性転移は完全に生じる。

〈仮説B〉鏡映描写の学習においては，逆映像の一般原理だけでなく，課題遂行時に用いた手の筋肉群に固有な技能も習得される。そのため，両側性転移は生じるものの，その程度は完全ではない。

〈仮説C〉鏡映描写の学習においては，課題遂行時に用いた手の筋肉群に固有な技能のみが習得される。そのため，両側性転移は生じないと考えられる。

Underwood（1949）は，上記のどの仮説が支持されるかを検証するために，鏡映描写課題について，(a)利き手で訓練試行を行った後，テスト試行を利き手で行う群，(b)非利き手で訓練試行を行った後，テスト試行を利き手で行う群，(c)訓練試行をせずに，テスト試行のみを利き手で行う群，の成績を比較した。その結果，非利き手で訓練を行った群は，訓練を行わなかった群よりも，利き手で行ったテスト試行における所要時間が短くなることが示された。つまり，非利き手から利き手への両側性転移が生じることが示されたのである。しかしながら，非利き手で訓練を行った群のテスト試行における所要時間は，利き手で訓練を行った群ほどには短くならないことも示された。Underwood（1949）は，上記の結果から，仮説Bが支持されることを主張している。

なお，Underwood（1949）は，鏡映描写課題の成績を測る指標として，所要時間のみを用いていたが，その後の研究においては，所要時間だけでなく**逸脱回数**[4]も指標に用いており，逸脱回数を指標にした場合においても，上記の仮説Bが支持されることを報告している（例えば，三谷，1971）。（浅野昭祐）

▶3　**逆映像の一般原理**
物体や物体の動きが，どのように鏡に映るのか，といったことに関する根本的な法則のこと。本文中の文脈では，鏡映描写装置上の鏡に，星型などの図形や図形をたどる手の動きが，上下反転して映ることである。つまり，本実験で用いる鏡映描写装置では，手を星型の図形の下方向に動かすと，鏡には手が鏡の上方向に動いているように映るのである。

▶4　**逸脱回数**
鏡映描写課題は，“できるだけ速く，そして，できるだけコースから外れないように一周する”ことを要求する課題である。所要時間は前者の課題要求についての指標であり，逸脱回数は後者の課題要求についての指標である。

引用文献

三谷恵一（1971）．両側性転移における中枢説と末梢説の検討　心理学研究，*42*(3)，137-141．

西田保（1999）．転移　中島義明・安藤清志・子安増生・坂野雄二・繁桝算男・立花政夫・箱田裕司（編）心理学辞典（pp. 615-616）　有斐閣

Underwood, B. J. (1949). *Experimental psychology : An itroduction.* Appleton-Century-Crofts.

山崎浩一（2013）．学習の定義と本書の構成　山崎浩一（編）とても基本的な学習心理学（pp. 1-8）　おうふう

2 両側性転移(2)方法

ここでは両側性転移の実験参加者，装置・材料，手続きの説明や，実験実施に際しての注意事項ならびにレポート作成例を記す。

1 実験者と実験参加者

本実験は，実験者と実験参加者が２人１組になるようにして実施する。実験者は課題成績の計測や記録を行い，参加者は鏡映描写課題に従事する。

また，後述するように，本実験は参加者を３つの群（１群，２群，３群）に割り当てる。もし，各群における参加者の人数が，極端に少なくなってしまう場合には，実習に参加する全員が実験者と参加者の両方の役割を担う必要がある。その場合，第１試行から第２試行の間や，第３試行から第15試行の間（３群の場合には，第13試行から第15試行の間）は，同一人物が参加者として連続で鏡映描写課題に従事する。そして，２試行目を終えた後や，15試行目を終えた後に，それぞれ実験者と参加者の役割を交代する。

2 装置・材料

本実験の実験材料として，(a)鏡映描写装置（Figure Ⅲ-１）を各組1台，(b)星形が印刷された紙（Figure Ⅲ-２）を各参加者15枚（１群，２群）または５枚（３群），(c)鉛筆を各組１本，(d)ストップウォッチを各組１台，(e)鏡映描写課題と無関連な書物を必要冊数，(f)記録表（Table Ⅲ-１，p. 187）を必要枚数，用意する。

なお，鉛筆に関しては，鏡映描写装置の遮蔽版にぶつからない程度の長さ，かつ，コースから逸脱したか否かが判断しやすいように鉛筆の先が太すぎないものを用意する必要がある。

Figure Ⅲ-1
鏡映描写装置（竹井機器工業社製）

3 手続き（鏡映描写課題の事前教示と１試行の手続き）

実験者は，星形が印刷された紙を，スタート地点が鏡側になるように，鏡映描写装置にセットする。その後，参加者を鏡映描写装置の前に座らせる。その際に，直接星形が見えないように（遮蔽版で隠れるように）鏡映描写装置の位置を調整する。次に以下の教示を与える。

「これから鏡映描写の実験を始めます。この実験の説明

Figure Ⅲ-2
星形が印刷された紙

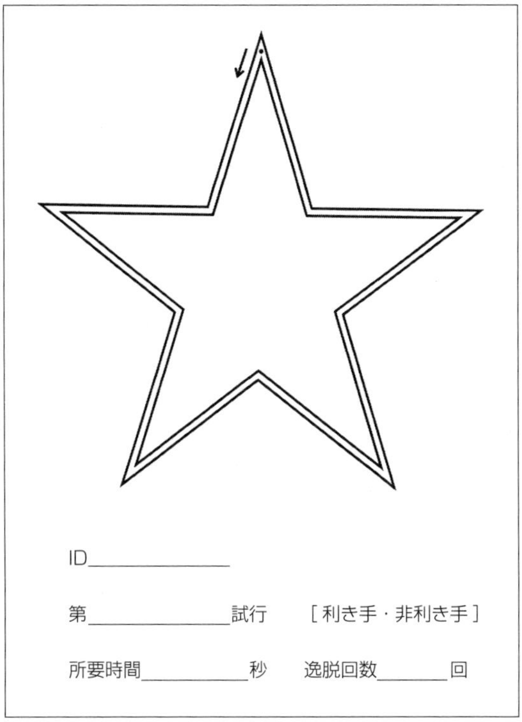

Table Ⅲ-1
記録表の作成例

実験参加者	性別	年齢	試行													
			群分け	訓練										テスト		
			2	3	4	5	6	7	8	9	10	11	12	13	14	15
1																
2																
3																
4																
5																
6																
7																
8																
9																
10																

が終わったら，開始前に目を閉じていただきます。その後，『目を開けて，用意，はじめ』といった合図をしますので，鏡に映った星形図形や手の動きを見て，スタート地点から矢印の方向に進み，二重線のコース内を一周してください。

その際の注意点が３つあります。１つ目は，できるだけ速く，そして，できるだけコースから外れないように一周するということです。２つ目は，実験中は常に，鉛筆の先を紙から離さないということです。もし，鉛筆の先が紙から

Figure Ⅲ-3
本実験の第１試行から第15試行までの流れ

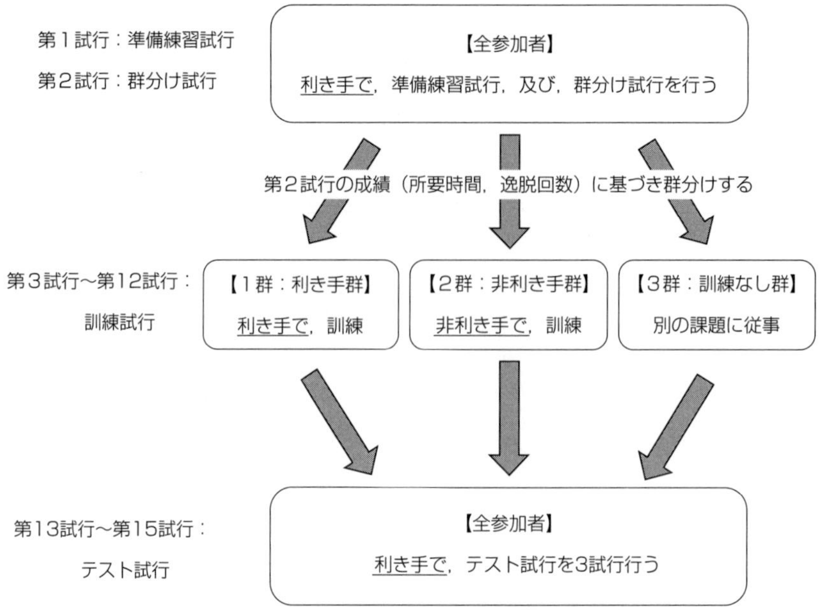
第１試行：準備練習試行
第２試行：群分け試行
【全参加者】
利き手で，準備練習試行，及び，群分け試行を行う
第２試行の成績（所要時間，逸脱回数）に基づき群分けする
第３試行～第12試行：
訓練試行
【１群：利き手群】
利き手で，訓練
【２群：非利き手群】
非利き手で，訓練
【３群：訓練なし群】
別の課題に従事
第13試行～第15試行：
テスト試行
【全参加者】
利き手で，テスト試行を3試行行う

離れてしまった場合には，必ず離れた場所から再開してください。３つ目は，コースから外れた場合には，必ず外れた場所からコース内に戻って，再開していただきたいということです」。

教示を与えた後，疑問点がないかを確認したら，参加者の利き手[1]に鉛筆を持たせ，目を閉じさせる。実験者は，参加者の手を取って，星形のスタート地点に鉛筆の先を置く。

「目を開けて，用意，はじめ」と合図をした後に，時間計測をはじめ，参加者が星形図形を一周するまでの１試行の時間を計測して，星形が印刷された紙の記録欄に，所要時間を記録する。なお，次の試行に移るまでの時間は10秒間とする。

▶1　厳密には，利き手と非利き手が明確に存在している参加者のみを対象にすべきだと考えられるが，止むを得ず，両手利きの参加者が存在する場合には，普段，文字を書く方の手を便宜的に利き手とみなして実験を行う。

4 手続き（第１試行から第15試行までの流れ：Figure Ⅲ-3）

第１試行は準備練習のための試行，第２試行は群分けのための試行である。第１試行と第２試行を行った後，第２試行の所要時間を基に，参加者を３つの群に割り当てる。その際に，３つの群の間で，第２試行の所要時間の平均値に差が生じないようマッチングを行う。

第３試行から第12試行は訓練試行であり，１群は利き手で鏡映描写の訓練を行い，２群は非利き手で鏡映描写の訓練を行う。３群は鏡映描写の訓練は行わず，実験と無関連な課題[2]を行う。３群が実験と無関係な課題に従事する時間は，１群と２群における訓練試行の平均的な時間と合わせるため，１群と２群における参加者の半数が，第12試行終了するまでとする。

▶2　３群に実験と無関連な課題を行わせる目的は，イメージトレーニングなどによる鏡映描写課題の訓練を妨害するためである。代表的な課題として，実験と無関連な書物の朗読課題が挙げられるが（例えば，三谷，1971），朗読課題以外であっても，何らかの視覚的な課題を課すのが望ましいと考えられる。

第13試行から第15試行はテスト試行であり，全参加者が利き手で鏡映描写課題を行う。

5 手続き（逸脱回数を指標にする場合）

逸脱回数を分析対象にする場合には，コースから外れた後に戻るまでを１回と数え，星形の輪郭の線に触れるだけでは逸脱とはみなさない。

さらに，第２試行終了後，所要時間だけでなく逸脱回数の平均値にも差が生じないようにマッチングを行うことが望ましい。

なお，逸脱回数は記録するのにある程度の時間が必要であると考えられる。そのため，いったん，第２試行終了後に記録した後は，実験終了後に第３試行から第15試行までの逸脱回数をまとめて記録した方が良い。

《レポート作成例》

方法

実験参加者　○○大学の大学生____名（男性__名，女性__名，平均年齢____歳）であった。

実験計画　１要因３水準（訓練の種類：利き手，非利き手，訓練なし）の参加者間計画であった。

装置・材料　以下の５つを用いた。１つ目は，鏡映描写装置であり，……台用いた。２つ目は，二重線で輪郭が描かれた星形が印刷された紙であり，利き手で訓練した１群や非利き手で訓練した２群は１人あたり……枚，訓練をしなかった３群は１人あたり……枚用いた。３つ目は，……。４つ目は，……。５つ目は，……。

手続き　まず，直接星形が見えないように鏡映描写装置を，参加者の前に設置して，以下の教示を与えた。

……

「目を開けて，用意，始め」と合図をした後に，時間計測を始め，参加者が星形図形を１周するまでの時間を計測して，星形が印刷された紙の記録欄に，所要時間を記録した。

……

準備練習試行である第１試行と，群分けのための試行である第２試行終了後に，参加者を３つの群に割り当てた。その際に，３つの群の間で，第２試行の所要時間の平均値に差が生じないようマッチングを行った。

……

第３試行から第12試行は訓練試行であり，１群の参加者には利き手で鏡映描写の訓練を行わせ，２群の参加者には非利き手で鏡映描写の訓練を行わせた。３群の参加者には鏡映描写の訓練は行わせず，実験と無関連な課題を行わせた。

……

第13試行から第15試行はテスト試行であり，全参加者に利き手で鏡映描写課題を行わせた。

（浅野昭祐）

3 両側性転移(3)結果・考察・引用文献

ここでは，両側性転移の実験によって得られたデータをどのように整理・分析するのか（結果の整理），また，その結果を基にどのような視点から考察すれば良いのか（考察の視点）について説明する。加えて，レポートを作成する際には，本文で引用した文献を列記しなければならないので，その例を載せる。

1 結果の整理[1]

実験によって得られたデータは次の手順で整理・分析を行う。

(1)群ごとに第２試行から第15試行までの各試行の平均所要時間を算出する。また，第１群，第２群，第３群の比較ができるように，図示する（Figure Ⅲ-４）。

(2)群ごとに第13試行から第15試行までの所要時間の平均値と標準偏差を算出する。また，第１群，第２群，第３群の比較ができるように，図示する（Figure Ⅲ-５）[2]。

▷１　逸脱回数を指標にした場合には，(a)第２試行から第15試行までの各試行の平均逸脱回数を算出して，第１群，第２群，第３群の比較ができるように，図示すること，および，(b)第13試行から第15試行までの逸脱回数の平均値と標準偏差を算出して，第１群，第２群，第３群の比較ができるように，図示することも，結果の整理として行う。

▷２　Figure Ⅲ-４および Figure Ⅲ-５は，筆者がⅢ-2で紹介した方法に準じて実際に取得した，都内大学生56名（男性12名，女性44名，平均年齢20.02歳）のデータを基に作成している。

《レポート作成例》

結果

鏡映描写課題の所要時間に関する，第２試行から第15試行までの各試行の平均値を算出し，Figure 4に示した。Figure 4から，……。

第13試行から第15試行までの所要時間の平均値と標準偏差を算出し，Figure 5に示した。Figure 5から，……。

Figure Ⅲ-4
グラフ作成例１

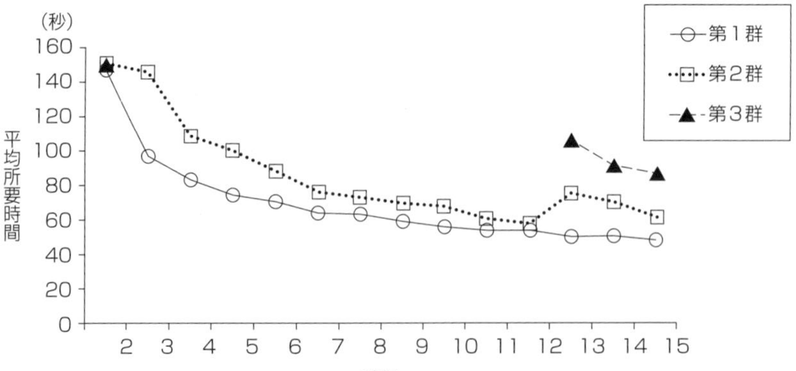

2 考察の視点[3]

考察は得られた結果を基に，次の視点から行う。

(1)今回の実験で得られた結果はいったん保留し，仮説Ａ，仮説Ｂ，仮説Ｃがそれぞれ支持される場合，各群のテスト試行[4]の結果は，どのような関係になるかについて，仮説ごとに考察する。

(2)本実験における，各群のテスト試行の結果に基づき，どの仮説が支持されるかについて考察を行う。その際，今回の実験で得られた結果が，仮説Ａ，仮説Ｂ，仮説Ｃのいずれかを支持した場合，なぜそのような結果が得られたのかについて，改めて考察する。また，今回の実験で得られた結果が，どの仮説も支持しなかった場合にも，なぜ，そのような結果が得られたのかについて考察する。

(3)本実験の結果が，日常場面において，どのように役立てられるかについて考察する。

Figure Ⅲ-5
グラフ作成例２

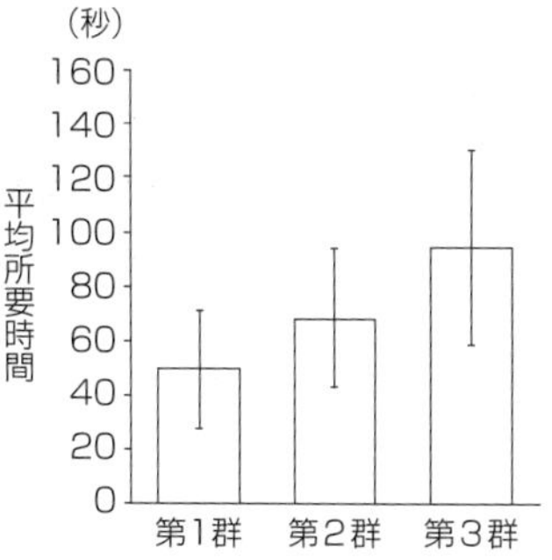

▶3　逸脱回数を指標にした場合に，所要時間に基づき支持される仮説と，逸脱回数に基づき支持される仮説が異なった場合には，なぜ，２つの指標間でそのような差異が生じたのかについて考察する。

▶4　本実験では第13～15試行である。

《レポート作成例》

考察

本研究の目的は，鏡映描写課題を用いた実験によって，両側性転移の生起メカニズムについての Underwood（1949）の仮説を検証することであった。

仮説Ａは，……という仮説であり，仮説Ａが支持された場合には，テスト試行である第13試行から第15試行までの所要時間の平均値は，……といった関係になると考えられる。仮説Ｂは，……。

3 引用文献

レポートを作成する際，本文で引用した文献は「引用文献」の項目に著者の姓のアルファベット順に列記する。

《レポート作成例》

引用文献

三谷 恵一（1971）．両側性転移における中枢説と末梢説の検討　心理学研究，*42*，137-141．https://doi.org/10.4992/jjpsy.42.137

西田 保（1999）．転移　中島 義明・安藤 清志・子安 増生・坂野 雄二・繁桝 算男・立花 政夫・箱田 裕司（編）心理学辞典（pp. 615-616）　有斐閣

Underwood, B. J. (1949). *Experimental psychology: An introduction.* Appleton-Century-Crofts. https://doi.org/10.1037/11294-000

山崎 浩一（2013）．学習の定義と本書の構成　山崎 浩一（編）とても基本的な学習心理学（pp. 1-8）おうふう

（浅野昭祐）

4 偶発学習と自己関連づけ効果 (1)問題

1 実習の概要

偶発学習とは，学習しよう，覚えようという意図がない場合に生起する学習であり，意図的学習と対比される（佐藤，2002）。また，偶発学習は学習の形態によって記憶成績が異なることが知られている。そのため，より効率的な学習の形態に関する知見を提供してくれる。本実習では，記憶成績が高くなりやすいといわれる自己関連づけを取り上げ，偶発学習と記憶成績の関係について理解を深める。

2 意図的学習と偶発学習[1]

わたしたちは日常生活を行う上でさまざまなできごとを経験し，学習し，記憶しているが，どのような場合に学習し，その内容を記憶するのだろうか。例えば試験前日は，試験範囲を確認しながら，テキストや参考書，ノートを見ながら試験で出題されそうな部分を学習，記憶しようとするだろう。このような，意図的な学習を意図的学習（intentional learning）と呼ぶ。しかし，わたしたちは経験したできごとの全てを意図的に学習し，記憶しているわけではない。経験したできごとの中には，特に覚えようという意図はないにもかかわらず，いつの間にか覚えていて思い出すことがある。例えば，店内で流れている歌を聞いていたら，いつの間にか口ずさめるようになっていたというような場合である。このような意図的ではない学習を偶発学習（incidental learning）と呼ぶ。偶発学習は意図がなくても学習は生起するが，全ての経験が学習されるわけではなく，学習の際にどのような処理が行われたのかによって後の記憶成績が異なることが示されている。

3 偶発学習と処理水準説

偶発的に学習された内容がどのくらい記憶されるのかを検討したのが Craik & Tulving（1975）である。彼らは記憶の保持量と情報処理の種類を検討するため次のような偶発学習の手続きを用いた。まず，彼らの実験は，記憶の実験である事が伏せられ，単語呈示の前に，処理の深さを操作するための**方向づけ課題**[2]が示された。その方向づけ課題は，呈示された単語が大文字であるかどうかを判断させる形態処理，ある単語と韻を踏んでいるかどうかを判断させる音

▷1　**意図的学習と偶発学習**
覚える時ではなく思い出す時に，学習した内容を思い出そうとして思い出す意図的想起と，思い出そうとせず，ふとした時に思い出す無意図的想起がある。

▷2　**方向づけ課題**
呈示される刺激に対して参加者が何を行うかを示すもので，この実験では記憶実験であることを伏せ，単語に対する意図的な記憶を行わせないために設定された。

▷3　**処理水準(levels of processing）説**
現在は情報の精緻化として受け入れられている。形態処理は，単語の字面だけ，音韻処理は，字面に加え，読みという音が，意味処理は字面，読み，文に当てはまるかどうかという意味がそれぞれ加わる。付加される情報量が増えるほど記憶成績も良くなる。

▷4　当初，二重貯蔵モデルの根拠としては系列位置効果が挙げられていた（Ⅲ-7 参照）。処理水準説はこの系列位置効果を短期記憶，長期記憶ではなく処理水準の考え方で説明した。初頭効果は深い処理が

Table Ⅲ-2
方向づけ課題の例

処理水準	質問文	反応例	
		はい	いいえ
形態	その単語は大文字で書かれていますか？	TABLE	table
音韻	その単語は WEIGHT と韻を踏みますか？	crate	MARKET
意味	その単語は“彼は通りで○○と会った”という文章に合いますか？	FRIEND	cloud

出所：Craik & Tulving（1975）より一部改変。

韻処理，ある文章（文脈）に合うかどうかを判断させる意味処理の 3 種類であった（具体例は Table Ⅲ-2 に示す）。そして，全ての単語呈示終了後，実験参加者には呈示された単語に関する事前には知らされていなかった記憶テストが与えられた。その結果，記憶成績が最も良かったのは意味処理で，次いで音韻処理となり，形態処理が最も悪かった。このように，情報処理には水準があり，意味処理が深い水準の処理となり記憶に影響することが示された。この結果を理論化したものが**処理水準（levels of processing）説**[3]（Craik & Lockhart, 1972）である。また，処理水準説は記憶の二重貯蔵モデル（Ⅲ-7～Ⅲ-9参照）を批判[4]するものとして提案されたという経緯がある。

4 自己関連づけ効果

わたしたちが覚えていること，思い出すことの多くは，自分に関することであろう。言い換えれば，自分に関連づける処理を行うことで，その内容を良く記憶できるということである。この現象を**自己関連づけ**[5]（self-reference）効果と呼ぶ。この点に注目したのが Rogers et al.（1977）である。彼らの実験では形態処理，音韻処理，意味処理に加えて，意味処理よりも深い水準の処理になると想定される自己関連づけ処理が課せられた。自己関連づけ処理は，呈示された単語が自分に当てはまるかどうかを判断させるものであった。実験の結果，自己関連づけ処理は（その単語が自分に当てはまるかどうかを問わず）それ以外の形態処理，音韻処理，意味処理を行った場合よりも記憶成績が優れていることが明らかにされた。

5 目的

本実験では，Rogers et al.（1977）が行った偶発学習における 4 つの処理水準を方向づけ課題として設定し，以下の 2 点を検討することを目的とする。1 点目は処理水準説の検討である。情報の処理の水準が深い意味処理，音韻処理，形態処理の順で記憶成績が高いことが予測される。2 点目は自己関連づけ効果の検討である。自己関連づけ処理は他の処理よりも記憶成績が高くなることが予測される。つまり，自己関連づけ処理，意味処理，音韻処理，形態処理の順に記憶成績が高いことが予測される。

（中山友則）

なされたために記憶痕跡も強く思い出せるが新近効果は浅い処理であり記憶痕跡も弱い。そのため，妨害のない直後の場合は思い出せるが，何らかの妨害が入ると思い出せなくなると説明された。

▷5 自己関連づけ
正確には本実習で用いるような，単に自分に当てはまるかどうかを問う場合を自己記述課題と呼ぶ。それに対して，単語から自分の過去のエピソードが思い浮かぶかどうかを問う場合を自伝想起課題と呼ぶ。両者を比較すると，自伝想起課題の方が記憶成績は高くなりやすい。

引用文献

Craik, F. I. M., & Lockhart, R. S. (1972). Levels of processing : A framework for memory research. *Journal of Verbal Learning and Verbal Behavior, 11*, 671-684.

Craik, F. I. M., & Tulving, E. (1975). Depth of processing and the retention of words in episodiec memory. *Journal of Experimental Psychology : General, 104*, 268-294.

Rogers, T. B., Kuiper, N. A., & W. S. (1977). Self-reference and encoding of personal infomation. *Journal of Personality and Social Psychlogy, 35*, 677-688.

佐藤浩一（2002）．偶発学習　中島義明・安藤清志・子安増生・坂野雄二・繁桝算男・立花政夫・箱田裕司（編）BTONIC 版心理学辞典　有斐閣

5　偶発学習と自己関連づけ効果⑵方法

ここでは偶発学習と自己関連づけ効果の実験参加者，装置・材料，手続きの説明や，実験実施に際しての注意事項ならびにレポート作成例を記す。

1　実験参加者

呈示される単語の形態，音韻や意味を理解すること，また，自己に当てはまるかどうかを考える必要があるため，ある程度の言語能力と自分がどのような性格をしているのかを考える力（自己内省）が求められる。

2　装置・材料

呈示単語は青木（1971）の性格特性形容詞の中から，文字数が５文字もしくは６文字のひらがな（単語）を，特定の領域に偏らないように48単語を選択する。次に，それら48単語を12単語ずつ，４つの方向づけ課題に割り当てる。単語の一覧は資料に示した。実験機材[1]として，単語を呈示するためのパーソナルコンピュータ（パソコン）とソフトウェア（例えば，プレゼンテーションソフト），方向づけ課題の記録表（回答用紙），記録表（単語の再生用紙），集計表を用意する。

▶１　参加者ごとに１台ずつパソコンを割り当てられる場合には個別に用意し，心理学実験プログラムを利用することが望ましい。それができない場合には，１台のパソコンをプロジェクタに接続し単語などをスクリーンに投影する。

3　手続き

実験は参加者が呈示された単語に対して形態処理，音韻処理，意味処理，自己関連づけ処理のいずれかの方向づけ課題を行う学習段階と，学習段階で呈示された単語を呈示順序や方向づけ課題の種類に関係なく，できる限り多く思い出してもらうテスト段階の２段階で構成される。

⑴学習段階では，下記のいずれかの方向づけのための質問文が３秒間呈示された後，単語が３秒間呈示される。これを48単語分，実施する[2]。

形態処理：囲み文字[3]が２文字以上ありますか？

音韻処理：「か（が）行」が含まれていますか？

意味処理：日常でよく使用しますか？

自己関連づけ処理：あなたに当てはまりますか？

参加者は呈示された質問文と単語を基にはい（○）・いいえ（×）を判断し回答用紙に記入する。

▶２　最初の４単語と最後の４単語は，各方向づけ課題に割り当てる。また，方向づけ課題は同じ処理が続かないようにする。なお，この方向づけ課題の構成について，実験プログラムを利用している場合は，無作為化することが望ましい。

Figure Ⅲ-6
例．囲み文字「あ」と非囲み文字「わ」

(2)学習段階を始める前に次の教示を行う[4]。

「この実験は大学生が単語に対してどのような判断をするのかを調べるものです。画面には，“囲み文字が2文字以上ありますか？”“か（が）行が含まれていますか？”“日常でよく使用しますか？”“あなたに当てはまりますか？”のいずれかの質問文と単語が呈示されます。これらについて判断し，“はい”の場合には○を，“いいえ”の場合には×を回答用紙に記入してください。質問文が3秒間呈示された後に，単語が3秒間呈示されます。このような判断を48単語分行っていただきます」。

教示を終えた後，参加者が実験内容を理解したことを確認してから，学習段階を開始する。

(3)学習段階が終了したらテスト段階を実施する。参加者には「先ほどの実験は記憶の実験でした」と伝えた後，以下の教示をし，5分間計測する。

「これから，先ほどの判断の時に呈示された単語をできる限り多く思い出して単語の再生用紙に書いてください。その際，呈示された順番や自分の判断に関係なく，できる限り多くの単語を思い出すようにしてください。時間は5分です。では始めてください」。

(4)テスト段階後にはディブリーフィングを行う。ここでは，記憶の実験であることを伝え，なぜ記憶実験と告げなかったかの理由を説明する。具体的には，単語を意図的に記憶されないために形容詞に対する判断傾向を調べるという教示を行ったこと，加えて，単語とともに呈示された質問文の違いが記憶に与える影響を検討するものであることを伝える。

《レポート作成例》

方法

実験参加者　大学生○名が実験に参加した（男性__名，女性__名）。平均年齢は__.__であった。

実験計画　一要因4水準の参加者内計画であった。要因は方向づけ課題で……。

装置・材料　呈示単語は青木（1971）の……48単語を選択した。次にその48単語を……割り当てた。実験機材として，……，……を使用した。

手続き　実験は学習段階とテスト段階の2段階で構成されていた。学習段階では…が呈示され，これを48単語分，実施した。具体的に，学習段階を始める前に次の教示を行った。「……」。……学習段階を開始した。学習段階が終了したら……。

（中山友則）

▶3　「あ，の，め」のように，文字の中に囲まれている（閉じている）箇所がある文字をさす。図の「あ」は囲みが2個所となり，「わ」は囲みなし，となる。

▶4　**実験を始めるにあたって**
ここで告げられる内容は，参加者に記憶実験であることを隠すためのカバーストーリーである。この実験では，記憶実験であることを最初に告げてしまうと偶発学習とはならなくなる。このように，実験の説明を行うことでその後に影響が出てしまう場合，実験の真の目的は告げないことが倫理的に許容されている（ディセプション）。しかしこの場合，実験終了後に必ず実験の真の目的を真摯に説明する必要がある（ディブリーフィング）。

引用文献

青木孝悦（1971）．性格表現用語の心理——辞典的研究：455語の選択，分類と望ましさの評定——　心理学研究，*42*(1)，1-13.

6 偶発学習と自己関連づけ効果 (3)結果・考察・引用文献

ここでは，偶発学習と自己関連づけ効果の実験によって得られたデータをどのように整理・分析するのか（結果の整理），また，その結果を基にどのような視点から考察すれば良いのか（考察の視点）について説明する。加えて，レポートを作成する際には，本文で引用した文献を列記しなければならないので，その例を載せる。

1 結果の整理

実験によって得られたデータは次の手順で整理・分析を行う。

(1)実験参加者に呈示した48単語のうち，最初と最後に呈示した4単語，計8単語は，初頭効果・新近効果を考慮して，分析から除外する。

(2)所収の集計表（p. 190）には方向づけ課題の処理ごとに単語が記載され，テスト段階で思い出すことができた単語を集計できるようになっている。まず，各参加者について，単語の再生用紙を見ながら，思い出すことのできた単語の横の空欄にマル（○）をつける[1]。その後，マル（○）の数を数え，処理ごとにいくつ単語を思い出せていたかを集計する。これを再生数とする。

(3)参加者全員分の再生数を集計し，処理ごとの再生率を算出する[2]。

(4)(3)で求めた再生率を表や図で示す[3]（Table Ⅲ-3）。

(5)処理ごとに再生率に違いがあるかどうかについて，図表から読み取れることを説明する。その際，表を参照し具体的な数値を挙げるとともに，図から傾向を読み取る。

▶1　方向づけ課題では“はい”，“いいえ”と回答しているが，再生数の集計時には回答に関係なく集計する。

▶2　一人の参加者につき，各処理は10単語ずつ行われる。したがって，再生率は（参加者全員分の再生数）÷（参加者の人数×10）×100となる。

▶3　図を作成する場合の体裁を，Table Ⅲ-3を例に取り説明する。図にするデータはTable Ⅲ-3にある通り，平均再生率である。縦軸は平均再生率（縦軸のラベルでもある）を0～100％で取る。横軸には処理水準（横軸のラベルでもある）を取り，左から順に形態処理，音韻処理，意味処理，自己関連づけ処理とする。なお図の形式については，他の章の図も参考にすると良い。

《レポート作成例》

結果

結果の集計に際して，参加者に呈示した48単語のうち，最初と最後に提示した4単語は，初頭効果と新近効果を考慮して，分析から除外した。その後，実験参加者ごとに再生数を集計した。次に参加者全員分の再生数を求め，処理ごとの再生率を算出した。また，再生率を表と図で表した（Table 1，Figure 1）。

Table 1より，処理ごとの再生率は形態処理__%，音韻処理__%，意味処理__%，自己関連づけ処理__%であった。つまり，○○処理が○○処理より高く，__ポイントの差があることが示された。また，Figure 1より，再生率は……の順で……。

Table Ⅲ-3
処理水準ごとの平均再生率の表の例

	形態処理	音韻処理	意味処理	自己関連づけ処理
平均再生率(%)	10	25	40	55

2 考察の視点

考察は得られた結果を基に，次の視点から行う[4]。

(1)処理ごとの再生率に違いがあるかどうかという結果に基づき，そのような結果になったのはなぜかを考察する。

(2)特に自己関連づけ処理と他の処理の再生率の結果を比較し，自己関連づけ効果が見られたかどうか，また，なぜそのような結果になったのかを考察する。

(3)(1)(2)の考察を基に，処理水準説が妥当であるかどうかについて検討する。

(4)今回の実験結果は日常生活ではどのように役立てられるかを考察する。

(5)実験の問題点や改善点，今後の検討課題があれば指摘する。

▶4　(1)，(2)のどちらも，最終的には説や効果の妥当性の指摘となるが，なぜそうした結果になったのかを考察した上で，妥当性について結論する。特に，結果の予測とは異なっていた場合は，なぜそうした結果になったのかについてのていねいな記述が望まれる。

また，どのポイントについても，その時に得られた実験結果に基づいて考察すること。

《レポート作成例》

考察

本実験は偶発学習実験において４つの処理水準を方向づけ課題として設定し，……と……について検討することが目的であった。

まず，処理ごとの再生率では，○○処理より××処理の方が，再生率が高かった。このような結果になったのは，……だと示唆される。また，自己関連づけ処理は……であり，これは……のためであると推測される。このことから……。

今回の実験結果は……ということから，……の場面で役立てられる可能性がある。具体的には……という状況である。

しかし，今回の実験では，……という問題があり，さらなる検討が必要である。

3 引用文献

レポートを作成する際，本文で引用した文献は「引用文献」の項目に，著者の姓のアルファベット順に列記する。

《レポート作成例》

引用文献

青木 孝悦（1971）．性格表現用語の心理――辞典的研究：455語の選択，分類と望ましさの評定　心理学研究，*42*(1)，1-13. https://doi.org/10.4992/jjpsy.42.1.

Craik, F. I. M., & Lockhart, R. S. (1972). Levels of processing：A framework for memory research. *Journal of Verbal Learning and Verbal Behavior, 11*, 671-684. https://doi.org/10.1016/S0022-5371(72)80001-X.

（中山友則）

7 系列位置効果(1)問題

1 実習の概要

系列位置効果とは，刺激の呈示順序によって記憶成績が異なる現象である。この現象は頑健な現象であるとともに，わたしたちの記憶の仕組みに関する知見を与えてくれるものである。本実験では，自由再生法を用いて刺激の呈示順序と記憶成績の関係についての理解と現象を説明するモデルの理解も深める。

2 二重貯蔵モデル

わたしたちは日常生活を行う上でさまざまな経験をし，それを記憶している。そうした記憶の中には，すぐに忘れ去ってしまうものもあれば，いつまでも覚えていられるものもある。このことを説明するのが Atkinson & Shiffrin (1971) の二重貯蔵モデルである（Figure Ⅲ-7）。二重貯蔵モデルとは，人間の記憶を貯蔵時間という観点から短期記憶と長期記憶に分類するものである。**短期記憶**[1]は情報の貯蔵容量が限られており，かつ，その情報を意識し続ける（例えば，リハーサル＝復唱を続ける）ことがなければ数十秒程度で忘却されてしまう[2]。一方の**長期記憶**[3]はほぼ無限の容量と永続性が想定されている。

3 二重貯蔵モデルと系列位置効果

二重貯蔵モデルの妥当性を示すものとしてよく取り上げられるのが系列位置効果である。系列位置効果とは，リスト形式で呈示された刺激を学習した後に記憶テストを行うと，その成績がリスト内における順番の影響を受けることをいう。リストの最初のほうで呈示された刺激の記憶成績が優れることを初頭効

▷1　**短期記憶**
短期記憶には感覚情報の内，注意が向けられた情報が貯蔵される。現在では貯蔵に加え情報の処理も行っていると考えられており，作動記憶と呼ばれることも多い。

▷2　貯蔵容量を検討した Miller (1956)，貯蔵時間を検討した Peterson & Peterson (1959) の古典的研究から容量は７±２チャンク（情報のまとまり，塊），10秒程度で約80％が忘却されることが示されている。

▷3　**長期記憶**
短期記憶の情報のうち，リハーサルなどの処理がされた情報が貯蔵される。長期記憶には，時間，空間の情報を含む個人的体験やできごとの記憶であるエピソード記憶，知識と同義とされる意味記憶，ものごとを行う際の手続きに関する手続き記憶が想定されている。

Figure Ⅲ-7
二重貯蔵モデル図

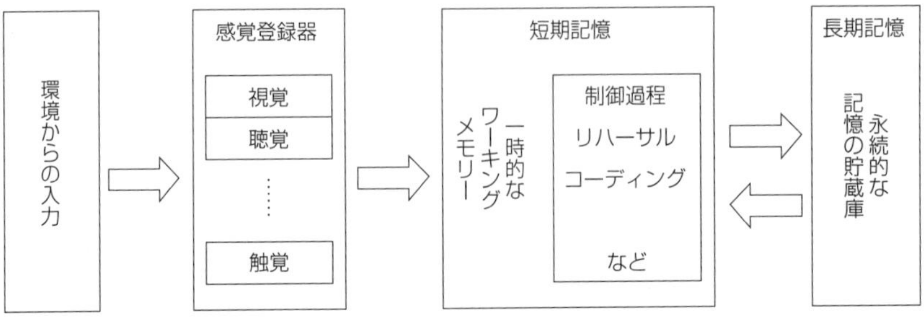

出所：Atkinson & Shiffrin (1971) より一部改変。

果，リストの最後の方で呈示された刺激の記憶成績が優れることを新近効果という。系列位置効果を検証する実験では，刺激の呈示終了直後に刺激を思い出させる直後再生条件と**挿入課題**[4]などを課し，十数秒から数分の時間を空けてから思い出させる遅延再生条件が設定される。

Figure Ⅲ-8
系列位置効果の例

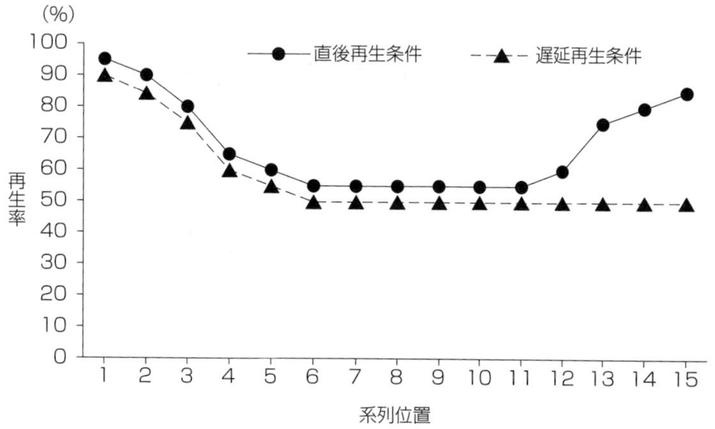

典型的な系列位置効果の実験結果をFigure Ⅲ-8に示す。Figure Ⅲ-8は縦軸が再生率，横軸が系列位置（単語リストにおける呈示位置）となっている。この図から以下の2つの点が読み取れる。1つ目は，直後再生条件では，初頭効果と新近効果が見られるという点である。2つ目は，遅延再生条件では初頭効果は見られるが新近効果は見られないという点である。

初頭効果が生起する理由は次のように説明される。リストの最初のほうで呈示された情報はリストの呈示終了までに何度もリハーサルが可能なため，長期記憶に転送され，安定して思い出せる。一方，新近効果は次のように説明される。直後再生条件の場合，リストの最後のほうで呈示された情報は記憶テストまでの時間が短く，記憶テスト時にはまだ短期記憶内に残っているため思い出せる。遅延再生条件の場合，リストの呈示終了後，挿入課題を課し，短期記憶の貯蔵時間を超える遅延時間を記憶テストの前に設定するため，新近効果は消失する。さらに，リストの中間部はリハーサルがしづらく，記憶テストまでの時間も長いことから，思い出すことが難しい。このように，実験結果を根拠として，わたしたちの記憶という目に見えないものがどのように機能しているのかを検討することが可能となるのである。

4 目的

本実験では直後再生条件と遅延再生条件を設定し，自由再生法による記憶テストの成績を検討することで以下の仮説二点を検討することを目的とする。一点目は系列位置効果が見られるかどうかである。先行研究によれば，直後再生条件では初頭効果，新近効果が見られ，遅延再生条件では初頭効果のみ見られる。二点目は両条件の系列位置効果の結果から，初頭効果が長期記憶，新近効果が短期記憶と関連するとする二重貯蔵モデルについて考えることである。具体的には，自由再生法の課題において，直後再生条件と遅延再生条件を設定し，項目の呈示順序と再生できる確率の関係を明らかにし，記憶の機序について検討する。

（中山友則）

▷4 **挿入課題**
短期記憶の情報は数十秒程度しか維持されない。そのため，短期記憶の貯蔵時間を超える課題を挿入することで，短期記憶内の情報は失われることが想定される。干渉を防ぐため，主課題とは非類似の課題を用いることが必要である。

引用文献

Atkinson, R. C., & Shiffrin, R. M. (1971). The control of short-term memory. *Scientific American, 225*(2), 82-90.

Miller, G. A. (1956). The magical number seven, plus or minus two: Some limits on our capacity for processing information. *Psychological Review, 63*(3), 81-97.

Peterson, L. R., & Peterson, M. J. (1959). Short-term retention of individual verbal items. *Journal of Experimental Psychology, 58*(3), 193-198.

8 系列位置効果(2)方法

ここでは系列位置効果の実験参加者，装置・材料，手続きの説明や，実験実施に際しての注意事項ならびにレポート作成例を記す。

1 実験参加者

呈示される単語を読める必要があるため，ある程度の言語能力が求められる。

2 装置・材料

呈示する単語は小川・稲村（1974）より，**学習容易性**[1]が4.00～5.00の範囲で，平均がほぼ4.50になるように60語を選出する。この60語を15語ずつ，計４**リスト**[2]に分ける。実験機材[3]として，単語を呈示するためのパーソナルコンピュータ（パソコン）とソフトウェア（例えば，プレゼンテーションソフト）を用意する。

遅延再生条件の挿入課題として，150から７を順に引いていく引き算課題を用いる。引き算課題の解答を記入する用紙[4]を用意する。また，両条件共通で，自由再生用に単語を記述する記録表（Table Ⅲ-４，p. 191）を用意する。

実験条件は，直後再生条件と遅延再生条件の２つを設ける。直後再生条件では，参加者は単語の呈示直後に再生する。遅延再生条件では，参加者は単語の呈示後，30秒間の引き算課題を行ってから再生する。

▶１　**学習容易性**
“覚えなさい”と言われた際に，覚えやすいかどうかの程度を指す。小川・稲村（1974）ではこの容易性が７段階で評定された（１：非常に覚えにくい，７：非常に覚えやすい）。したがって選出された60語は学習容易性が4.00～5.00のため覚えにくいという評価はなされないが，覚えやすいという評価もあまりなされていないことになる。

3 手続き

まず，参加者を直後再生条件と遅延再生条件に均等に割り振る。実験は直後再生条件が学習段階とテスト段階の２段階，遅延再生条件は学習段階，遅延段階，テスト段階の３段階からなる。

学習段階で参加者は画面に呈示された単語を記憶する。この時，呈示された単語をどう覚えるかは，特に指定しない。単語は１秒間に１語呈示され，合計15語の呈示が終了したら，直後再生条件ではすぐにテスト段階に移り，遅延再生条件では引き算課題を30秒間行った後（遅延段階），テスト段階を行う。

テスト段階では，呈示された単語を思い出し，記録表に書き出していく。この時，単語は呈示された順番に関係なく，思い出した順に記入する。また，漢字で書けない場合はひらがなで書いても良い。制限時間は60秒とする。

Table Ⅲ-４
記録表

第一リスト	第二リスト
思い出した単語（思い出した順に記入）	思い出した単語（思い出した順に記入）
⋮	⋮

以上の学習段階からテスト段階の流れは，第一リストから始まり第四リストが終了するまで繰り返される。

実験を開始する前に以下の教示を行う。

◯直後再生条件

「これから実験を始めます。実験が始まると，画面の中央に単語が１秒につき１語ずつ，合計15語出てきますので，よく憶えてください。単語の呈示が終わったら，どのような単語があったかを思い出して，思い出した順に記録表に記入してください。記入する順番は呈示した順番と違っていても構いません。また，漢字で書けない場合はひらがなで構いません。記入する時間は60秒間です。できる限り思い出して記録表に記入してください。これを４回繰り返します」。

◯遅延再生条件

「これから実験を始めます。実験が始まると，画面の中央に単語が１秒につき１語ずつ，合計15語出てきますので，よく憶えてください。単語の呈示が終わったら150から７を引き続けるという引き算課題を30秒間行っていただきます。“150引く７”と合図をしますので，150から順に７を引いた数を次々と，できるだけ速く用紙に記入していってください。30秒が経過したら，‘はい’と合図しますので，どのような単語があったかを思い出して，思い出した順に記録表に記入してください。記入する順番は，呈示した順番と違っていても構いません。また，漢字で書けない場合はひらがなで構いません。記入する時間は60秒間です。できる限り思い出して記録表に記入してください。これを４回繰り返します」。

以上の実験内容を参加者が理解したこと確認してから実験を開始する。

《レポート作成例》

方法

実験参加者　大学生〇名が実験に参加した（男性__名，女性，__名）。平均年齢は__（*SD* = __）であった。

実験計画　２×３の二要因混合計画であった。第一要因は実験条件（参加者間）で，直後条件と遅延条件，第二要因は系列位置（参加者内）で，初頭部，中間部，新近部であった。

装置・材料　呈示する単語は…選出した。この単語は…分けられた。実験機材として，……。また，挿入課題として……。

手続き　まず実験参加者を……割り当てた。実験は直後再生条件が……，遅延再生条件は……から構成されていた。テスト段階では……。

（中山友則）

▶2　**リスト**
意味的な関連が高いと考えられる単語同士が同一リストに多い場合，記憶のしやすさに影響するため，意味的な関連のある単語同士は同一リストになるべく含まれないように構成する。また，心理学の実験プログラム等を用いる場合，単語の呈示はランダム化して行うことも考えられる。リストの構成は意味的な関連に注意してあれば自由で構わない。なお，ここでは例に挙げたリスト構成を前提として進める。

▶3　参加者ごとにパソコンが割り当てられる場合は個別に用意する。それができない場合は，１台のパソコンをプロジェクタに接続し，スクリーンに単語を投影し呈示する。

▶4　白紙で構わない。

引用文献

小川嗣夫・稲村義貞（1974）．言語材料の諸属性の検討――名詞の心像性，具象性，有意味度および学習容易性――　心理学研究，*44*(6)，317-327.

9 系列位置効果(3)結果・考察・引用文献

ここでは，系列位置効果の実験によって得られたデータをどのように整理・分析するのか（結果の整理），また，その結果を基にどのような視点から考察すれば良いのか（考察の視点）について説明する。加えて，レポートを作成する際には，本文で引用した文献を列記しなければならないので，その例を載せる。

1 結果の整理

実験によって得られたデータは次の手順で整理・分析を行う。

(1)所収の集計表（p. 192）には第一リストから第四リストまでの単語が一覧となり，思い出すことができた単語を集計できるようになっている。まず，各実験参加者について，記録表を見ながら，単語を思い出せていた場合は再生の欄にマル（○）を記入する。その後，系列位置ごとにマル（○）の数を数え，各集計欄に記入する。これを正再生数とする。

(2)参加者ごとに，初頭部（系列位置1～3），中間部（系列位置7～9），新近部（系列位置13～15）における正再生数を求め，各部の集計欄に記入する。

(3)条件および系列位置ごとに，参加者全員分の正再生数を集計し，各系列位置の正再生率を算出する[1]。

(4)(3)で求めた条件ごとの各系列位置の正再生率を表と図[2]で表す。その後，表と図から読み取れることを具体的な数値を挙げて説明する。

(5)初頭部，中間部，新近部ごとに，参加者全員分の正再生数を集計し，条件ごとに正再生率を算出する[3]。

(6)(5)で求めた初頭部，中間部，新近部ごとの正再生率を表と図で表す（例としてFigure Ⅲ-9参照）。その後，図から読み取れることを具体的な数値を挙げて説明する。

▷1　例えば，系列位置5の正再生率は（参加者全員分の系列位置5の正再生数）÷（参加者の人数×4）×100）で求める。

▷2　Ⅲ-7 Figure Ⅲ-8参照。

▷3　例えば，初頭部の正再生率は（参加者全員分の系列位置1～3の正再生数）÷（参加者の人数×4×3）×100）で求める。

算出のしかたは，各部3項目ずつ取り出し（1～3，7～9，13～15）平均を求める方法を推奨する。ただし，15単語を3分割して（1～5，6～10，11～15）平均を求める方法もある。

Figure Ⅲ-9
各条件における部ごとの正再生率

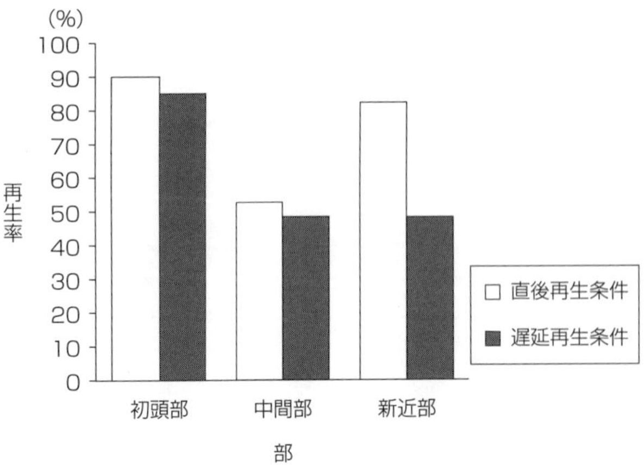

《レポート作成例》

結果

まず，参加者ごとに正再生数を集計した。また，初頭部（系列位置1～3），中間部（系列位置7～9），新近部（13～15）ごとの正再生数を求めた。次に……，各系列位置の正再生率を算出し，表と図で表した（Table 1，Figure 1）。Table 1より，直後再生条件の正再生率は系列位置1__%，系列位置2__%となっていた。また，遅延再生条件では系列位置1は……となっていた。両条件を比較すると……。

また，初頭部，中間部，新近部ごとに，全参加者の正再生数を集計し，正再生率を算出した。そして，これを表と図で表した（Table 2，Figure 2）。Table 2およびFigure 2より，直後再生条件の正再生率は初頭部__%，中間部__%，新近部%であった。また，遅延再生条件は……であった。両条件を比較すると……。

2 考察の視点

考察は得られた結果を基に，次の視点から行う。

(1)直後再生条件と遅延再生条件における系列位置ごとの正再生率ならびに初頭部，中間部，新近部の正再生率を比較し，なぜそのような結果になったのかを考察する。

(2)(1)を基に，直後再生条件で初頭効果と新近効果，遅延再生条件で初頭効果のみ得られるという仮説が支持されるのかを検討する。

(3)今回の実験結果は日常生活ではどのように役立てられるかを考察する。

《レポート作成例》

考察

本実験の目的は，……また，……について検討することである。

まず，各系列位置の結果から，直後再生条件では……，遅延再生条件では……となり，……ということが考えられる。また，初頭部，……となっていた。このことから，仮説を……。

また，本実験の結果から二重貯蔵モデルを……。

日常生活において……の時に活用できると考えられる。具体的には……。

3 引用文献

レポートを作成する際，本文で引用した文献は「引用文献」の項目に，著者の姓のアルファベット順に列記する。

《レポート作成例》

引用文献

Atkinson, R. C., & Shiffrin, R. M. (1971). The control of short-term memory. *Scientific American, 225*(2), 82-90. https://psycnet.apa.orgdoi/10.1038/scientificamerican0871-82

（中山友則）

1 コミュニケーションにおける情報の変容(1)問題

1 実習の概要

日々のコミュニケーションの中で，人から人へと情報が発信され，受信されていく。情報は，伝達が繰り返されることで内容に歪みを生じる場合があり，時として社会に影響を及ぼすような流言やデマへと発展する。本実習では，情報伝達の場面を実験的に再現し，情報変容の過程に関して理解を深める。

2 日常における流言・デマ

わたしたちは日々多くの情報に触れるとともに，自分自身も情報の発信者となっている。特に，大規模な災害や事件，事故，伝染病などの日常生活に大きな影響を及ぼすようなできごとが起きた時は，さまざまな情報が人から人へと急速に伝播されていく。その際，必ずしも正しい情報が伝わるわけではなく，時として事実とはまったく異なる流言やデマへと発展する場合がある。

現代では，デマはソーシャル・ネットワーキング・サービス（SNS）を介して瞬く間に伝播される。通信解析技術の進歩により，SNS にみられるデマを大規模データから解析した研究も行われている。Takayasu et al, (2015) は東日本大震災直後の石油工場火災に関する Twitter 上のデマについて解析し，最初の投稿から 6 時間でデマは急激に伝播され，その後，行政からデマの訂正情報が発表されるとデマを上回る速さで訂正情報が伝播されることを示した。確かな情報が示されることの重要性が示唆されるが，伝達されやすいのは正しい情報ばかりではない。Facebook 上のジカ熱に関する記事を解析した研究では，アクセス数が多い記事のうち誤った情報は全体の12%であったものの，情報の共有数では，世界保健機関のプレスリリースが964件であるのに対し，不確かな情報の動画は19,600件以上であることが報告されている（Sharma et al, 2017）。正しい情報よりも扇動的なデマのほうが人々に伝播されやすいことが示唆される。SNS を介したデマは現代的な問題ではあるが，その根底にあるデマの生起プロセスは，情報変容の観点から心理学の実験室実験によって検討されている。

3 情報変容に関する実験研究

Allport & Postman（1947）は戦時中のデマに関する問題を発端として，噂

▷1　**ディテール**
Allport & Postman (1947) は情報内に含まれる意味をあらわす最小単位として detail という言葉を用いている。例えば「彼は20歳の学生です」という文章であれば「彼は／20歳の／学生です」と区切り，3 ディテールとなる。

▷2　**連鎖的再生法**
現在ではこの手法は人種や性別のステレオタイプを検討する手法（Kashima, 2000）としても用いられている。

などの日常的なコミュニケーションに見られる情報変容について検討した。彼らは，約20の**ディテール**[1]によって構成される情報を人から人へ口伝えで伝達させる**連鎖的再生法**[2]という手法を用いた実験室実験を行った。連鎖的再生法は記憶の語りに関する実験手法を参考に構築されているが，個々人の伝達内容を扱えることから，情報の変容過程について検討することができる。実験室実験によって情報伝達場面を人工的に作り出す場合，デマの自発性と自然さが犠牲になるが，連鎖的再生法を用いた実験では情報変容の法則がよく引き出される。

4 情報変容の法則

連鎖的再生法を用いた一連の実験から，Allport & Postman (1947) は平均化，強調，同化という３つの情報変容の法則を見出した。

情報は受けつがれていくうちに次第に短くなり，要約される傾向を持っている。情報内容が平易になる変容を平均化という。平均化されやすい情報には聞き慣れないものが多く，固有名詞などでよく見られる。

平均化により要約される情報がある一方で，元の情報から形を変えずに伝達される情報がある。情報の中で重要と判断されたものが伝達されやすく，このような変容を強調という。時間的・空間的情報は強調されやすく，これらの内容は伝達の冒頭部で扱われることが多い。また，ある場面を説明した静的な情報よりも，人やモノの動きなどの動的な情報の方が強調されやすい。

平均化と強調は表裏一体の関係にあり，情報としてのまとまりをもっとも簡潔な良い形に保とうとする**プレグナンツの法則**[3]に従った変容と考えられる。

伝達される情報の中には，伝達者が既に知っている事実や知識，抱いている感情などが含まれることがある。これら伝達者の認知的枠組みの影響を受けた情報の変化を同化という。口癖などのあらわれやすいものから，伝達者が持つステレオタイプや考え方などの見えづらいものも同化として情報変容に影響を与える。

平均化，強調，同化は情報が変容する際の法則として見出されているが，情報伝達の度に全ての法則が見られる訳ではない。Allport & Postman (1947) の実験では，情報は初期の伝達で急速に要約され平均化が起こる一方，多くの場合で平均化の後に残った情報はそのまま伝達されることが示されている。平均化にはそれ以上要約されない限界があることがわかる。

5 目的

本実験では，Allport & Postman (1947) の実験を参考として連鎖的再生法を用いた情報伝達実験を実施し，情報変容の法則としての平均化，強調，同化について検討する。また，伝達順の前半と後半では情報変容の法則に相違が見られるかについても検討する。

（鈴木宏幸）

▶3　**プレグナンツの法則**
情報を知覚する際のまとまり方が簡潔・単純な方向に向かって起こる法則をいう。ヒトは図形を見る際に，視野が全体としてもっとも簡潔な，もっとも秩序ある安定的なまとまりをなそうとする傾向があり，このことをウェルトハイマーがプレグナンツの法則として示した。

引用文献

Allport, G. W., & Postman, L. (1947). *The psychology of rumor.* New York: Henry Holt.（オルポート，G. W.・ポストマン，L. 南博（訳）(1952). デマの心理学　岩波書店）

Kashima, Y. (2000). Maintaining Cultural Stereotypes in the Serial Reproduction of Narratives. *Personality and Social Psychology Bulletin, 26*(5), 594–604.

Sharma, M., Yadav, K., Yadav, N., & Ferdinand, K. (2017). Zika virus pandemic–analysis of Facebook as a social media health information platform. *American Journal of Infection Control, 45*(3), 301–302.

Takayasu, M., Sato, K., Sano, Y., Yamada, K., Miura, W., & Takayasu, H. (2015). Rumor Diffusion and Convergence during the 3.11 Earthquake: A Twitter Case Study. *PLoS One, 10*(4), e0121443. doi: 10.1371/journal.pone.0121443

2 コミュニケーションにおける情報の変容(2)方法

ここではコミュニケーションにおける情報の変容の実験参加者，装置・材料，手続きの説明や，実験実施に際しての注意事項ならびにレポート作成例を記す。

1 実験参加者

実験参加者はもっとも少ない場合で 6 名，多い場合で10名とする。

2 装置・材料

伝達用の情報として，いくつかのディテールからなる題材を使用する。伝達の模様を記録するための録音装置として IC レコーダーを用いる。また，伝達順を無作為に決めるために数字が書かれたくじを使用する。

3 実験の準備

実習の講義を行う教室とは別の教室を実験室とする。そこに，机・椅子を向かい合わせにした，参加者が題材を伝達する場をつくる（Figure Ⅳ-1）。

伝達を行う参加者が向かい合って座り，実験者は両者の伝達が録音できる位置に座る。

4 手続き

本実験では，参加者は参加者のみ，実験者は実験者のみの役割を担う。まず，実験者役を 2 名決める。そして，参加者を 6 ～10名の範囲で決める。人数が

Figure Ⅳ-1
実験室の配置図

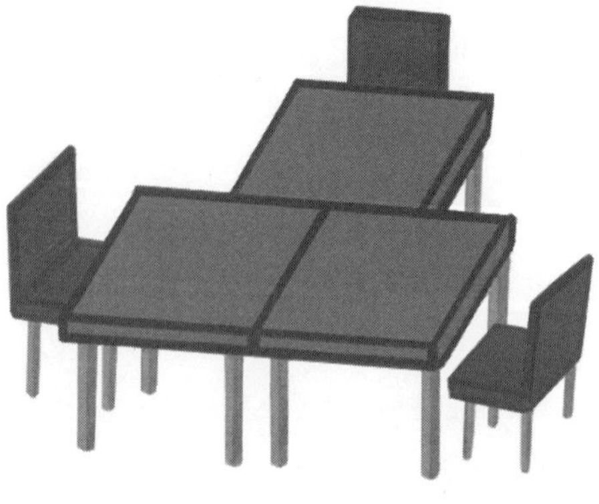

余ってしまった場合には，実験者役とする。

実験者は，参加者にくじを引いてもらい，伝達順を決める。そして，参加者全員に対して次のような教示を与える。

「これからあなたにある話を1回だけ聞かせます。それを次の人に，一字一句というわけではなく，話の内容をできるだけ正確に話して聞かせてください。その時，何度も聞かせたり，補足説明をしてはいけません。伝達の様子はICレコーダーで録音します」。

実験者は，1番目の参加者を実験室に呼び，題材を明瞭に読んで聞かせる。実験者の読み上げは1回のみとするため，もしも読み間違いがあったとしても読み直さずに，それを題材文とする。次に2番目の参加者を実験室に呼び入れる。実験者の合図で，1番目の参加者に，実験者から聞いた題材を2番目の参加者へ伝達してもらう。伝達終了後，1番目の参加者には退室してもらい，3番目の参加者を実験室に呼び入れる。2番目の参加者は聞いた内容を3番目の参加者に伝達する。同様の手続きを順次繰り返し（連鎖的再生法），最後の参加者には実験者へ題材を伝達してもらい，実験を終了する。

実験者は参加者の伝達の模様を全てICレコーダーに録音する。実験者は情報が変容していく過程を直接観察することができる唯一の存在であるため，実験の様子をよく観察しておくと良い。

実験終了後，参加者に伝達時の感想を尋ねる。

《レポート作成例》

方法

実験参加者　実験参加者は大学生10名（男性4名，女性6名）で年齢の平均は20.56歳（*SD*=0.89）であった。

実験計画　情報を，順次口頭で伝達してもらう連鎖的再生法を用いた。

装置・材料　伝達用の情報として，20のディテールからなる題材を使用した。伝達の模様を記録するための録音装置としてICレコーダーを用い，伝達順を無作為に決めるために数字が書かれたくじを使用した。

手続き　はじめに参加者にくじを引いてもらい，伝達順を決めた。実験者が参加者全員に対して次のような教示を与えた。

「これからあなたにある話を1回だけ聞かせます。それを次の人に，一字一句というわけではなく，話の内容をできるだけ正確に話して聞かせてください。その時，何度も聞かせたり，補足説明をしてはいけません。伝達の様子はICレコーダーで録音します」。その後，1番目の参加者を実験室に呼び入れ，実験者が題材を明瞭に読んで聞かせた。……。

（鈴木宏幸）

▶ Standard Deviationの略。標準偏差。データのばらつきを表す値の一つで，分散の平方根によって算出される。

3 コミュニケーションにおける情報の変容(3)結果・考察・引用文献

ここでは，コミュニケーションにおける情報の変容の実験によって得られたデータをどのように整理・分析するのか（結果の整理），また，その結果を基にどのような視点から考察すれば良いのか（考察の視点）について説明する。加えて，レポートを作成する際には，本文で引用した文献を列記しなければならないので，その例を載せる。

1 結果の整理

実験によって得られたデータは次の手順で整理・分析を行う。

(1)録音した各実験参加者の再生文を集計表に書き取る[1]。その際，各参加者がどのように再生したのかもわかるようにする[2]。

(2)題材の通りに再生されたディテール数を参加者ごとに求める。題材の通りに再生されたかどうかの判断は，再生時の状況を見ていた実験者と参加者が協議して決定する。

(3)参加者ごとに，題材通りに再生されたディテール数を，題材のディテール数で割って再生率を求める。また，再生率の推移をあらわす図を作成する。

(4)再生された各ディテールについて，平均化，強調，同化といった変容が生じていたかを参加者の感想を踏まえて同定する。また，その推移をあらわす表を作成する（例として Table Ⅳ-1）。

(5)(4)を基に，平均化，強調，同化に該当する変容が生じていたか，生じていたとすれば，伝達順の前半と後半[3]ではどのような相違があるかを記述する。

《レポート作成例》

結果

録音した各参加者の再生文を記録表に書き取った。題材の通りに再生されたディテール数を参加者ごとに求め，題材のディテール数で割って再生率を求め，再生率の推移をあらわす図を作成した（Figure 1）。その結果，Figure 1より……であった。

次いで，再生された各ディテールについて，平均化，強調，同化といった変容が生じていたかを参加者の感想を踏まえて同定し，その推移をあらわす表を作成した（Table 2）。その結果，Table 2より……であった。また，参加者の感想として，1番目の伝達者は「緊張していたために最初がわからなかった」と述べた。2番目の伝達者は……。

▶1　集計表には元の題材が記されているため，各参加者の再生文との比較が可能である。
⇨ p. 193参照。

▶2　参加者が再生した内容は，記録表に記載されている原文のディテールと対応した欄に記入すると良い。参加者が再生しなかった部分は空欄とし，参加者がどのように伝達したかがわかるように再生した順に再生文に数字を振ると良い。

▶3　例えば参加者が6名の場合，1番目から3番目を前半，4番目から6番目を後半とする。

Table Ⅳ-1
連鎖的再生法の実験参加者における平均化，強調，同化の推移

（ディテール）

	伝達順1	伝達順2	伝達順3	伝達順4	伝達順5	伝達順6
平均化	9	4	3	1	0	0
強調	6	3	2	4	4	3
同化	5	4	2	0	0	1

2 考察の視点

考察は得られた結果を基に，次の視点から行う。

(1)結果を基に，再生率の変化および変容が生じた理由について，各参加者の解釈・感想を含めて考察する。

(2)伝達順の前半と後半における平均化，強調，同化の相違について考察する。

(3)現実の社会場面で生じる流言や噂などの情報変容は，今回の実験で得られた結果とどのような点で異なるか，情報変容の法則の視点から考察する。

(4)今回の実験結果を日常生活にどのように活かすことができるか，具体的な実験結果を踏まえて考察する。

《レポート作成例》

考察

本研究の目的は，連鎖的再生法を用いた情報伝達実験から，情報変容の法則としての平均化，強調，同化について検討し，伝達順の前半と後半では情報変容の法則に相違が見られるかについて検討することであった。

元の題材がどれほど伝達されたかを表す再生率においては……。

3 引用文献

レポートを作成する際，本文で引用した文献は「引用文献」の項目に著者の姓のアルファベット順に列記する。

《レポート作成例》

引用文献

Allport, G. W., & Postman, L. (1947). *The psychology of rumor*. New York: Henry Holt.（オルポート，G. W.・ポストマン，L. 南 博（訳）(1952). デマの心理学　岩波書店）

Kashima, Y. (2000). Maintaining Cultural Stereotypes in the Serial Reproduction of Narratives. *Personality and Social Psychology Bulletin, 26*(5), 594-604 https://doi.org/10.1177/0146167200267007

（鈴木宏幸）

4 パーソナルスペースの測定 ⑴問題

1 実習の概要

他者とコミュニケーションをとる際，自分と他者との間には一定の距離が保たれる。本実習では，他者との間に生じる距離を，他者に近づかれる場合と他者に近づく場合で測定し，人の空間利用の特徴や性質について理解を深める。

2 パーソナルスペースとは

わたしたちは，目には見えない一種の縄張りのような空間を持ち運びながら生活しており，その空間内に他者が侵入すると不快感が知覚される。例えば，エレベーターで見知らぬ他者と乗り合わせた時，一定の距離を置いて立つことが多いだろう。逆に，他者が自分のすぐ隣に立ったとしたら，気づまりな感じや不快感を経験するだろう。このような空間はパーソナルスペースと呼ばれ，個人を取り巻く目に見えない，持ち運び可能な境界領域で，その中に他者が入ると不快感を生じさせる空間と定義される（Sommer，1969　穐山訳　1972）。

パーソナルスペースは身体を取り囲む「泡」にたとえられるが，その形状は正円状ではなく，前方（特に正面）に広く，後方になるにしたがって狭くなることが知られている。方向によって大きさが異なるのは，視覚的接触の多寡によって生じる**他者の刺激価**[1]が主な原因であると考えられている（田中，1973）。正面では他者の顔がよく見え，アイコンタクトも生じやすいため，他者の刺激価が大きくなり，結果として長い距離がとられやすくなる。前方であっても正面でなければ（例えば斜め前），正面と同様に顔はよく見えるものの，アイコンタクトが生じにくくなる分，他者の刺激価が小さくなり，自他間の距離はやや短くなる。そして，横，後方になるにつれて他者の刺激価はより小さくなり，自他間の距離も短くなるのである。

▶1　**他者の刺激価**
刺激価とは，ある刺激が刺激として持つ性質の強さである。ここでの他者の刺激価は，他者の存在あるいは存在感が知覚者にとってどの程度強いかということをあらわす。

3 パーソナルスペースの測定法

パーソナルスペースは，停止距離法（stop distance method）を用いた実験によって測定されることが多い（小西，2007）。停止距離法では，実験参加者が実験室の中央に立ち，実験協力者が実験参加者に通常の歩行速度で接近する。そして，実験参加者がこれ以上実験協力者に接近されると気づまりであると感じた地点での両者の距離を測定する。これを実験参加者の前後左右に斜め方向を加えた8方向で実施し，各方向で気づまりであると感じた地点を結んだ空間領域をパーソナルスペースとする。

停止距離法は，パーソナルスペースの大きさに影響するさまざまな要因を統制できるという点で有効な方法であるが，日常生活における自然発生的なパーソナルスペースの測定は困難であるという点に問題がある。そのため，街頭やレストランなどの日常的な生活場面における対人距離を観察[2]することでパーソナルスペースを測定する研究もある。

4 パーソナルスペースに影響する要因

パーソナルスペースの大きさには，性別やパーソナリティなどの個人的要因，他者との関係性（例えば親密さ）や文化等の社会状況的要因など，さまざまな要因が影響を及ぼす（小西，2007；渋谷，1990）。例えば，性別では一般に，女性よりも男性のほうが大きなパーソナルスペースをとる傾向がある。また，パーソナリティとの関連では，外向的な人のほうが内向的な人よりもパーソナルスペースが小さいことが示されている。

Hall（1966 日高・佐藤訳 1970）は，人の空間利用について理論化を目指す**プロクセミックス**[3]（proxemics）という学問領域を提唱した。彼はアメリカでの行動観察から，他者との関係の親密さや相互作用の状況によってパーソナルスペースを規定する対人距離が変化することを論じ，対人距離を親密距離・個体距離・社会距離・公衆距離の4つに区別した。親密距離（45cm以内）は，相手の体に触れたり匂いを感じたりすることが可能な距離で，家族や恋人などの非常に親しい間柄でとられやすい。個体距離（45～120cm）は，手を伸ばせば相手に触れられる距離で，友人や知人などと個人的な会話をする時にとられやすい。社会距離（120～360cm）は，相手の体に触れることや，表情の微細な変化を読み取ることが困難な距離で，商談など個人的ではない事柄を話す時にとられやすい。公衆距離（360cm以上）は，個人的な関係が成立しなくなる距離で，講演など一方的なコミュニケーションが行われる場合にとられやすい。

以上のように，パーソナルスペースの大きさは固定的なものではなく，他者との関係性や状況によって伸び縮みする可変的なものである。また，パーソナルスペースは他者の存在によって発現するものでもある。すなわち，パーソナルスペースには，柔軟性や対人性が備わっているのである。

5 目的

実験参加者が他者（実験協力者）から近づかれる被接近条件と，実験参加者が他者に近づく接近条件を設け，停止距離法によってパーソナルスペースを測定する。そして，被接近・接近状況がパーソナルスペースの大きさと形状に及ぼす影響を検討する。

（埴田健司）

▷2 例えば，レストランでの座席の取り方を観察することで対人距離が調べられることがある。

▷3 **プロクセミックス**
直訳では近接学であるが，人の空間利用に関する学問であるという点から空間行動学とも訳される。

引用文献

Hall, E. T. (1966). *The hidden dimension.* New York: Doubleday.
（ホール，E. 日高敏隆・佐藤信行（訳）(1970). かくれた次元 みすず書房）

小西啓史（2007）．空間行動 佐古順彦・小西啓史（編）朝倉心理学講座12 環境心理学（pp. 66-87）朝倉書店

渋谷昌三（1990）．人と人との快適距離——パーソナル・スペースとは何か—— 日本放送出版協会

Sommer, R. (1969). *Personal space: The behavioral basis of design.* Englewood Cliffs, NJ: Prentice Hall.
（ソマー，R. 穐山貞登（訳）(1972). 人間の空間——デザインの行動的研究—— 鹿島出版会）

田中政子（1973）．Personal spaceの異方的構造について 教育心理学研究，*21*，223-232．

5 パーソナルスペースの測定⑵方法

ここではパーソナルスペースの測定の実験における実験参加者，実験の準備，手続きの説明や，実験実施に際しての注意事項ならびにレポート作成例を記す。

1 実験者と実験参加者

実験は８～15名程度のグループで実施すると良い。グループの中から実験者を４名選出し，残りが実験参加者となる。実験者となった者は，実験の進行役（１名），実験データの記録役（１名），距離の測定役（２名）のいずれかを担う。[1]実験では，参加者に近づいたり近づかれたりする**実験協力者**[2]も必要となるが，これは参加者が交代で担当することにする。

2 実験の準備

実験は，半径250cmの空間を確保できる大きさの部屋（教室等）で行う。机や椅子は，あらかじめ部屋の端あるいは外に移動させておく。部屋の中央にビニールテープ等で「×」印をつけ，近づかれる者（被接近者）の立ち位置とする。これを中心として，８方向（前方・後方・左方・右方・左前方・右後方・右前方・左後方）を定め，巻尺を用いて各方向250cmの位置にビニールテープ等で印をつけ，近づく者（接近者）の接近開始点とする（Figure Ⅳ-２）。

Table Ⅳ-２のような，８方向の対人距離を記録するための表も作成しておく。記録表は条件別に作成し，参加者と協力者の性別を記入する欄[3]も設ける。

▶１　進行役と記録役を１名が担当し，実験者を３名としても良い。

▶２　**実験協力者**
ここでは，実験者の指示に従って実験中に特定の振る舞いをする者を指す。

▶３　接近条件では参加者が接近者，協力者が被接近者となることに留意する。

▶４　中央（「×」印のところ）に立つこと，８方向のいずれかから接近者が近づいてくること，前方から近づかれる際は接近者とアイコンタクトをとること，これ以上近づかれると不快あるいは気づまりだと感じた時点で声をかけることを教示する。

Figure Ⅳ-２
パーソナルスペースを測定するための場所

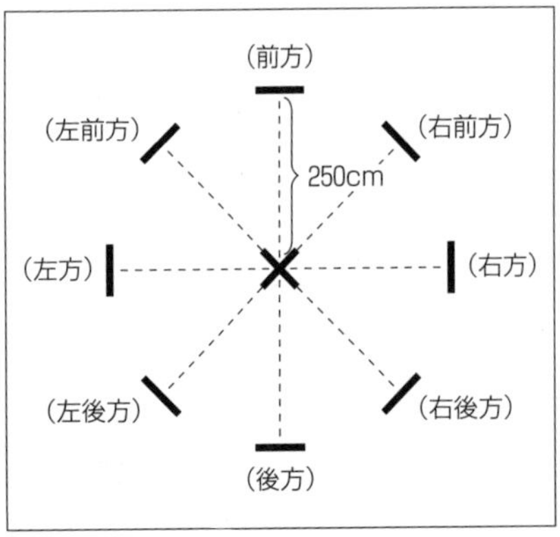

3 被接近条件の手続き

実験は接近者が被接近者に近づき，両者の距離を測定するという方法で行う。まず以下のようにして，被接近条件の測定を行う。

⑴実験の進め方について教示[4]を行う。

⑵被接近者（参加者）を「×」印のところに立たせ，接近者（協力者）を８方向いずれかの接近開始点に立たせる。

⑶接近者は被接近者に自然な歩行速度で近づいていき，被接近者は「これ以上近づかれると不快，気づまりである」と感じた時点で「はい」と声をかけ，接近者を停止させる。

⑷その際の接近者のつま先から「×」印までの距離（単位：

Table Ⅳ-2
被接近条件における記録表の例

参加者番号	性別		方向別の対人距離							
	参加者（被接近者）	協力者（接近者）	前	右前	右	右後	後	左後	左	左前
1										
2										
⋮										

cm）を巻尺で測定し，記録する。

(5)(2)から(4)を繰り返し，８方向の対人距離を測定する。測定順序はランダム[5]とする。また，前方測定時のみアイコンタクトをとらせる。

4 接近条件の手続き

被接近条件の測定が終了したら，以下のようにして接近条件の測定を行う。

(1)実験の進め方について教示[6]を行う。

(2)被接近者（協力者[7]）を「×」印のところに立たせ，接近者（参加者）を８方向いずれかの接近開始点に立たせる。

(3)接近者は被接近者に自然な歩行速度で近づき，「これ以上近づくと不快，気づまりである」と感じた時点で停止する。

(4)その際の接近者のつま先から「×」印までの距離（単位：cm）を巻尺で測定し，記録する。

(5)(2)から(4)を繰り返し，８方向の対人距離を測定する。測定順序はランダムとする。また，前方測定時のみアイコンタクトをとらせる。

《レポート作成例》

方法

実験参加者　大学生__名（男性__名，女性__名）が実験に参加した。

実験計画　他者に近づかれる際の対人距離を測定する被接近条件と，……を設けた。各参加者は両条件に参加した。

装置・材料　８方向の対人距離を測定するため，次のような場所を設営した。……。実験には，被接近者と接近者の距離を測定するために巻尺を，被接近者の立ち位置と接近開始点に印をつけるためにビニールテープを，……を用いた。

手続き　実験は，まず全参加者の被接近条件での測定を行い，その後に接近条件の測定を行った。

被接近条件では以下のようにして実験を進めた。まず，実験の進め方について教示を行った後，参加者を中央の「×」印の上に立たせた。次に，……。

接近条件では以下のようにして実験を進めた。……。

（埴田健司）

▶5　各方向に１から８まで番号をつけ（例えば，前方を１として，時計回りに各方向の番号を順次つける），１から８のトランプを適当に（ランダムに）１枚ずつめくって方向の順序を決めると良いだろう。

▶6　８方向のいずれかに立ち，中央にいる被接近者に対して近づくこと，前方から近づく際は被接近者とアイコンタクトをとること，これ以上近づくと不快あるいは気づまりだと感じた時点で立ち止まることを教示する。

▶7　被接近条件で参加者が近づかれた時と同じ者に近づくようにする。

6 パーソナルスペースの測定 ⑶結果・考察・引用文献

ここでは，パーソナルスペースの測定の実験によって得られたデータをどのように整理・分析するのか（結果の整理），また，その結果を基にどのような視点から考察すれば良いのか（考察の視点）について説明する。加えて，レポートを作成する際には，本文で引用した文献を列記しなければならないので，その例も載せる。

1 結果の整理

実験によって得られたデータは次の手順で整理・分析を行う。

⑴被接近条件について，全参加者のデータに基づき，各方向の対人距離の平均値を求める。

⑵同様にして，接近条件についても各方向の対人距離の平均値を求める。

⑶⑴と⑵で求めた平均値をもとに，8方向からなる対人距離のレーダーチャートを作図する（Figure Ⅳ-3）。

《レポート作成例》

結果

条件別に，各方向の対人距離の平均値を算出した。条件別・方向別の平均値をFigure 1に示す。

被接近条件における対人距離の平均値は，前方が____cm，右前方が____cm，……であった。○○がもっとも対人距離が長く，○○，……の順に対人距離は短くなっていった。パーソナルスペースの形状は……となっていた（Figure 1）。

接近条件における対人距離の平均値は，……。

各方向の対人距離を条件間で比較すると，前方では○○条件よりも○○条件のほうが対人距離が長かった。また，○○では……。

2 考察の視点

考察は得られた結果を基に，次の視点から行う。

⑴被接近条件と接近条件それぞれにおいてパーソナルスペースがどのような形状になったかを検討する。そして，そのような形状になった理由を考察する。

⑵各方向の対人距離を条件間で比較し，対人距離に違いが見られたかどうか

を検討する。そして，そのような結果が得られた理由を考察する。

(3)この実験の結果を日常生活の中で活かすとすれば，どのようなことが考えられるか考察する。

(4)停止距離法を用いた実験によって測定されたパーソナルスペースと，日常の自然な環境下で発現するパーソナルスペースがどのような点で異なるかについて論じ，今回の実験の問題点と今後の研究に向けた改善案について考察する。

Figure Ⅳ-3
パーソナルスペースを表すレーダーチャートの例

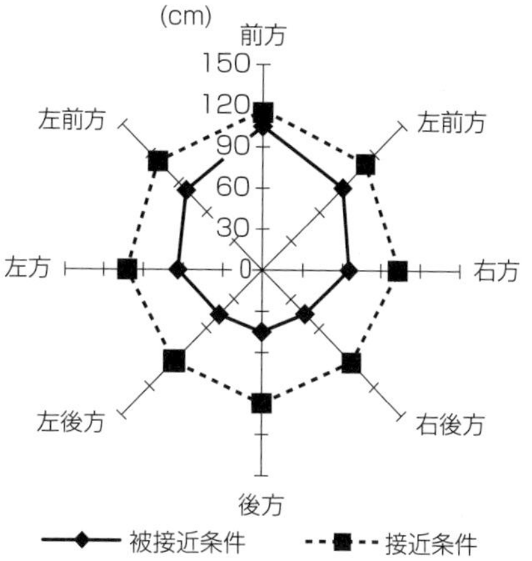

《レポート作成例》

考察

本実験の目的は，……であった。実験の結果，被接近条件における対人距離は，……となっていた。接近条件では……。

被接近条件における対人距離は，○○や○○では長く，○○や○○では短くなっており，パーソナルスペースは……の形状となっていた。こうした形状となったのは，……が理由として考えられる。

一方，接近条件における対人距離は，……。

方向ごとに対人距離を条件間で比較すると，……といった違いが見られた。……のため，こうした違いが見られたと考えられる。

以上のように，本実験では，……という結果が得られた。こうした結果を日常生活の中で活かすとすれば，……と言えるだろう。

最後に，本実験の問題点について述べる。……。今後はこれらの点を考慮し，実験を行う必要があるだろう。例えば，……。

3 引用文献

レポートを作成する際，本文で引用した文献は「引用文献」の項目に，著者の姓のアルファベット順で次のようにして列記する。

《レポート作成例》

引用文献

Hall, E. T. (1966). *The hidden dimension*. New York：Doubleday.
（ホール，E. 日高敏隆・佐藤信行（訳）(1970). かくれた次元　みすず書房）

小西 啓史 (2007). 空間行動　佐古 順彦・小西 啓史（編）朝倉心理学講座12　環境心理学（pp. 66-87）朝倉書店

渋谷 昌三 (1990). 人と人との快適距離――パーソナル・スペースとは何か――　日本放送出版協会

田中 政子 (1973). Personal space の異方的構造について　教育心理学研究, *21*, 223-232. https://doi.org/10.5926/jjep1953.21.4_223

（埴田健司）

7 囚人のジレンマ(1)問題

1 実習の概要

お互いに協力した方が全体としては良い結果となる状況でも，個人としては協力しない方がより良い結果となる場合，協力が実現しないことがある。本実習では，このようなジレンマ状況において有効であることが示唆されている「しっぺ返し戦略」の効果を検討し，日常生活や社会で生じるジレンマ状況における意思決定について，理解を深める。

2 相互依存関係

わたしたちは他者と関わりながら生きているため，行動の結果は常に自分自身の選択によってのみ決まるわけではなく，他者の選択の影響も受ける場合がある。例えば，ある罪を犯した疑いで取り調べを受けている２人の囚人について考えてほしい。彼らは別室におり，それぞれ検事から次のように言われる。「２人とも黙秘したら，２人とも懲役３年だ。だが１人だけが自白したら，そいつはその場で釈放しよう。自白しなかった方は懲役10年だ。ただし，２人とも自白したら，２人とも懲役５年だ」。この状況において刑期は，本人が黙秘するか自白するかだけでなく，もう１人の囚人が黙秘するか自白するかにも影響される。より身近な例として，無人駅における運賃精算が挙げられる。他者がきちんと運賃を払っている限りは，運賃不払いは各個人にとって得となる。しかし全員が運賃を払わなければ，鉄道会社は採算がとれなくなってしまい，その駅はなくなってしまうかもしれない。この状況では，運賃不払いがもたらす利益（あるいは損失）は，本人の意思決定だけでなく，他者の意思決定の影響も受ける。このように，わたしたちは日常生活の多くの場面において，他者と相互依存関係にあるといえる。

3 囚人のジレンマ・ゲーム

相互依存関係における意思決定を研究する学問として，ゲーム理論（von Neuman & Morgenstern, 1944）がある。ゲーム理論では選択の結果を数値化し[1]，これを利得と呼ぶ。そしてプレイヤー[2]の選択と利得の関係を表に表す。この表を利得行列と呼び，これをもとにプレイヤーの意思決定を分析する。

ゲーム理論におけるゲームの一つに，「囚人のジレンマ・ゲーム（Prisoner's

▷1　一般的に，数値が大きいほど良い結果であることを示すようにする。

▷2　ゲームで意思決定する最小単位。個人だけでなく，企業や国家も１プレイヤーとみなすことができる。

Table Ⅳ-3
囚人のジレンマ・ゲームにおける利得行列の例

		プレイヤーB 協力	プレイヤーB 非協力
プレイヤーA	協力	3 / 3	5 / 0
プレイヤーA	非協力	0 / 5	1 / 1

注：各マスの左下がプレイヤーAの利得，右上がプレイヤーBの利得を表す。

Dilemma Game)」がある。これは，上述した囚人の例のような相互依存関係をゲームで表したものである。このゲームにおける利得行列の例を Table Ⅳ-3，資料編-2 28.（p. 195）に示す。[3]

このゲームにおいて，プレイヤーは協力と非協力の板ばさみに陥る。相手が協力を選択する場合，自分も協力を選択すると利得は3となる一方，非協力を選択すると利得は5となる。よって，相手が協力を選択する場合，合理的な選択は「非協力」である。相手が非協力を選択する場合，自分だけ協力を選択すると利得は0となる一方，非協力を選択すると利得は1となる。よって，相手が非協力を選択する場合でも，合理的な選択は「非協力」である。したがって，各プレイヤーにとって合理的な選択は常に「非協力」である。しかし両プレイヤーがこのように考えて選択すると，利得はともに1となる。これは両者にとってあまり良い結果ではない。双方にとってもっとも良い結果となるのは，どちらも協力を選択し，利得がともに3となる場合である。このように，囚人のジレンマ・ゲームにおいては，各個人にとって合理的な選択と双方にとってもっとも良い結果となる選択が，対立してしまうのである。

▶3 協力は囚人の例でいえば「黙秘」であり，双方にとってもっとも良い結果となる選択を指す。非協力は囚人の例でいえば「自白」であり，各個人にとってもっとも良い結果となる選択を指す。

4 しっぺ返し戦略

Axelrod（1980a, 1980b）はゲーム理論のさまざまな分野の研究者に，囚人のジレンマ・ゲームを勝ち抜く戦略を実行するコンピュータ・プログラムの作成を依頼した。集まったプログラムで総当たり戦をさせる「コンピュータ選手権」を行った結果，もっとも大きな利得を得たのは，最初の選択では常に協力を選択し，2回目以降は一つ前の相手の選択と同じ選択をするという「しっぺ返し（Tit-for-Tat）戦略」のプログラムであった。

5 目的

しっぺ返し戦略をとる相手とゲームを行う条件（被しっぺ返し戦略条件）と，お互いに明確な戦略を持たない相手とゲームを行う条件（統制条件）を設けて，囚人のジレンマ・ゲームを行い，しっぺ返し戦略が協力率の推移と合計利得に及ぼす影響を検討する。

（竹部成崇）

引用文献

Axelrod, R. (1980a). Effective choice in the prisoner's dilemma. *Journal of Conflict Resolution, 24*(1), 3-25.

Axelrod, R. (1980b). More effective choice in the prisoner's dilemma. *Journal of Conflict Resolution, 24*(3), 379-403.

von Neuman, J., & Morgenstern, O. (1944). *The theory of games and economic behavior*. Princeton：Princeton University Press.（フォン・ノイマン，J.・モルゲンシュテルン，O. 銀林浩・橋本和美・宮本敏雄（監訳）(1972). ゲームの理論と経済行動 東京図書）

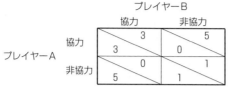

8 囚人のジレンマ⑵方法

ここでは囚人のジレンマの実験参加者，実験の準備，手続きの説明や，実験実施に際しての注意事項ならびにレポート作成例を記す。

1 実験参加者

明確な基準はないが，あまりに少ないと結果が不安定になるため，被しっぺ返し戦略条件と統制条件の参加者が各４名以上となるようにできると良い。そのため，**実験協力者**[1]を含めると最低12名が必要となる。

2 実験の準備

プレイヤーがお互いに相手の顔を見ることができないよう，向かい合わせた机の間についたてを立てる。ついたての両面には**囚人のジレンマ・ゲームの利得行列表**[2]を貼っておく。また，各机の上に，ゲームにおける行動選択のためのカードを置いておく。カードの片面には「協力」を，もう片方の面には「非協力」を印刷しておく。さらに，ゲームについての説明書を入れた封筒も，各机の上に置いておく（Figure Ⅳ-４）。

3 ゲームについての説明書

実験参加者用の説明書[3]と，**実験協力者用の説明書**[4]を用意し，各封筒にいずれか一つを入れる。前者には，自分の思った通りにカードを出すようにという指示を記述する。後者には，最初の選択では協力を選択し，２回目以降は一つ前の相手の選択と同じ選択をする，すなわち，しっぺ返し戦略を用いてゲームを行うようにという指示を記述する。

4 記録用紙

各プレイヤーの選択とそれに伴う利得をメモする**記録表**[5]を用意する。記録の整理の時のために，用紙には各プレイヤーが実験協力者なのか，被しっぺ返し戦略条件の参加者なのか，それとも統制条件の参加者なのかをチェックする欄を設けておく。

▶１　**実験協力者**
ここでは実験進行上必要とされ，研究者あるいは実験者の指示に従って実験中に特定の振る舞いをする者のこと。

▶２　**囚人のジレンマ・ゲームの利得行列表**
⇨ p. 195参照。

▶３　**実験参加者用の説明書**
⇨ p. 196参照。

▶４　**実験協力者用の説明書**
⇨ p. 196参照。

▶５　**記録表**
⇨ p. 197-198参照。

Figure Ⅳ-４
実験室のイメージ

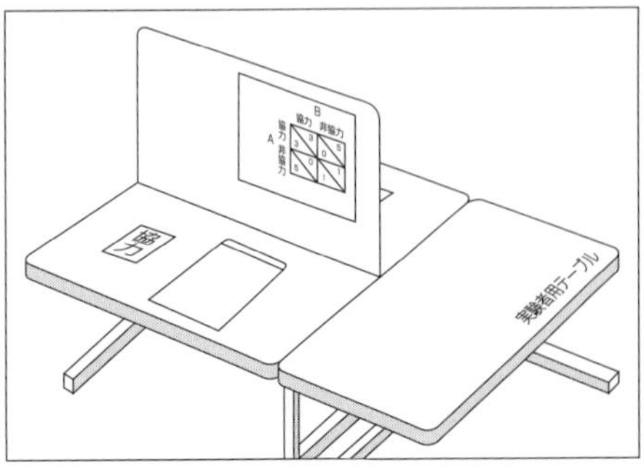

5 手続き

両プレイヤーの着席後，まず「本実験は意思決定についての実験です。私たちは日常生活の中でさまざまな目標を持って行動しますが，時に，誰かの行動が別の人の目標やそれを達成するための行動に影響を与えることがあります。本実験では，２人のプレイヤーが別々に行う意思決定の組み合わせによって得点が決まるゲームに参加していただきます。みなさんは，自分の得点をできるだけ多くするよう考えながら，ゲームに取り組んでください」と教示する。その後，実験者はついたてに貼ってある利得行列について説明を行い，理解度を確認するための例題[6]を出す。理解できていることを確認した後，以下のように教示する。

「このゲームでは，40回の意思決定を行います。意思決定の際には相手と相談してはいけません。わかりましたか？　それでは，目の前に置いてある封筒から説明書を取り出して，それをしっかりと読んでください。説明書の内容に不明な点がある場合には，手を挙げて合図してください」。

両プレイヤーが説明書を読み終えた後，ゲームを開始する。ゲームではまず，「それでは１回目の選択を決定してください。決定したら，その選択が書かれた面を表にしてカードを自分の前に出してください」と教示する。両プレイヤーがカードを出したら，実験者は各プレイヤーの選択とそれに伴う利得を読み上げ，それらを記録表に記入する。同様の手続きを40回繰り返す。

ゲーム終了後，両プレイヤー（参加者ならびに協力者）に対して**ディブリーフィング**[7]を行い，実験を終了する。

▶6 「ゲームのルールを理解されたかを確認させていただくために例題をだします。よろしいですか？　Aさんが協力，Bさんが非協力を選択した場合，それぞれに何ポイント与えられますか？」など。

▶7 **ディブリーフィング**
参加者に対して，実験終了後に研究の全体的な説明を行う手続き。実験の目的，予想される結果，本当の目的をはじめに伝えなかった理由などを説明する。

《レポート作成例》

方法

実験参加者　____大学の学生__名であった。

実験計画　１要因２水準（相手プレイヤーの戦略：しっぺ返し戦略／明確な戦略なし）の参加者間計画であった。実験参加者はどちらかの条件に無作為に配置された。

装置・材料　以下の４つを用いた。１つ目は両プレイヤーの間に立てるついたてで，……。２つ目はゲームにおける行動選択のカードで，……。３つ目はゲームについての説明書で，……。４つ目は記録表で，……。

手続き　両プレイヤーの着席後，まず……。「本実験は……。……。……手を挙げて合図してください」。

両プレイヤーが説明書を読み終えた後，ゲームを開始した。ゲームではまず，……。同様の手続きを40回繰り返した。

ゲーム終了後，参加者に対してディブリーフィングを行い，実験を終了した。

（竹部成崇）

9 囚人のジレンマ(3)結果・考察・引用文献

ここでは，囚人のジレンマの実験によって得たデータをどのように整理・分析するのか（結果の整理），また，その結果を基にどのような視点から考察すれば良いのか（考察の視点）について説明する。加えて，レポートを作成する際には，本文で引用した文献を列記しなければならないので，その例を載せる。

1 結果の整理

実験によって得られたデータは次の手順で整理・分析を行う。

(1)実験参加者ごとに，40試行を５試行ごとにブロック化し，ブロックごとの平均協力率を算出する[1]。そしてそれを基に，被しっぺ返し戦略条件[2]と統制条件[3]における平均をそれぞれ算出する[4]。

(2)(1)で算出されたブロックごとの平均協力率の推移を，折れ線グラフに示す（Figure Ⅳ-５）。

(3)各参加者の合計利得を算出する。そしてそれを基に，被しっぺ返し戦略条件と統制条件における平均をそれぞれ算出する[5]。

(4)(3)で算出された合計利得の平均値を，棒グラフに示す（Figure Ⅳ-６）。

▶1　囚人のジレンマの記録表上で算出できる。
⇨ p. 197-198参照。

▶2　しっぺ返し戦略をとるプレイヤー（実験協力者）が相手だった場合。

▶3　明確な戦略を持たないプレイヤー（実験参加者）が相手だった場合。

▶4　囚人のジレンマの集計表を用いると良い。
⇨ p. 199参照。

▶5　囚人のジレンマの記録表上でブロックごとの合計利得を参加者ごとに算出し，それを基に，囚人のジレンマの集計表上で条件ごとの合計利得の平均値を算出すると良い。
⇨ p. 197-198，p. 199参照。

《レポート作成例》

結果

まず，参加者ごとに，40試行を５試行ごとにブロック化し，ブロックごとの平均協力率を算出した。そしてそれを基に，……。このようにして算出された条件およびブロックごとの平均協力率の推移を，Figure 1に示す。次に，各参加者の合計利得の平均を算出した。そしてそれを基に，……。このようにして算出された条件ごとの合計利得の平均値を，Figure 2に示す。

協力率の推移については……。……。……。

合計利得は……。……。……。

2 考察の視点

考察は得られた結果を基に，次の視点から行う。

(1)ブロックごとの平均協力率の推移と最終的な利得について，得られた結果となった理由を考察する。

(2)この実験の結果を日常生活や社会問題の解決に活かすとすれば，どのよう

Figure Ⅳ-5
条件ごとの平均協力率の推移を示すグラフの例

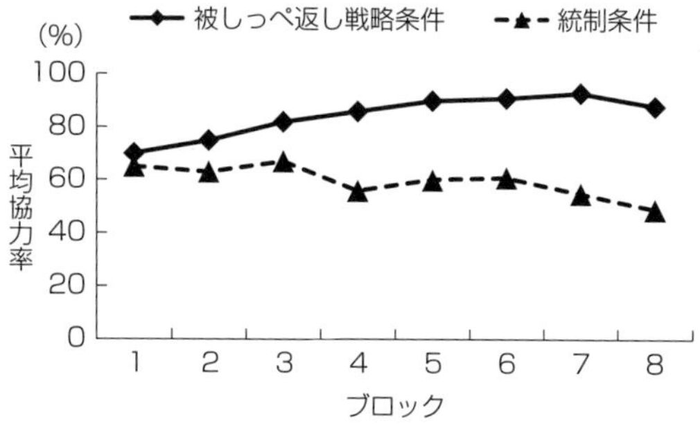

Figure Ⅳ-6
条件ごとの合計利得の平均値を示すグラフの例

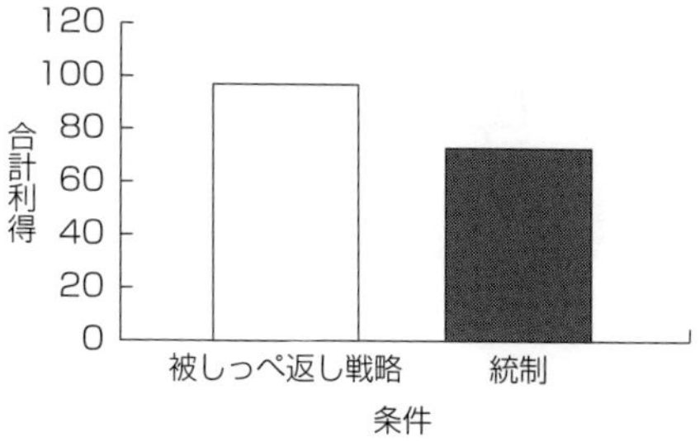

なことが考えられるかを考察する[6]。

▷6　ただし，この実験におけるジレンマ状況と，日常生活あるいは社会におけるジレンマ状況では，異なる点もある。このことも踏まえて議論できるとより良いだろう。

《レポート作成例》

考察

本実験の目的は……であった。実験の結果，協力率の推移については……という結果となった。合計利得については……という結果となった。

協力率の推移と合計利得がこのような結果となったのは，……ためであると考えられる。……。……。……。以上より，協力率の推移と合計利得がこのような結果となったのは，……ためであると考えられる。

本実験の結果は日常生活や社会問題の解決に示唆を与える。……。……。……。このように，本実験の結果は……に活かすことができるだろう。

3 引用文献

レポートを作成する際，本文で引用した文献は「引用文献」をたて，著者の姓のアルファベット順に列記する。

《レポート作成例》

引用文献

Axelrod, R. (1980a). Effective choice in the prisoner's dilemma. *Journal of Conflict Resolution, 24*, 3-25. https://doi.org/10.1177/002200278002400101

Axelrod, R. (1980b). More effective choice in the prisoner's dilemma. *Journal of Conflict Resolution, 24*, 379-403. https://doi.org/10.1177/002200278002400301

von Neuman, J., & Morgenstern, O. (1944). *The theory of games and economic behavior.* Princeton: Princeton University Press.

(フォン・ノイマン，J.・モルゲンシュテルン，O. 銀林 浩・橋本 和美・宮本 敏雄（監訳）(1972). ゲームの理論と経済行動　東京図書)

（竹部成崇）

1　単純接触効果(1)問題

1　実習の目的

同じ音楽を何度も繰り返し聴いていると，徐々に，その音楽が好きになるといった日常的な体験は，単純接触効果の代表的な例である。本実習では，抽象的な絵に対する接触回数を操作することよって，抽象的な絵に対する好意度が変化するか否かを検討する。単純接触効果が生起するか否かについての，実験的な検証を通して，単純接触効果についての理解を深めることが目的である。

2　単純接触効果

学生生活の中で友人ができる契機の一つとして，「席が近かった」ことがよく挙げられる。席が近い者同士は，挨拶や会話などをする機会が相対的に多くなり，そのような言語的または非言語的コミュニケーション（例えば，笑いかけ）を重ねることで，お互いの好意度が増し，いつのまにか友人と呼べる親密な関係性になっていくと考えられる。

しかしながら，そのようなコミュニケーションがまったく行われなかったとしても，教室で見かける回数が増えれば，それだけで好意度が高まるという知見がある。Moreland & Beach（1992）は，“実験刺激”としての役割を担った女性に，授業を履修している大学生のふりをさせて，大教室で行われる授業に出席させた。そして，“実験刺激”である女性が授業に出席する回数（0回，5回，10回，15回）を操作した。その結果，“実験刺激”である女性と他の学生との言語的および非言語的な交流はなかったにもかかわらず，“実験刺激”である女性に対する他の学生からの好意度は，出席回数の増加に伴って増大したことが報告されている。

このように，「ある対象への単純な[1]反復接触をすることで，その対象への好意度が高まる」現象のことを，単純接触効果（mere exposure effect）と呼ぶ（Zajonc，1968）。そして，上記で挙げたような，実際の人を対象とした場合だけでなく，音楽，広告，衣服，香り，味など，さまざまな対象において，単純接触効果が生じることが報告されている（生駒，2005；宮本・太田，2008）。

3　閾下《いきか》単純接触効果

さらに，興味深い知見として，対象を見たことに対する“気づき（aware-

▷1　一般的に，“単純な”反復接触とみなされるのは，知覚することを単純に繰り返した場合である（例えば，繰り返し広告を見る，繰り返し音楽を聴く）。そのため，冒頭で挙げたような，言語的または非言語的コミュニケーションなどを含む接触を繰り返した結果，好意度が上がったとしても，単純接触効果とはみなされない。

▷2　**閾上／閾下**
感覚的・知覚的に，刺激の検出が可能である（例えば，見える）場合と不可能である（見えない）場合の境目のことを絶対閾と呼び，一般的には，刺激の検出が可能な絶対閾以上のことを閾上，検出が不可能な絶対閾以下のことを閾下と呼ぶ。しかしながら，Bornstein & D'Agostino（1992）においては，刺激の再認が可能である場合と不可能である場合を境目にして，それぞれ，閾上，閾下と呼んでいる。

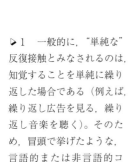

Figure V-1
刺激に対する接触回数が好意度評定や再認確信度に与える影響

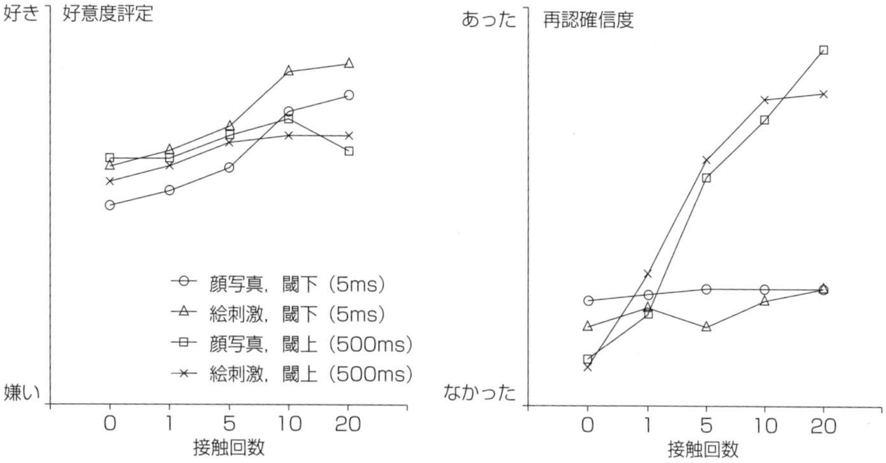

出所：Bornstein & D'Agostino（1992）より作成。

ness)" がない**閾下**[◁12]呈示であっても，単純接触効果が生じるという報告や，むしろ，閾下呈示の方が，好意度がより高くなるという報告も存在する。

Bornstein & D'Agostino（1992）は，顔写真や抽象的な絵刺激を用いて，呈示時間（閾上《いきじょう》呈示：500ms，閾下呈示：5 ms）や接触回数（0回，1回，5回，10回，20回）を操作し，好意度評定や再認確信度に与える影響を検討した。その結果，閾上呈示と閾下呈示の両条件とも，接触回数が増加するにつれて好意度が高くなるという単純接触効果が得られたが，閾下呈示の方がより強い単純接触効果が得られた（Figure V-1左）。一方，再認確信度については，閾上呈示でのみ接触回数の増加に伴い確信度が増加し，閾下呈示では接触回数による再認確信度の増加は認められなかった（Figure V-1右）。

閾下単純接触効果が生じることを報告する研究知見は，単純接触効果が生起するために，対象を見たことに対する"気づき"が必要ないことを示唆している。このような知見は，単純接触効果の生起メカニズムを理解するために，そして，社会還元の方法を考える際にも，大きく寄与すると考えられる。

4 目的

本実験の目的は，刺激への接触回数が好意度に与える影響を検討することで，単純接触効果の再現性を確認することである。本実験では，刺激への接触回数が増加するに伴い，刺激に対する好意度も増加するといった仮説を検証する。

なお，本実験は，Borinstein & D'Agostino（1992）を参考に，より簡易化した手続きに修正する。具体的には，抽象的な絵刺激のみを用いて，呈示時間は閾上呈示（500ms）に限定した上で，刺激の接触回数（0回，1回，5回，10回）を操作する。

（浅野昭祐）

引用文献

Bornstein, R. F., & D'Agostino, P. R. (1992). Stimulus recognition and the mere exposure effect. *Journal of Personality and Social Psychology, 63*(4), 545-552.

生駒忍（2005）．潜在記憶現象としての単純接触効果　認知心理学研究，*3*(1)，113-131.

宮本聡介・太田信夫（編）（2008）．単純接触効果研究の最前線　北大路書房

Moreland, R. L., & Beach, S. R. (1992) Exposure effects in the classroom: The development of affinity among students. *Journal of Experimental Social Psychology, 28*(3), 255-276.

Zajonc, R. B. (1968) Attitudinal effects of mere exposure. *Journal of Personality and Social Psychology, 9*, 1-27.

2　単純接触効果(2)方法

ここでは単純接触効果の実験参加者，刺激・装置，手続きの説明や，実験実施に際しての注意事項ならびにレポート作成例を記す。

1　実験参加者

本実験では，実習に参加する全員が実験参加者となる。そして，後述する接触段階の課題は偶発課題として実施するため，参加者には，事前に研究目的を知られないよう配慮する必要がある。

2　刺激――単純接触させる対象の刺激選定

本実験において使用する抽象的な絵刺激（Figure V-2）は，Kroll & Potter (1984) から選定しており，(a)本試行で用いるターゲット刺激64項目，(b)本試行で用いる**バッファー刺激**[1]10項目，(c)本試行の方向づけ課題[2]に用いる刺激1項目，(d)練習試行で使用する刺激3項目（練習試行の方向づけ課題に用いる刺激1項目を含む），計78項目[3]である。

なお，日常的に非常に多く接触している対象を刺激とした場合，実験において接触回数を操作しても，好意度などの態度は変化しない可能性が高いと考えられる。そのため，単純接触させる対象の刺激は，参加者が，これまでに接触した経験がない（少ない）と考えられるもの[4]を選定するよう配慮すべきである。

3　刺激――接触リストと評定リストの作成

接触段階の本試行で呈示する接触リストを4種類作成する（以下，接触リストA，B，C，D，とする）。各リストの構成は，以下の手順で進めると良い。

(1)ターゲット刺激64項目を無作為に4分割し，16項目から構成されるターゲットセットを4つ作成する（それぞれ，S1，S2，S3，S4とする）。

Figure V-2
本実験で使用する抽象的な絵刺激の例

出所：Kroll & Potter (1984)

▶1　**バッファー刺激**
実験で用いられる刺激において，ターゲット刺激が分析の対象となる刺激を指すのに対し，バッファー刺激は分析の対象とならない刺激のことを指す。一般的に，バッファー刺激は，ターゲット刺激において初頭効果や新近効果といった系列位果効果（Ⅲ章「系列学習」参照）が生じることを防ぐために，刺激リストの最初と最後に配置される。

▶2　ここでは，目的を伝えずに偶発課題として接触段階の課題を行わせる必要がある。本実験では，接触段階において，特定の刺激が何回呈示されたかを数えるという方向づけ課題を設けるため，ターゲット以外に複数回呈示される刺激を1項目用意する必要がある。

▶3　選定する刺激の項目数については，本書通りである必要はないが，(a)ターゲット刺激は，接触回数の条件数で割り切れる数，(b)バッファー刺激は2で割り切れる数，(c)練習試行で使用する刺激は，3項目以上あると良いだろう。

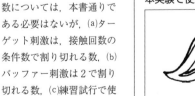

Table V-1
各接触リストに含まれるターゲットセットの呈示回数

接触回数／接触リスト	A	B	C	D
0回	S1	S2	S3	S4
1回	S2	S3	S4	S1
5回	S4	S1	S2	S3
10回	S3	S4	S1	S2

(2)接触リストA～D間で，各ターゲットセットが異なる接触回数（0回，1回，5回，10回）の条件に割り当てられるように構成する（Table V-1）[5]。そのため，各接触リストに含まれるターゲット刺激は延べ256項目となる。

(3)各接触リスト内の，ターゲット刺激256項目（延べ数）について，連続して同じターゲットが呈示されないように，呈示順を擬似ランダム化する。

(4)方向づけ課題に用いる刺激1項目が，(a)連続して呈示されないよう，かつ，(b)計15回呈示されるよう，各接触リスト内に配置する。

(5)最後に，バッファー刺激10項目を無作為に2分割し，半分の5項目を各接触リストの最初に，もう半分を各接触リストの最後に配置する。

なお，練習試行の接触リスト[6]については，(a)同じ刺激が連続して呈示されないように，かつ，(b)方向づけ課題に用いる刺激については，複数回呈示されるように，作成する。

評定段階で使用する評定リストを作成する。評定リストは，練習試行用の刺激3項目から構成される練習試行用と，全ターゲット刺激64項目から構成される本試行用を一つずつ作成する。なお，本試行用の評定リストでは，同じター

▶4　本書で使用したような抽象的な絵刺激に類するもので，参加者が，これまでに接触した経験がないと考えられる刺激の例としては，遠藤・齋木・中尾・齋藤（2003）において作成された無意味輪郭図形が挙げられる。なお，富田・松下・森川（2013）は，この無意味輪郭図形を刺激に用いた研究において，単純接触効果が生じることを報告している。

▶5　例えば，接触リストAの場合，S1の16項目はリストに含まれず，S2の16項目は1回ずつ，S4の16項目は5回ずつ，S3の16項目は10回ずつ接触させる，リスト構成になる。

▶6　例えば，3項目（それぞれ，α，β，γとする）を使用する場合，α→β→γ→α→γ→β→α，などといった配列が一例として挙げられる。

Figure V-3
各評定・接触リストと手続きの各段階との対応

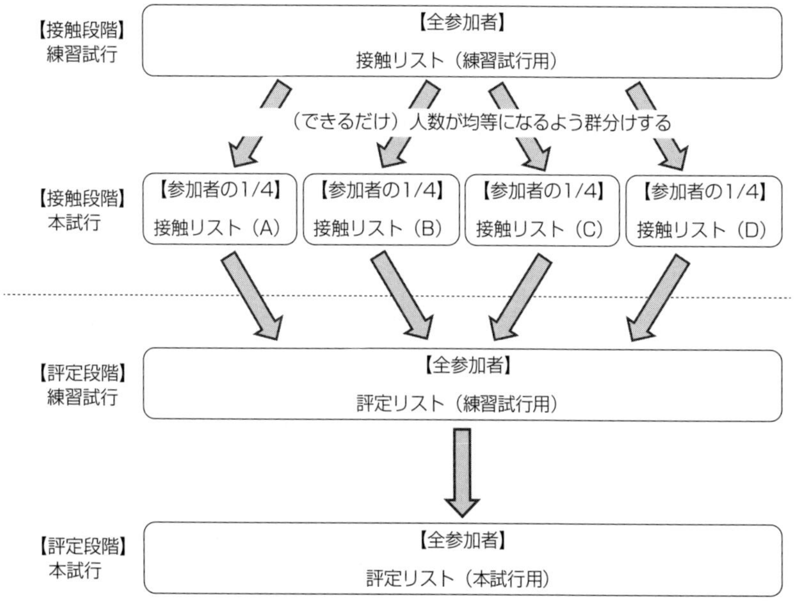

ゲットセットに含まれる刺激が3項目以上連続して呈示されないように配列する。作成した各リストを，本実験のどの段階で使用するのかは，Figure V-3に整理した。

4 装置

刺激の呈示および反応キーの記録ができる**実験プログラム**[7]がインストールされたパソコンを，参加者の人数分用意する。

▶7　**実験プログラム**
初めて実験プログラムを作成する場合には，実験プログラム作成ツールである「PsychoPy」をおすすめする。「PsychoPy」は，(a)公式Webページから無料で入手することが可能であり（http://www.psychopy.org/），(b)プログラム言語の知識がなくても，マウスなどを使用して，“視覚的・直感的”に実験プログラムを作成することが可能であるという特徴を持つ。詳しくは，小川（2014）参照。

5 手続き――接触段階の練習試行

参加者全員に対して，練習試行の方向づけ課題用の刺激を呈示した上で，以下の教示を行う。

「これから，皆さんの集中力に関する課題を始めます。課題が始まると，何種類かの絵が繰り返し画面に出てきますので，その間に，こちらの絵（練習試行の方向づけ課題用の刺激）が何回出てくるかを数えてください。なお，絵はとても速く切り替わりますので，見逃さないように画面に集中してください。まずは，やり方を確認するために，簡単な練習をしたいと思います」。

教示を与えた後，疑問点がないかを確認したら，練習試行を始める。なお，接触段階における，刺激の呈示時間と**ISI**[8]（interstimulus interval）は，それぞれ500msに設定する。

▶8　**ISI**
刺激呈示時間間隔（interstimulus interval）のこと。複数の刺激が継時的に呈示される状況において，ある刺激の呈示が終了した（消失した）後，その次の刺激が呈示されるまでの間の時間のことを指す。

6 手続き――接触段階の本試行

参加者を，できるだけ人数が均等になるよう4群に分類し，それぞれの群に，異なる接触リスト（A，B，C，D）を割り当てる。その後，本試行の方向づけ課題用の刺激を呈示した上で，以下の教示を行う。

「それでは，今から本番を始めたいと思います。本番も練習と同様に，課題が始まると，何種類かの絵が繰り返し画面に出てきますが，本番では，こちらの絵（本試行の方向づけ課題用の刺激）が何回出てくるかを数えてください。なお，練習と同様に絵はとても速く切り替わりますので，見逃さないように画面に集中してください。そして，本番では約4分半の間，課題が続きますので，集中力を切らさずに，課題に取り組んでください」。

教示を与えた後，疑問点がないかを確認したら，本試行を始める。そして，本試行終了後に，方向づけ課題用の刺激の呈示回数を報告させる。

7 手続き――評定段階の練習試行

参加者全員に，評定尺度（Figure V-4）を呈示した上で，以下の教示を行う。

「実験が始まると，先ほど見てもらった絵が1秒出てきて，消えます。その後に，その絵をどの程度好ましいと感じるかを，1から7のいずれかの数字を

Figure V-4
本実験で使用する評定尺度

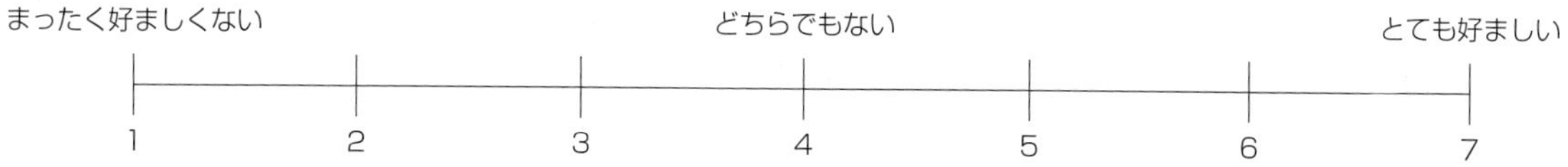

押して回答してください。「まったく好ましくない場合」には1，「どちらでもない」場合には4，「とても好ましい」場合には7ということになります。あまり考え込まず，直感で回答してみてください。まずは，やり方を確認するために，簡単な練習をしたいと思います」。

教示を与えた後，疑問点がないかを確認したら，練習試行を始める。なお，評定段階における刺激の呈示時間は1000ms に設定する。そして，刺激消失後，Figure V-4に示した評定尺度を，参加者によって評定がされるまで呈示する。

8 手続き――評定段階の本試行

本試行用の教示は以下の通りである。

「それでは，今から本番を始めたいと思います。本番も練習と同様に，課題が始まると，先ほど見てもらった絵が1秒出てきて，消えます。その後に，その絵をどの程度好ましいと感じるかを，1から7のいずれかの数字を押して回答してください。本番では，練習試行よりも多くの絵が出てきますが，練習と同様に，あまり考え込まず，直感で回答してみてください」。

教示を与えた後，疑問点がないかを確認したら，本試行を始める。その他の手続きは練習試行と同一にする。

《レポート作成例》

方法

実験参加者　○○大学の大学生＿＿名（男性＿名，女性＿名，平均年齢＿＿歳）であった。

実験計画　1要因4水準（接触回数：0回，1回，5回，10回）の参加者内計画であった。

装置・材料　Kroll & Potter（1984）から，接触対象として使用する絵刺激を78項目選定した。その内訳は，……であった。それらの刺激を用いて，接触段階で使用するリストを作成した。接触段階で使用するリストは4種類作成する必要があり……。

評定段階で使用するリストについては……。

手続き　接触段階では，まず，練習試行として……。その後，本試行を行った。本試行では……。

評定段階においても，最初に練習試行として……。その後，本試行を行った。本試行では……。

（浅野昭祐）

引用文献

遠藤信貴・齋木潤・中尾陽子・齋藤洋典（2003）．無意味輪郭図形の階層的特徴記述に基づく知覚判断特性の分析　心理学研究，*74*，346-353.

Kroll, J. F., & Potter, M. C.（1984）．Recognizing words, pictures, and concepts: A comparison of lexical, object, and reality decisions. *Journal of Verbal Learning and Verbal Behavior, 23*(1), 39-66.

小川洋和（2014）．初学者向けの心理実験環境としての PsychoPy 心理学ワールド，(67)，23-24.

富田瑛智・松下戦具・森川和則（2013）．部分遮蔽刺激を用いたアモーダル補完時の単純接触効果の検討　認知心理学研究，*10*，151-163.

3 単純接触効果(3)結果・考察・引用文献

ここでは，単純接触効果の実験によって得られたデータをどのように整理・分析するのか（結果の整理），また，その結果を基にどのような視点から考察すれば良いのか（考察の視点）について説明する。加えて，レポートを作成する際には，本文で引用した文献を列記しなければならないので，その例を載せる。

1 結果の整理

実験によって得られたデータは次の手順で整理・分析を行う。

(1)本試行における方向づけ課題の回答を集計し，各実験参加者の回答に対して正誤判定を行う。

(2)方向づけ課題に正答した参加者を対象にして，接触回数の各条件（0回，1回，5回，10回）別に，ターゲット刺激16項目に対する好意度の平均評定値を算出する。

(3)ターゲット刺激に対する好意度の平均評定値を，接触回数の条件（0回，1回，5回，10回）間で比較できるように，図示する（Figure V-5[1]）。

《レポート作成例》

結果

本試行における方向づけ課題の回答を集計し，正答であった参加者のみを対象にして，接触回数の各条件（0回，1回，5回，10回）別に，ターゲット刺激16項目に対する好意度の平均評定値を算出した（Figure 1）。

Figure 1から，……。

2 考察の視点

考察は得られた結果を基に，次の視点から行う。

(1)接触回数の各条件（0回，1回，5回，10回）における好意度評定値を比較した結果から，単純接触効果に関する仮説が支持されたか否かについて考察する。

(2)本書の引用文献などを参考に，単純接触効果の説明理論[2]について調べ，本実験の結果について解釈する。

(3)本実験の結果は，日常場面において，どのように役立てられるかについて考察する。

▷1 Figure V-5は，著者が本書の方法に基づいて実際に取得した，都内大学生40名（男性12名，女性28名，平均年齢20.18歳）のデータを基に作成している。

▷2 例えば，現在，広く知られている説明理論として，知覚的流暢性誤帰属モデル（perceptual fluency/attributional model：Moreland & Beach, 1992）や，ヘドニック流暢性モデル（hedonic fluency model：Winkielman & Cacioppo, 2001）などがある。

Figure V-5
図の作成例

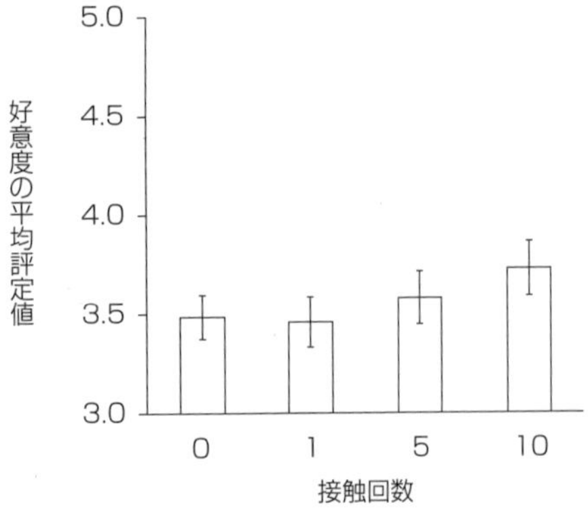

《レポート作成例》

考察

本研究の目的は，抽象的な絵刺激の呈示回数が好意度に与える影響を検討することであり，刺激の呈示回数が増加するに伴い，刺激に対する好意度も増加するといった仮説を検証することであった。

本研究の結果，抽象的な絵刺激に対する好意度は，……となることが示された。

単純接触効果の説明理論である，……説では，単純接触効果は……というメカニズムによって生起すると説明される。……説に基づいて，本研究の結果を解釈すれば，……であると考えられる。

3 引用文献

レポートを作成する際，本文で引用した文献は「引用文献」の項目に，著者の姓のアルファベット順に列記する。

《レポート作成例》

引用文献

Bornstein, R. F., & D'Agostino, P. R. (1992). Stimulus recognition and the mere exposure effect. *Journal of Personality and Social Psychology, 63* (4), 545–552. https://doi.org/10.1037/0022-3514.63.4.545

生駒 忍 (2005). 潜在記憶現象としての単純接触効果　認知心理学研究, *3*(1), 113–131. https://doi.org/10.5265/jcogpsy.3.113

Kroll, J. F., & Potter, M. C. (1984). Recognizing words, pictures, and concepts: A comparison of lexical, object, and reality decisions. *Journal of Verbal Learning and Verbal Behavior, 23*(1), 39–66. https://doi.org/10.1016/S0022-5371(84)90499-7

宮本 聡介・太田 信夫（編）(2008). 単純接触効果研究の最前線　北大路書房

Moreland, R. L., & Beach, S. R. (1992). Exposure effects in the classroom: The development of affinity among students. *Journal of Experimental Social Psychology, 28*(3), 255–276. https://doi.org/10.1016/0022-1031(92)90055-O

Zajonc, R. B. (1968). Attitudinal effects of mere exposure. *Journal of Personality and Social Psychology, 9*, 1–27. https://doi .org/10 .1037/h0025848

（浅野昭祐）

引用文献

Moreland, R. L., & Beach, S. R. (1992). Exposure effects in the classroom: The development of affinity among students. *Journal of Experimental Social Psychology, 28*(3), 255–276.

Winkielman, P., & Cacioppo, J. T. (2001) Mind at ease puts a smile on the face : Psychophysiological evidence that processing facilitation elicits positive affect. *Journal of Personality and Social Psychology, 81*(6), 989–1000.

4　要求水準(1)問題

1　実習の概要

本実習では，連続加算課題[1]に対して要求水準を設定し，要求水準と達成量の関係から性格特性のタイプ分けを試みる。その上で，要求水準と満足感の関係について考察する。

2　要求水準とは

人は何かをする時，ある程度の予想や目標をたてている。例えば，市民マラソンに参加する時，入賞を目標にする人もいれば，完走を目標にする人もいるだろう。このような予想や目標設定に対する個人の主観的基準を「要求水準（level of aspiration)」と呼ぶ。要求水準の代表的な定義としてFrank（1935）の「過去の成績がわかっている課題に関して，同様の課題で次に到達しようとする未来の要求の高さ」があり，1930年代から1960年代にかけて要求水準に関する実験研究が盛んに行われてきた。研究の蓄積の過程で，研究者によって要求水準の定義が若干異なるが，「与えられた課題に対する個人の目標や期待の基準」という共通点が確認されている。

3　要求水準の設定に影響を与える諸要因と先行研究

Rotter（1942）によれば，要求水準の設定は性格特性，過去の成功・失敗経験，設定場面の影響を受けることが指摘されている。例えば，高い要求水準には自信・野心・願望など，低い要求水準には注意深さ・自己防御などの性格特性が関連している（Frank，1941)。

また，失敗を回避しようとする場面では要求水準を低く設定する一方で，他者との競争場面では失敗よりも努力目標として要求水準を高く設定する傾向が**達成動機**[2]（achievement motivation）との関係で明らかにされている（Atkinson，1964；Moulton，1965)。つまり，競争場面などの他者を意識した要求水準の設定は，環境的な要因と捉えられるが，その場面をどのように捉えるかは個人の性格特性と関連があるといえる。さらに要求水準と性格の関連では，その高低を基準にした性格特性の分類も検討されている（Gardner，1940)。

▷1　一例として，性格・適正検査の一種である「内田クレペリン精神作業検査」がある。この検査は，2つの数字の和の下一桁を記入する作業課題で，性差が出にくいといわれている。そのため，この検査にならった加算作業課題を本実習の材料とする。

▷2　**達成動機**
ある程度高い目標を掲げ，困難があってもその目標を遂行しようとする動機。人は成功することに満足して誇りを感じる力をもっており，それが達成動機に起因する（Atkinson，1964)。

4 要求水準と満足感

要求水準は，単なる目標ではなく，成功か失敗かという結果に影響を与えることも指摘されている（多湖・吉田，1968）。例えば，市民マラソンで３位に入賞したとしても，１位を目標にしていた人にとっては失敗と感じられ満足のいかない結果と捉えるだろう。しかし，完走を目標にしていた人にとっては成功であり，非常に満足な結果と捉えられる場合もある。つまり，人が感じる成功感や失敗感とそれに付随する満足感は，結果の絶対的な高さ（得点などの数値）ではなく，要求水準とその要求水準に達したかどうか（達成量）に規定されると考えられる。

また，このことから常に高い目標を立てる人は，目標を達成する可能性が低く満足感の得られないことが多くなることも推察される。その反面，低い目標を立てる人は，目標を達成する可能性が高く満足感が得られることが多くなるかもしれない。つまり，満足感を得られるか否かは要求水準の影響を受けるため，どのような目標を立て満足感を得るかも性格特性と関連があると推測される。

5 目的

これまで述べてきた通り，要求水準の高低によって達成量や満足度が異なり，これらは性格特性と関連していると考えられる。これを検討するため，本実験では連続加算課題に対する要求水準を，「どのくらいできると思いますか」という期待水準の教示によって設定する。この要求水準の設定と作業を繰り返し行い，要求水準のたて方と作業量の関係から，要求水準の高低を基準とした以下の性格特性のタイプ分けを実験参加者ごとに試みる。その後，これらと満足度の関連を考察する。

以上により，本実験は，要求水準とその達成量，および満足度と性格特性の関連を検討することを目的とする。

〈要求水準の高低を基準とした性格特性のタイプ分け〉

Ａ．理想水準型：要求水準を実際の作業量より高めに設定するタイプ。これを理想水準型とする。

Ｂ．最低水準型：要求水準を実際の作業量より低めに設定するタイプ。これを最低水準型とする。

Ｃ．現実水準型：要求水準を実際の作業量と同じところに設定するタイプ。これを現実水準型とする。

Ｄ．混合型　　：上記Ａ～Ｃに該当しないタイプ。これを混合型とする。

（澤邉　潤）

引用文献

Atkinson, J. W. (1964). *An introduction to motivation.* Princeton, NJ: Van Nostrand.

Frank, J. D. (1935). Individual differences in certain aspects of the level of aspiration. *American Journal of Psychology, 47* (1), 119-128.

Frank, J. D. (1941). Recent studies of the level of aspiration. *Psychological Bulletin, 38*(4), 218-226.

Gardner, J. W. (1940). The relation of certain personality variables to level of aspiration. *The Journal of Psychology, 9,* 191-206.

Moulton, W. (1965). Effects of success and failure on level of aspiration as related to achievement motives. *Journal of Personality and Social Psychology, 95*(5), 399-406.

Rotter, J. B. (1942). Level of aspiration as a method of studying personality. I. A critical review of methodology. *Psychological Review, 49*(5), 463-474.

多湖輝・吉田正昭 (1968). 人間の欲望・感情　大日本図書

5 要求水準(2)方法

ここでは要求水準の実験参加者，材料，手続きの説明や，実験実施に際しての注意事項ならびにレポート作成例を記す。

1 実験参加者

本実験では，加算作業を一定時間実施するため，初等教育レベルの算数の能力を持つ者が対象となる。3名以上を対象として実施することが望ましい。

2 材料

加算作業用紙，記録用紙，ストップウォッチ，鉛筆数本を用意する。[1]

▶1　加算作業用紙は各自で用意することが望ましい。

3 手続き

(1)参加者に加算作業のしかたを理解してもらうため，加算作業用紙の1行目を用いて30秒間の練習を行う（Figure V-6）。これを練習試行とする。なお，加算作業は左端から隣同士の数字を足し合わせ，中央下の余白に結果の一の位の値を記入するというものである。

(2)参加者が加算作業の要領を会得したところで，「できるだけ正確に，できるだけ速く（加算作業を）行ってください。時間は50秒です」と教示し，加算作業用紙の2行目を用いて参加者に加算作業を行ってもらう。これを予備試行とする。

(3)作業終了後，参加者に作業量を報告する。また，記録用紙の「予備」行の「作業量」の欄に作業量を記入する。[2]

▶2　所収の要求水準（記録用紙）を用いると良い（p. 200）。

(4)実験者は参加者に「次はどのくらいできると思いますか」と尋ね，報告された予想量を記録用紙の「試行1」行の「予想量」の欄に記入する。

(5)加算作業用紙の3行目を用いて50秒間の加算作業を行ってもらい，作業量を「試行1」行の「作業量」欄に記入する。そして，参加者に作業量を報告し「今の作業量（結果）についてどのくらい満足していますか」と尋ね，

Figure V-6
加算作業の例

7　8　5　4　2　8　・・・
　5　3　9　6　0　・・・

Figure V-7
本試行の流れ

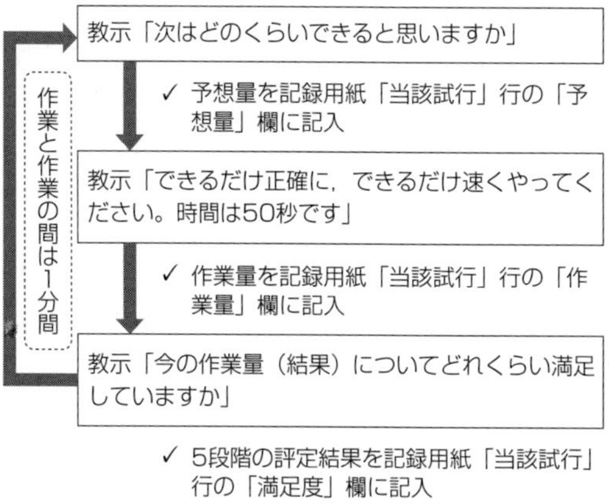

その作業量（結果）に対する満足度を，非常に不満：1，やや不満：2，どちらでもない：3，やや満足：4，非常に満足：5の5段階で評定してもらう。その評定を，同行の「満足度」の欄に記入する。

(6)上記(4)，(5)を10試行繰り返す（作業用紙・記録用紙ともに，試行ごとに次の行を用いる）。また，作業と作業の間には1分間の間隔をとる。試行実施中に気付いたことがあれば，参加者の作業に影響のないようにメモ欄に記入する（Figure V-7）。

(7)10試行終了後，参加者に「今回の実験ではどのように予想をたてましたか」「普段は，どのように目標を設定し，課題を遂行しようとしますか」とインタビューを行い，聞き取った内容を記録用紙の「インタビュー」欄に記入する。

《レポート作成例》

方法

実験参加者　参加者は5名で，うち男性2名，女性3名であった。

材料　加算作業用紙，記録用紙，ストップウォッチ，鉛筆数本を用意した。

手続き　**【練習試行】**参加者に加算作業のしかたを理解してもらうため，加算作業用紙の1行目を用いて30秒間の練習を行った。

【予備試行】参加者が加算作業の要領を会得したところで，……と教示し，加算作業用紙の2行目を用いて参加者に加算作業を行ってもらった。作業終了後……。

【本試行】実験者は参加者に「次はどのくらいできると思いますか」と尋ね，……を記入した。作業用紙の3行目を用いて50秒間の加算作業を行ってもらい，作業量を……記入した。……。

（澤邉　潤）

6 要求水準(3)結果・考察・引用文献

ここでは，要求水準の実験によって得られたデータをどのように整理・分析するのか（結果の整理），また，その結果を基にどのような視点から考察すれば良いのか（考察の視点）について説明する。加えて，レポートを作成する際には，本文で引用した文献を列記しなければならないので，その例を載せる。

1 結果の整理

実験によって得られたデータは次の手順で整理・分析を行う。

(1)実験参加者ごとに，要求水準のたて方と作業量の関係を見るために，各試行の目標設定得点（goal discrepancy score：GD スコア）を求める。

GD スコア[1]＝（当該試行の予想量）－（前の試行の作業量）

(2)参加者ごとに，予想量が作業量に到達しているのかを見るために，各試行の達成度得点（attainment discrepancy score：AD スコア）を求める。

AD スコア[2]＝（当該試行の作業量）－（当該試行の予想量）

(3)参加者ごとに達成度と次の目標設定の関係を整理するために，AD スコアが負，0，正の場合それぞれについて，次の試行の GD スコアが負の試行，0 の試行，正の試行が何試行あるかを集計し表を作成する[3]（p. 201）。また，表から読み取れることを具体的な数値を挙げて説明する。

(4)参加者ごとに達成度と満足度との関係を整理するために，AD スコアが負の場合，0 の場合，正の場合について，満足度が 1 の試行，2 の試行……5 の試行が何試行あるかを集計し表を作成する（p. 201）。また，表から読み取れることを具体的な数値を挙げて説明する。

(5)参加者ごとにインタビューの結果をまとめる。

▷1　GD スコアは，作業量よりも高い予想を立てれば正の値，作業量よりも低い予想をたてれば負の値になる。

▷2　AD スコアは，作業量が予想量を超えていれば正の値，作業量が予想量を下回れば負の値になる。

▷3　ここでは，AD スコアと次の試行の GD スコアの組み合わせ（第 1 試行の AD スコアと第 2 試行の GD スコア）を見るので，第10試行の AD スコアに対応する GD スコアはないことになる。したがって，この組み合わせは合計 9 組となり，表中の数値も合計 9 となる。

《レポート作成例》

結果

参加者ごとに次の式を用いて各試行の目標設定得点（goal discrepancy score：GD スコア）と各試行の達成度得点（attainment discrepancy score：AD スコア）を求めた。

GD スコア＝（当該試行の予想量）－（前の試行の作業量）

AD スコア＝（当該試行の作業量）－（当該試行の予想量）

次に，参加者ごとに達成度と……を集計し表を作成した（Table 1－1 ～Table 1－5）。その結果，参加者 1 は AD スコアが負で GD スコアが正となることが 9 回あった。参加者 2 は……であった。

　また，参加者ごとに……を集計し表を作成した（Table 2-1～Table 2-5）。その結果，参加者1は満足度2が7回，……であった。参加者2は……。
　インタビューの結果をまとめると参加者1は「（今回の実験について）どうしても60を超えたかったので，……」と話していた。参加者2は……。

2 考察の視点

考察は得られた結果を基に，次の視点から行う。

(1)要求水準の立て方と作業量の関係から，参加者ごとに，A．理想水準型[4]，B．最低水準型[5]，C．現実水準型[6]，D．混合型[7]に分類する。

(2)考察の視点(1)に基づき，要求水準のたて方と作業量の関係による性格特性のタイプ分けの可能性について考察する。

(3)結果を基に，参加者ごとにADスコアと満足度の関係について考察する。その上で，ADスコアと満足度にはどのような関係が見られるかについて，その理由も含めて検討する。

(4)考察の視点(1)～(3)を基に，性格特性はADスコアと満足度とどのような関係が見られるか，その理由も含めて考察する。

▷4　要求水準を実際の作業量をより高めに設定するタイプである。そのため，GDスコアが正で，ADスコアは負になることが多くなる。

▷5　要求水準を実際の作業量より低めに設定するタイプである。そのため，GDスコアが負で，ADスコアは正になることが多くなる。

▷6　要求水準を実際の作業量と同じところに設定するタイプである。そのため，GDスコアはほぼ0で，ADスコアも変動が小さくなる。

▷7　A～Cに該当しないタイプである。そのため，GDスコアやADスコアに規則性が見られない。混合が生じる理由として，疲労による作業への取組方略の変更，一定の要求水準への固着などが考えられる。

《レポート作成例》

考察

　本課題の目的は，要求水準とその達成量，および満足度と性格特性の関連を検討することであった。
　まず，参加者ごとに要求水準と達成量，および満足度から性格特性のタイプ分けを試みた。その結果，参加者1はTable 1-1より，多くの場合，GDスコアが正でADスコアが負であったことから，……と考えられる。また，インタビューにおいて，「……」と話していたことから，今回の実験では，参加者1は理想水準型に分類されると考えられる。次に，参加者2は……。
　次に，性格特性のタイプ分けと満足度の関連について検討すると，……。

3 引用文献

レポートを作成する際，本文で引用した文献は「引用文献」の項目に，著者の姓のアルファベット順に列記する。

《レポート作成例》

引用文献

Frank, J. D. (1935). Individual differences in certain aspects of the level of aspiration. *American Journal of Psychology, 47*(1), 119-128. https://doi.org/10.2307/1416711

Rotter, J. B. (1942). Level of aspiration as a method of studying personality. I. A critical review of methodology. *Psychological Review, 49*(5), 463-474. https://doi.org/10.1037/h0057506

（澤邉　潤）

7　SD 法によるイメージの測定 (1)問題

1　実習の概要

SD 法とは，複数の**形容詞対**[1]を用いて，対象が形容詞対の尺度上でどのように表現されるのか，**定量的**[2]に検討する手法である。本実習では，複数の対象へのイメージを SD 法によって測定し，各対象のイメージの内容や，対象間でのイメージの類似性を検討し，イメージを測定する手法について理解する。

2　イメージの測定

人は，見たり聞いたり触ったりした事象に対して，さまざまなイメージを抱く。ここでいうイメージとは，頭や心の中で描かれる姿や形の像だけでなく，その対象への心証や態度といった全体的な印象を含む。そして，その対象にどのような行動や反応を示すのかは，その人が対象に抱いているイメージによって規定される部分が大きい。例えば，犬に対して「人懐こくてかわいい」というイメージを持っている人は，犬と出会った時にはポジティブな感情を抱き，犬に近寄ろうとするだろう。逆に，「犬はうるさいし怖い」というイメージを持っている人は，ネガティブな感情を抱き，犬を避けようとするだろう。

このように，人の行動や反応を予測する上で，対象にどのようなイメージを抱いているのか知ることは重要である。本実験では，イメージ測定の際によく用いられる手法の一つである，SD 法を取り上げる。

3　SD 法（Semantic Differential method）とは

本実習で用いる SD 法とは，Osgood et al.（1957）により開発された測定技法である。元々は，概念（言語）が持つ情緒的意味を客観的・定量的に測定するための手法であった。概念が示す事実に関する意味や辞書的な定義を指す記述的意味に対して，情緒的意味とは概念によって引き起こされる感情や態度といったものを指す。

このように，概念の情緒的意味を測定する手法として開発された SD 法であったが，その後は概念の情緒的意味の測定のみでなく，（自己を含む）人物，色彩，図形，音楽，絵画，商品や企業など，広い範囲にわたる事象に対して，その情緒的意味や抱かれるイメージを測定する方法として利用されるようになった。さらに今日では，建築物や街の景観の評価，食品等の**官能評価**[3]等に用

▷1　**形容詞対**
形容詞とあるが，実際には形容動詞（例えば「積極的な」）や短文（例えば「感じが良い」）などが含まれる場合が多い。その場合でも，「形容詞対」と呼ぶのが一般的である。

▷2　**定量的**
対象を数量で捉え，数値を用いて記述すること。「量的」ともいう。対義語は「定性的」（「量的」と言った場合の対義語は「質的」）。

▷3　**官能評価**
人の感覚器官（目，耳，鼻，舌など）を使って，対象物を評価すること。官能検査，官能試験とも呼ばれる。測定装置として人の器官を用い，基本的には主観的な判断（好み等）は加えずに対象を評価する。

いられるなど，その応用範囲は広がっている。

Figure V-8
セマンティック・プロフィールの例

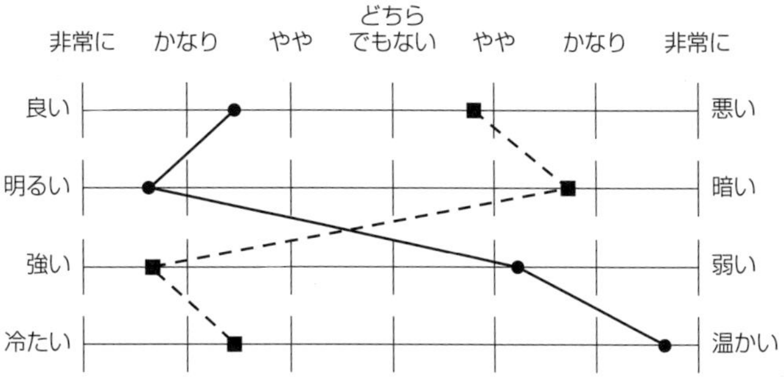

4 SD法を用いたイメージ測定の手順

SD法では，反対の意味を持つと考えられる形容詞のペア（形容詞対と呼ぶ）を両端に置いた尺度を多数用意し，各評定対象に対するイメージを測定する。尺度の段階は5ないし7段階とすることが多く，尺度のどの段階を選択したのかに基づいて得点化を行う。例えば7段階の尺度とした場合，各段階に1点から7点まで順に点数を振る。各実験参加者が対象に抱いたイメージを得点化し，形容詞対ごとに得点の平均値を求めることで，対象のイメージを数量化できる。また，平均値をレーダチャートやFigure V-8のようなセマンティック・プロフィールに表すことで，イメージを図示することも可能である。

形容詞対の選定にあたっては，事前に調査等を行い評定対象のイメージを表す際に用いられる言葉を収集する手続きが取られる場合がある。あるいは，同様の評価対象についてSD法を用いてイメージを測定した先行研究を参考にし，形容詞対を選定することも可能である。いずれにせよ，評定対象のイメージを測定するのにふさわしい形容詞対を選定する必要がある。形容詞対の数については，10から20個程度を用いることが多い。

Osgood et al.（1957）は，得られたデータに対して統計的な分析（因子分析）を行い，形容詞対がどのようなグループ（因子）に分かれるのか検討した。その結果，評価性（「悪い-良い」等），力量性（「強い-弱い」等），活動性（「積極的な-消極的な」等）の3つの因子を見出し，この3因子を軸とする空間上に概念の情緒的意味を布置した。その後の研究で，多くの対象においてこの3因子が見出されることがわかり，事象の情緒的意味をあらわす基本的な次元として捉えられている。しかし，対象によっては異なる因子が抽出される場合もあるため，必要に応じて因子分析が行われる。

5 目的

いくつかの対象[4]に対するイメージをSD法で測定し，各対象がどのようなイメージを抱かれているのかを検討する。加えて，評定対象をジャンルに分類し，同じジャンルに属する対象のイメージは類似しているのか，異なるジャンルに属する対象間でイメージにどのような相違が見られるのか，検討する。また，異なるジャンルに属する対象でもイメージが類似しているものがあるのかも検討する。

（津村健太）

▶4 レポートを執筆する際には，調査に用いた評定対象について具体的に述べると良いだろう。

引用文献

Osgood, C. E., Suci, G. J., & Tannenbaum, P. H. (1957). *The measurement of meaning*. Urbana, IL: University of Illinois Press.

8 SD法によるイメージの測定(2)方法

ここではSD法によるイメージの測定の調査対象者，刺激，手続きの説明や，調査実施に際しての注意事項ならびにレポート作成例を記す。

1 調査対象者

どのような属性を持つ者がふさわしいのかは，調査の目的によって[1]変わってくる。また，調査対象者数は形容詞対や評定対象の数より多いことが望ましい。

▶1　例えば，「評定対象を初めて目にした人が，どのようなイメージを抱くのか」といったことを調べる場合には，対象について知らない者を選ぶ必要がある。

2 刺激

評定対象として，人物，商品，企業，職業，食品，音楽，色彩などの名称を呈示する。評定にあたって，評定対象の画像を呈示する，実際に音楽を聴いてもらう，といった手続きを取る場合もある。本書では評定対象は10～15個とし，３～５個程度のジャンルに分類する。また，各ジャンルには最低２個の評定対象が含まれるようにする。例えば色彩では，Table V－2のようなジャンル分けが可能である。この他，練習試行用の評定対象として，「富士山」を用いる。

評定に用いる**形容詞対**[2]は，井上・小林（1985）より選定した15対の形容詞を用いる（Table V－3）。また，尺度の段階は７段階とし，各形容詞対に対して順に「非常に・かなり・やや・どちらでもない・やや・かなり・非常に」と選択肢を設定する（V－7 Figure V－8参照）。例えば，「白色」に対してどの程度強い，あるいは弱いイメージを抱いているのか，対象者は「強い－弱い」の形容詞において「非常に強い」，「かなり強い」，……「非常に弱い」の中から一つを選択する。

▶2　**形容詞対**
本書では，過去の研究でさまざまな種類の対象の評定に用いられている（井上・小林，1985）形容詞対を用いた。選択した評定対象に本書の形容詞対がそぐわない場合には，別の形容詞対を用いることも可能である。

3 手続き

はじめに練習試行用の**評定用紙**[3]を渡し，「富士山」を評定対象とする練習試行を行う。対象者に以下の教示を行い，回答を始めてもらう。

「はじめに練習をします。富士山に対するイメージをその下の各形容詞対で表すとしたら，もっとも当てはまると思うものに○をつけてください。その際，『非常に・かなり……』という言葉を参考にしてください。例えば，富士山が『かなり強い』と思う場合には，『強い』の側にある『かなり』の選択肢に○をつけてください。なお，回答する時にはあまり考え込まず，素早く，数秒以内に回答してください。また，各形容詞対はお互いに独立しているものとし，回

▶3　**評定用紙**
形容詞対の呈示順が結果に与える影響は少ないとされており，Table V－3の通りでも，順序を変えても，どちらでも差し支えはない。ただし，「良い－悪い」や「感じの良い－感じの悪い」，「温かい－冷たい」といった全体的なイメージに関わる形容詞対は，後続の回答に影響を与える（例えば，「温かい人は陽気だろう」と判断してしまう）可能性があるため，できるだけ終盤で尋ねるのが望ましい。

Table V-2
評定対象の名称とジャンル（色彩を例として）

ジャンル	評定対象
モノトーン	白色，黒色，灰色
暖色	赤色，オレンジ色，黄色
寒色	青色，紺色，水色
中性色	緑色，紫色

Table V-3
評定に用いた形容詞対

強い-弱い	暗い-明るい	感じの悪い-感じの良い
やわらかい-固い	激しい-おだやかな	陽気な-陰気な
派手な-地味な	みにくい-美しい	温かい-冷たい
積極的な-消極的な	重い-軽い	厳しい-優しい
うるさい-静かな	活発な-不活発な	良い-悪い

答にあたって他の形容詞対における回答は気にかける必要はありません」。

問題なく練習試行を終えられたら，本番試行用の評定用紙を対象者に渡し，以下の教示を伝えた上で回答を始めてもらう。

「それでは，本番に移ります。あなたがさまざまな『色彩[4]』に対して抱いているイメージについてお尋ねします。評定用紙に書かれた各対象について，イメージをお答えください。回答する際はあまり考え込まず，素早く，数秒以内に回答してください。また，各形容詞対はお互いに独立しているものとし，回答にあたって他の形容詞対における回答は気にかける必要はありません」。

▷4　実際に実験を行う際には，自身で設定した評定対象にあわせて教示内容を変えること。

《レポート作成例》

方法

調査対象者　対象者は大学生20名（男性12名，女性8名）で年齢の平均は20.56歳（*SD* =0.89）であった。

刺激　本実験では，色彩を評定対象とし，白色，黒色，灰色，赤色，オレンジ色，黄色，青色，紺色，水色，緑色，紫色の11色を用いた。白色，黒色，灰色は「モノトーン」のジャンル，赤色，オレンジ色，黄色は「暖色」のジャンル，青色，紺色，水色は「寒色」のジャンル，緑色，紫色は「中性色」のジャンルに，それぞれ属していた（Table 1）。

評定に用いた形容詞対はTable 2の通りで，尺度の段階は「非常に・かなり・やや・どちらでもない・やや・かなり・非常に」の7段階とした。

手続き　対象者は初めに，練習試行として「富士山」に対するイメージを回答した。その後，本番試行として上述の11色に対するイメージを回答した。回答にあたっては，以下のように教示した。「回答する際はあまり考え込まず，素早く，数秒以内に回答してください。また……」。

（津村健太）

引用文献

井上正明・小林利宣（1985）．日本におけるSD法による研究分野とその形容詞尺度構成の概観　教育心理学研究，*33*(3)，253-260.

9　SD法によるイメージの測定 (3)結果・考察・引用文献

ここでは，SD法によるイメージの測定によって得られたデータをどのように整理・分析するのか（結果の整理），また，その結果を基にどのような視点から考察すれば良いのか（考察の視点）について説明する。加えて，レポートを作成する際には，本文で引用した文献を列記しなければならないので，その例を載せる。

1　結果の整理

実験によって得られたデータは次の手順で整理・分析を行う[1]。

(1)調査対象者の回答を，形容詞対の左側から１点，２点，……７点と評点をつけ，形容詞対の右側の言葉の評点とする[2]。

(2)評定対象ごとに，各形容詞対における評点の平均値を算出する。平均値は，小数点第１位ないし第２位まで求める。平均値を求めたら，各対象のイメージを表とグラフであらわす（Table V-4，Figure V-9）。グラフは，レーダーチャートを用いると良い。

(3)各対象間のイメージの距離（D値）を算出する。D値の計算式は，$D=\sqrt{\Sigma D^2_{AB}}$である[3]。D値についても，表を作成する[4]（Table V-5）。

▷1　研究によっては，評価に用いられる形容詞対がどのような因子に分かれるのか（因子構造）を統計的に分析することがあるが，本書ではこの点については考慮していない。

▷2　例えば，「強い-弱い」の形容詞対において「かなり強い」を選択した場合は「弱い」の評点が２点になる。

▷3　D^2_{AB}とは，対象Aと対象Bの評定値の差の二乗を意味している。各形容詞対における評定値の差の二乗を合算し，平方根を求めたものがD値である。

▷4　この表のように，表の左上から右下の対角線を挟んで同じデータが並ぶような場合，対角線の片側のみに数値を記載することも多い。

《レポート作成例》

結果

各色彩に対するイメージを検討するため，７段階の各形容詞対におけるもっとも左側の評価を１点，もっとも右側の評価を７点として評点をつけ，形容詞対ごとに平均値を求めた（Table 3）。また平均値を基に，各色彩のイメージを図式化した。Figure 2より白色のイメージは……であった。さらに，各対象間のイメージの類似性について検討するため，イメージの距離（D値）を算出した。D値の計算式は……。モノトーンのジャンルにおけるD値は……。

2　考察の視点

考察は得られた結果を基に，次の視点から行う。

(1)評点の平均値およびレーダーチャートを基に，各対象がどのようなイメージを抱かれているかを考察する。

(2)D値や評点の平均値，レーダーチャートを基に，同一ジャンルの対象（例

Figure V-9
白色に対するイメージ

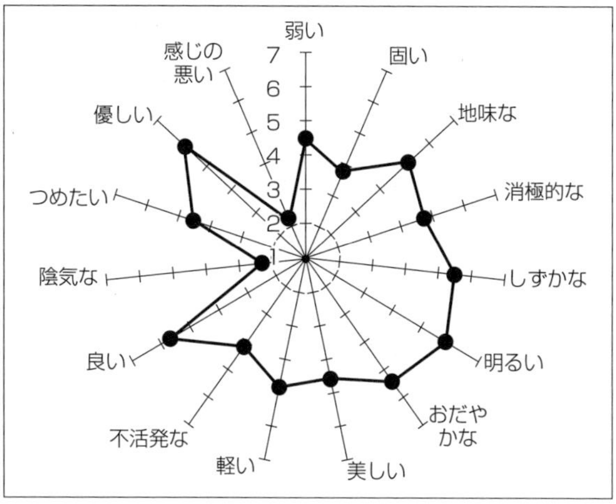

Table V-4
各対象に対する評定値の平均値

評定対象	ジャンル	弱い	固い	地味な	…	感じの悪い
白色	モノトーン	4.5	3.8	5.2		2.3
黒色	モノトーン	2.7	5.4	4.6		4.2
⋮						

Table V-5
各対象間のイメージの距離（D値）

評定対象	黒色	白色	灰色	…	緑色	紫色
黒色		7.4	2.8		6.6	5.2
白色	7.4		3.5		5.8	6.1
⋮						
紫色	5.2	6.1	4.9		4.2	

えば，「モノトーン」ジャンルの黒色と白色と灰色）の結果を比較し，考察する。[5]

(3)D値や評点の平均値，レーダーチャートを基に，ジャンルを越えて（例えば，「暖色」ジャンルの色と「中性色」ジャンルの色で）結果を比較し，考察する。[6]

(4)これらの結果を日常生活に活かすとしたら，どのようなことがいえるか考察する。

《レポート作成例》

考察

本研究の目的は，SD法を用いて色彩に対するイメージを測定することであった。調査の結果，白色に対するイメージは……という結果から，……と考えられる。

3 引用文献

レポートを作成する際，本文で引用した文献は，「引用文献」の項目に著者の姓のアルファベット順に列記する。

《レポート作成例》

引用文献

井上 正明・小林 利宣（1985）．日本におけるSD法による研究分野とその形容詞尺度構成の概観　教育心理学研究，*33*(3)，253-260. https://doi.org/10.5926/jjep1953.33.3_253

Osgood, C. E., Suci, G. J., & Tannenbaum, P. H. (1957). *The measurement of meaning*. Urbana, IL: University of Illinois Press.

（津村健太）

▷5　例えば，同一ジャンルの対象は似たイメージを持たれているかを考察する。似たイメージを持たれている場合，どういった側面が似ているのか，なぜ似たイメージを持たれているのかについて論じる。似たイメージを持たれていない場合も同様に論じる。

▷6　例えば，似たイメージを持たれている対象がないか考察する。ある場合には，具体的にどういった側面で似ているのか，なぜ似たイメージを持たれているのかについて論じる。

また，ジャンル間でイメージにどのような違いが見られるのか，なぜそのようなイメージの違いがあるのか，考察する。

1　心理尺度の構成(1)問題

1　実習の概要

心理学では，「心」を客観的に測定する必要がある。そのために，さまざまな心理尺度構成法が考案されてきた。本実習では，順位法と一対比較法という２種類の構成法を用いて，同一の心理的概念を測定する。そして，各構成法の特徴および使い分け，さらに，心理的概念を測定する上で留意すべき点について，理解を深める。

2　心理尺度構成法

わたしたちは人の心について，**内観**[1]を通し，理解することができる。例えば，貧困で苦しむ子どもの写真を見た時，どのように感じるだろうか。そのような写真を目にした時に募金箱に手を伸ばした経験がある場合，それを思い出し，「人は貧困で苦しむ子どもの写真を見ると同情する」と考えることができる。

▷1　**内観**
自分で自分の心の働きを観察すること。
⇨ I-1 参照。

しかし，内観を通した理解のみでは十分ではない。先ほどの例で言えば，他の人は内観を通して「貧困で苦しむ子どもの写真は人を不快な気持ちにさせる」と考えるかもしれない。苦しむ姿を見ることは心地良いものではないため，これも的外れとはいえない。それではどちらが正しいのであろうか。議論を戦わせれば決着はつくかもしれない。だが，その勝敗は議論の技術に依存する部分もあるため，導き出された結果が客観的に正しいとは限らない。もし「同情する」という意見が勝利し，それに基づき，貧困で苦しむ子どもへの寄付を募る際には写真を呈示するように決めたものの，実際には写真が不快感を喚起させてしまっている場合，集められる寄付金額は少なくなってしまうかもしれない。このように，内観を通した主観的な心の理解だけでは不十分なのである。そのため，心を客観的に測定する必要がある。

では，目に見えない心を客観的に測定することはできるのだろうか。例えば，ある対象の「大きさ」や「重さ」を測定するには，前者にはメートル，後者にはキログラムといった尺度が存在する。しかし，ある写真を見て感じる「同情の気持ち」や，ある対象の「かわいさ」といった心理的概念には，尺度が存在しない。そのため，心理的概念を測定することは容易ではないのである。

このような困難を乗り越えるため，心理学では，心理的概念の尺度を構成するためのさまざまな方法[2]が考案されてきた（岩井，1975）。本実習では，数ある

▷2　V-7 ～ V-9 にあるSD法もその一つである。

心理尺度構成法のうち，順位法と一対比較法という２種類の構成法を扱う。

❍順位法

順位法では，全ての評価対象を調査対象者に同時に呈示し，それらについて特定の判断基準を基に順位をつけさせる。例えば，りんご，みかん，梨という３つの果物を呈示し，「おいしい」と思う順に順位をつけさせる。この作業を複数の対象者に対して行う。そして，１位に選ばれた評価対象に３点，２位に２点，３位に１点というように，１位に最大値を与えるよう順位値を与え，各評価対象について順位値の合計を求める。例えば３人に尋ね，全員がりんごを１位にした場合，りんごの順位値の合計は３点×３人＝９点となる。こうして得られた順位値の合計を基に，各評価対象の順位を決める。

順位法を用いることで，目に見えない心理的概念を**順序尺度**[3]という形で数値化することができる[4]。しかし，いくつかの短所もある。例えば，評価対象数が増加すると判断が困難になってしまう。また，上位や下位の判断は比較的しやすいが，中間のものについては判断が困難になりやすくなってしまう。

❍一対比較法

一対比較法では，評価対象をペアにして対象者に呈示し，特定の判断基準についてどちらがより当てはまるかを判断させる。この作業をあり得る全ペアについて行う。先ほどの例でいえば，「りんご－みかん」「みかん－梨」「梨－りんご」というペアができるため，３試行を行うことになる。こうした作業を複数の対象者に対して行う。そして，各評価対象数が選択された合計回数を数える。例えば３人に尋ね，全員が，りんごを含むペアではりんごを選択した場合，りんごの選択された合計回数は２回×３人＝６回となる。こうして得られた合計回数を基に，各評価対象の順位を決める。

一対比較法を用いることでも，心理的概念を順序尺度という形で数値化することができる[5]。しかも，評定対象は各試行２つのみであるため，わずかな評価の違いも精密に検出できる。しかし，いくつかの短所もある。例えば，評価対象数が増えると試行回数が大幅に増えてしまう。また，判断の際に用いる根拠が判断ごとに変化してしまう可能性がある。さらに，りんごとみかんの比較ではりんごを，みかんと梨の比較ではみかんを選んだにもかかわらず，りんごと梨の比較では梨を選ぶというような，一貫性のない回答が生じ得る。

3 目的

順位法と一対比較法という２つの心理尺度構成法を用いて同一の心理的概念を測定し，構成法によって結果が異なるかどうかを検討する。また，一対比較法を用いた際の参加者の回答に，一貫性が見られるかどうかを検討する。

（竹部成崇）

▶3　**順序尺度**
性質の順序を表す尺度で，大小関係にのみ意味がある。間隔には意味がない（例えば１位と２位の間隔と，２位と３位の間隔は等しいとは限らない）。

▶4　正規化順位法という方法を用いれば，順位法で得られた結果を間隔尺度にすることもできる。具体的な方法は本書の範囲を超えるため，興味がある人は文献を探して読むと良い。なお，間隔尺度とは，大小関係だけでなく，数値の間隔にも意味がある尺度（例えば摂氏温度）である。

▶5　サーストンの一対比較法を用いれば，間隔尺度にすることができる。具体的な方法は本書の範囲を超えるため，興味がある人は文献を探して読むと良い。

引用文献

岩井勇児（1975）．質問紙調査の諸形式　続有恒・村上英治（編）　質問紙調査（pp. 65-106）　東京大学出版会

2 心理尺度の構成(2)方法

ここでは心理尺度の構成の調査対象者，事前準備，手続きの説明や，調査実施に際しての注意事項ならびにレポート作成例を記す。

1 調査対象者

明確な基準はないが，あまりに少ないと結果が不安定になるため，５名以上に参加してもらえると良い。

2 事前準備

順位法を用いた測定では評価対象を一面に広げる必要があるため，ある程度の大きさがある机を用意する。また，調査者と対象者が着席するための椅子を用意する。

3 評価対象

ある心理的概念の評価対象とするものを10個用意し，Ａ～Ｊの記号を振る。例えば，「かわいさ」を評価する対象として，犬の写真10枚を用意し，各写真にＡ～Ｊの記号を振る。なお，写真を用いる場合は，構図や大きさにあまり差がないように配慮する。

4 記録表（順位法）

順位法による測定結果を記録する用紙を用意する。用紙には，各評価対象が何位であったかを記録する表を設ける（Table Ⅵ-１，p. 202参照）。

5 記録表（一対比較法）

一対比較法による測定結果を記録する用紙を用意する。用紙には，評価対象のペアを記載した表を設ける（Table Ⅵ-２，p. 202参照）。評価対象が10個であるため，45通りのペアができる。なお，各評価対象が呈示される間隔や，左に呈示される回数と右に呈示される回数は，できるだけ均等になるようにする。ある評価対象のみがずっと右に呈示されたりすると，結果に影響を及ぼす可能性があるためである。

Table Ⅵ-1
順位法による測定結果を記録する用紙に設ける表の例

評価対象	A	B	C	D	E	F	G	H	I	J
順位										

Table Ⅵ-2
一対比較法による測定結果を記録する用紙に設ける表の例

試行 No.	左		右
1	A	—	D
2	H	—	I
3	C	—	G
∫	∫	∫	∫
44	G	—	E
45	J	—	B

注：左・右は，45試行を通して一貫していれば，「調査者側から見て」でも「調査対象者側から見て」でも構わない。

6 手続き

まず，順位法による測定を行う。具体的にはまず，評価対象10個（例えば，犬の写真10枚）を並べる。そして対象者に，「ここに10個の○○（例えば，10枚の犬の写真）があります。これらについて，○○（例えば，かわいい）と思う順に順位をつけてください」と教示し，順位をつけてもらう。その結果を，順位法の記録用紙に記入する。

次に，一対比較法による測定を行う。具体的にはまず，一対比較法の記録用紙に記されている１番目のペアの評価対象（例えば，犬の写真Aと犬の写真D）を，対象者の前に呈示する。その後，「この２つだったら，どちらの方が○○（例えば，かわいい）と思いますか。○○（例えば，かわいい）と思うほうを指してください」と教示し，特定の判断基準（例えば，かわいさ）について，より当てはまるほうを選択してもらう。そして，記録用紙上の選択された方の記号に○をつける。この作業を，全ての組み合わせについて行う。

《レポート作成例》

方法

調査対象者　＿＿大学の学生＿名であった。

装置・材料　以下の３つを用いた。１つ目は……で，これは……を評価する対象として用いた。２つ目は順位法の記録表で，用紙には，各評価対象が何位であったかを記録する表が設けられていた。３つ目は一対比較法の記録表で，……。

手続き　まず，順位法による測定を行った。具体的には，……。その結果を，……。

次に，一対比較法による測定を行った。具体的にはまず，……。その後，……。そして，……。この作業を，……。

（竹部成崇）

3 心理尺度の構成(3)結果・考察・引用文献

ここでは，心理尺度の構成の調査によって得られたデータをどのように整理・分析するのか（結果の整理），また，その結果を基にどのような視点から考察すれば良いのか（考察の視点）について説明する。加えて，レポートを作成する際には本文で引用した文献を列記しなければならないので，その例を載せる。

1 結果の整理

調査によって得られたデータは，次の手順で整理・分析を行う。

(1)順位法によって得られたデータから，各評価対象の順位を求める。具体的にはまず，1位に10点，2位に9点，……，10位に1点というように，1位に最大値を与えるよう順位値を与える。次に，全参加者のデータを基に，各評価対象について順位値の合計を求める。こうして得られた順位値の合計を基に，各評価対象の順位を決定する。[1]

(2)一対比較法によって得られたデータから，各評価対象の順位を求める。具体的にはまず，各評価対象が選択された回数を，参加者ごとに算出する。次に，これを基に，各評価対象が選択された回数の合計を求める。こうして得られた合計回数を基に，各評価対象の順位を決定する。[2]

(3)(1)(2)により得られた構成法ごとの各評価対象の順位を表に示す（Table Ⅵ-3）。

(4)対象者から無作為に1人を選び，一対比較法を用いた際の回答における，**三すくみの状態**[3]の個数dを求める。具体的には下記の計算式により求める。決定的な基準はないが，本調査ではdが5より大きい場合，すなわち三すくみの状態が5個より多い場合，一貫性が低いと判断することとする。

$$d=\frac{k(k-1)(k-2)}{6}-\frac{\sum_{i=A}^{J}a_i(a_i-1)}{2}$$ [4]

《レポート作成例》

結果

まず，順位法によって得られたデータから，各評価対象の順位を求めた。具体的にはまず，……。……。……。次に，一対比較法によって得られたデータから，各評価対象の順位を求めた。具体的にはまず，……。……。……。

このようにして得られた各評価対象の順位を，Table 1に示す。順位法により得られた順位は，A○位，……，J○位であった。一対比較法により得られた順位は，A○位，……，J○位であった。よって，2つの構成法によって得られた結果は……。

最後に，無作為に選ばれた参加者1名について，一対比較法を用いた際の回答に

▷1　質問紙調査法・心理尺度の構成の集計表（順位法）を用いると良い。
⇨ p. 203参照。

▷2　質問紙調査法・心理尺度の構成の集計表（一対比較法）を用いると良い。
⇨ p. 203参照。

▷3　**三すくみの状態**
AとBの比較ではAを，BとCの比較ではBを，AとCの比較ではCを選んだ場合のように，判断に一貫性がなく，3つの評価対象の優劣が決められない状態

Figure Ⅵ-1
三すくみの状態の例

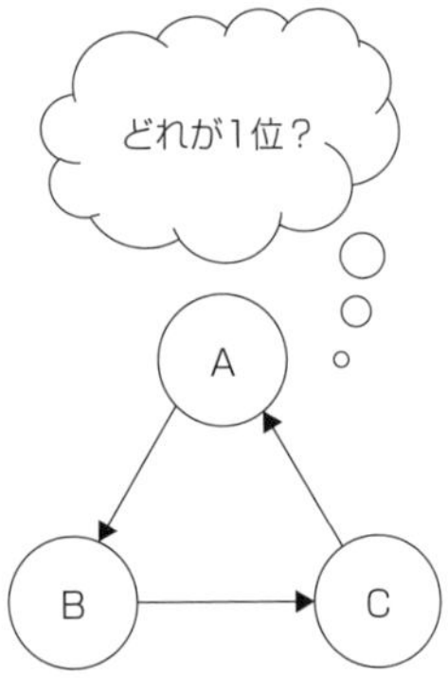

Figure Ⅵ-2
一貫性がある状態の例

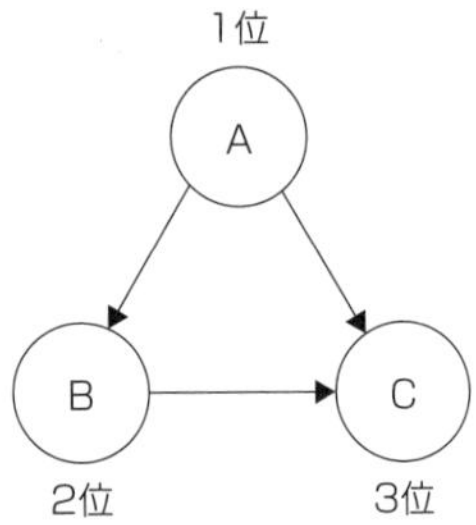

Table Ⅵ-3
構成法ごとの各評価対象の順位の表の例

	A	B	C	D	E	F	G	H	I	J
順位法	1	4	9	10	2	6	8	7	3	5
一対比較法	1	5	9	10	2	4	6	8	3	7

おける，三すくみの個数dを求めた。その結果，dは〇であった。よって，この参加者の回答の一貫性は……。

2 考察の視点

考察は得られた結果を基に，次の視点から行う。

(1)２つの構成法により得られた結果の差異について，なぜそのような結果になったのかを考察する。◁5

(2)一対比較法を用いた際の対象者の回答の一貫性の結果について，なぜそのような結果になったのかを考察する。◁6

(3)今回の結果をどのように実際の研究に活かすことができるかを考察する。

《レポート作成例》

考察

本実習の目的は……であった。調査の結果，２つの構成法により得られた結果は……。また，一対比較法を用いた際の参加者の回答の一貫性は……。

２つの構成法により得られた結果が……となったのは，……ためであると考えられる。……。……。……。以上より，２つの構成法により得られた結果が……となったのは，……ためであると考えられる。

一対比較法を用いた際の参加者の回答の一貫性が……のは，……ためであると考えられる。……。……。……。以上より，一対比較法を用いた際の参加者の回答の一貫性が……のは，……ためであると考えられる。

本実習の結果を実際の研究に活かすとすれば，……。……。……。……。このように，本実習の結果は……に活かせるだろう。

3 引用文献

レポートを作成する際，本文で引用した文献は「引用文献」をたて，著者の姓のアルファベット順に列記する。

《レポート作成例》

引用文献

岩井 勇児（1975）．質問紙調査の諸形式　続 有恒・村上 英治（編）質問紙調査（pp. 65-106）　東京大学出版会

（竹部成崇）

(Figure Ⅵ-1)。これとは反対に，AとBの比較ではAを，BとCの比較ではBを，AとCの比較ではAを選んだ場合のように，3つの評価対象の優劣が決められる状態が，一貫性がある状態である（Figure Ⅵ-2）。

▷4　kは評価対象数を指すため，本調査では10となる。a_A～a_Jは各評価対象（A～J）が選択された回数を指す。

▷5　差異があった場合はその理由を，なかった場合は，どのような場合に差異があるのかを踏まえた上で，なぜ今回はなかったのかを考察する。

▷6　一貫性が低かった場合はその理由を，高かった場合は，どのような場合に低くなるのかを踏まえた上で，なぜ今回は高かったのかを考察する。

4 ロールプレイ(1)問題

1 実習の概要

本実習では，「自己紹介」を題材としたロールプレイ（役割演技）によって得られる言語的情報および非言語的情報を手掛かりとし，自己理解や他者理解を深める。また，面接者としての基本的態度や対象者への関わりについて体験的に学習する。

2 面接（interview）とは

面接[1]と聞くと，入学試験や就職・採用試験をイメージすることが多いかもしれない。心理学の領域における面接は「一定の場所において，人と人とが特定の目的をもって直接顔を合わせ，主として会話を通してその目的を達成しようとすることであり，目的によっては非言語的要素も加味される（小林，1999）」と定義されている。

心理学の面接法には大きく二つの種類がある（Figure Ⅵ-3）。一つは相談的面接法で，もう一つは調査的面接法である。相談的面接法は，対象者[2]が抱える心理的・精神的問題を把握し，問題解決を援助することが目的で，心理相談や心理療法を含む専門的かつ高度な知識・技能が必要とされる。一方，調査的面接法は，研究課題に基づく仮説生成または仮説検証が目的で，対象者との会話を通じた個人の考え，感情，経験を分析・考察する。

3 面接法の分類

面接は，質問と回答のやりとりの柔軟性によって「構造化面接」「半構造化面接」「非構造化面接」の三つに分類される。構造化面接は，質問があらかじめ準備され，予定した順序で実施される。半構造化面接は，ある程度の質問項目を準備し，対象者の回答に応じて，質問の順番を変えたり，関連した質問や説明を求めながら比較的自由に実施される。非構造化面接は，テーマは決められているものの，質問項目を事前に準備するのではなく，対象者が自由に語ることが重視される柔軟性の高い面接法である。また，非構造化面接では，面接者が面接の流れをコントロールするのではなく，対象者の語りを深めるサポート役としての関わりが求められる。

▷1　**面接**
インタビュー（interview）という英語は，接頭語「inter（互いに）」と動詞「view（見る）」の語から構成されている。

▷2　面接を受ける対象者のことを示す。相談的面接では「クライエント」と表現される。調査的面接では「面接対象者」「調査協力者」「インタビュイー」などさまざまな表記があるが，ここでは「対象者」で統一する。

Figure VI-3
面接法の種類と特徴

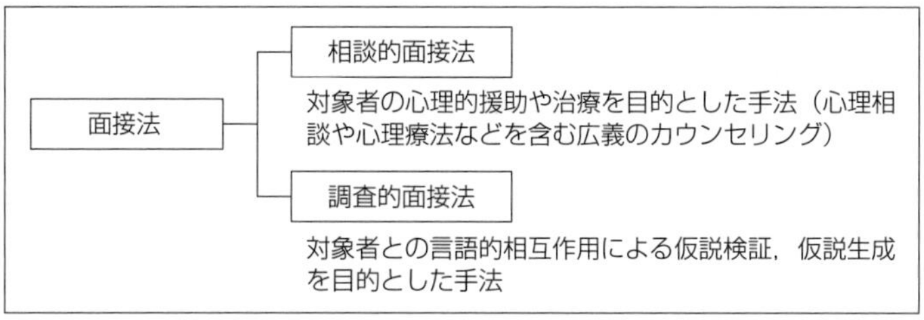
面接法
相談的面接法
対象者の心理的援助や治療を目的とした手法（心理相談や心理療法などを含む広義のカウンセリング）
調査的面接法
対象者との言語的相互作用による仮説検証，仮説生成を目的とした手法

4 面接における面接者の存在とその影響

面接は，質問と回答を形式的にやりとりする場ではなく，対象者が安心して率直な気持ちを表現することができ，また，そのことを通して自己理解が促される場として機能することが期待される。面接がこのような場となるためにも，面接者は対象者との間に**ラポール**[3]（rapport）という信頼関係を築くよう努める必要がある。面接がうまくいくかどうかはラポール形成にかかっているといっても良いであろう。

また，面接者にはカウンセラーの基本的態度である「受容」「共感的理解」「純粋性（自己一致）」が求められる（Rogers, 1957）。これらは面接者が対象者を条件なく受け容れ，また，対象者の体験をあたかも自分のことであるかのように感じ取りながらも，面接者自身が自分の心に偽りなくいることを意味する（保坂，2000）。

さらに，面接者は，質問の回答として得られる言語的情報だけでなく，非言語的情報についても意識を向ける必要がある。例えば，口調，視線，表情，しぐさなどの非言語的情報は，対象者を理解する上で重要な手掛かりとなる。

このように，面接者に求められる態度と技能は多岐にわたり，これらを身につけることは容易ではない。そのため，実際の面接を行う前には，トレーニングを行う必要があり，その一つにロールプレイ（役割演技）が挙げられる。ロールプレイは，面接技術向上のための訓練として位置づけられる場合もあるが，相手と役割を交替して演じることによって，自分や他者に関する新たな発見が期待されるという意味も含まれている。そのため，ロールプレイは，面接を実施する面接者にとっての準備学習だけではなく，自己理解と他者理解のための有益な手法であるといえる。

5 目的

本実習の目的は，「自己紹介」を題材としたロールプレイを通じて，自己理解と他者理解について検討することである。その際，面接において重要な言語的情報および非言語的情報にも留意し，面接者としての基本的態度や対象者への関わりについて体験的に学習する。

（澤邉　潤）

▷3 ラポール
面接者と対象者との親和的で信頼の置ける関係であり，相談的面接だけではなく客観的な調査的面接でも前提として必要とされる。

引用文献

保坂亨（2000）．相談的面接法の概観　保坂亨・中澤潤・大野木裕明（編）心理学マニュアル面接法（pp. 10-18）北大路書房

小林正幸（1999）．面接　中島義明・安藤清志・子安増生・坂野雄二・繁桝算男・立花政夫・箱田裕司（編）心理学辞典（p. 834）有斐閣

Rogers, C. R. (1957). The necessary and sufficient conditions of therapeutic personality change. *Journal of Consulting Psychology, 21*(2), 95-103.（伊藤博・村山正治（2001）．ロジャーズ選集（上）――カウンセラーなら一度は読んでおきたい厳選33論文――　誠信書房）

5 ロールプレイ(2)方法

ここでは面接法の対象者および協力者，装置・材料，手続きの説明や，実施に際しての注意事項ならびにレポート作成例を記す。

1 対象者および協力者

本実習では、対象者および協力者が「話し手」「聞き手」「オブザーバー（進行役）」「記録・タイムキーパー」の各役割を演じる。「話し手」が対象者であり，「話し手」以外の役割を協力者とする。

2 装置・材料

ICレコーダ，ストップウォッチ（時間計測が可能なもの），記録表[1]を用いる。

▶1　所収のロールプレイ（記録表）を用いると良い（p. 204）。

3 手続き（Table Ⅵ-4参照）

(1)実習は4名1組で実施する[2]。4名の役割（A：話し手，B：聞き手，C：オブザーバー，D：記録・タイムキーパー）を決める。Cは全体の進行役を兼ねる。Dは時間計測やICレコーダによる録音を行う。また，観察用記録用紙に記録する他，気がついたこともメモする。他の役割（B，C）も可能な範囲で記録する。

▶2　4名1組で実習を行い，全員がそれぞれの役割を体験する。3名で実施する場合には、オブザーバー役が記録の役割を同時に行う。

(2)CがAに「これから自己紹介をしていただきます。時間は3分です」と伝え，自己紹介のロールプレイを開始する。

(3)Aの自己紹介終了後，CはBに「Aの真似をして，Aとして自己紹介をしてください。時間は3分です」と伝え，BはAとして自己紹介を行う。

(4)Bの自己紹介終了後，CはBに「これから，私がいくつか質問をします。Aとして回答してください」と言い，自由に質問をする。時間は2分とする。

(5)CとBの質疑応答が終わった後，AがBの回答内容について訂正する。時間は1分程度とする。

(6)最後にCが進行役となり，以下の5点について全員で話し合いの機会をもつ。Dがこれを記録する。時間は5分程度とする。

・Aの感想：BのAとしての自己紹介やCの質問への回答を見て感じたこと，気付いたこと

・Bの感想：AとBの「共通点」と「相違点」，気付いたこと

Table VI-4
実習時の役割と手続き

<table>
<tr><th></th><th>A</th><th>B</th><th>C</th><th>D</th></tr>
<tr><td>手続き(1)
(役割分担)</td><td>・自己紹介</td><td>・Aの話を聞く
・Aとして自己紹介</td><td>・オブザーバー
(進行役)</td><td>・記録
・タイムキーパー</td></tr>
<tr><td>手続き(2)</td><td>自己紹介をする
（3分）</td><td>・話を聞く
(非言語的情報を含め特徴をつかむ)</td><td rowspan="2">・Bへの質問を考える</td><td rowspan="4">・記録表に記録する
・IC レコーダで録音する
・時間計測をする</td></tr>
<tr><td>手続き(3)</td><td>・BのAとしての自己紹介を聞く</td><td>・Aの真似をしてAとして自己紹介をする
（3分）</td></tr>
<tr><td>手続き(4)</td><td>・CのBへの質問と回答を聞く</td><td>・Cの質問にAとして回答する</td><td>・Bに質問する（2分）</td></tr>
<tr><td>手続き(5)</td><td>・Bの回答内容を訂正する（1分）</td><td>・Aの話を聞く</td><td>・Aの話を聞く</td></tr>
<tr><td>手続き(6)</td><td colspan="4">話し合いを行う（5分）
・AはBの様子を見て感じたこと・気がついたことを話す
・B，C，DはAとBの共通点や相違点・気がついたことについて話す</td></tr>
</table>

注：対象者，協力者が発言（自己紹介，質問，回答）する場面を網掛けで示す。

・Cの感想：AとBの「共通点」と「相違点」，気付いたこと
・Dの感想：AとBの「共通点」と「相違点」，気付いたこと
・まとめ：「共通点」と「相違点」の確認，メモ内容の共有

4 実習上の留意点

(1)ロールプレイの際，非言語情報を見落とさないように注意する。各役割の座席配置などは実習環境に配慮して設定する。
(2)先入観を持たずに，ていねいに話を聞き，様子を観察する。
(3)真似や表現に対して過剰反応せずに，中立的な立場で振る舞う。
(4) IC レコーダによる録音データは，結果の整理の際に，必要に応じて内容確認をするための補足的なものとする。

《レポート作成例》

方法

対象者および協力者　対象者（以下，A）は大学生1名（女性）であり，協力者は「聞き手（以下，B）」「オブザーバー（以下，C）」「記録（以下，D）」の各役割を演じる3名であった。

手続き　ロールプレイは次の通り実施した。まず，CがAに「これから自己紹介をしていただきます。時間は3分です」と伝え，Aの自己紹介を開始した。Aの自己紹介終了後，CはBに「Aの真似をして，Aとして自己紹介をしてください。時間は……」と伝え，BのAとしての自己紹介を行った。

（澤邉　潤）

6 ロールプレイ(3)結果・考察・引用文献

ここでは，面接法の実習によって得られたデータをどのように整理・分析するのか（結果の整理），また，その結果を基にどのような視点から考察すれば良いのか（考察の視点）について説明する。加えて，レポートを作成する際には，本文で引用した文献を列記しなければならないので，その例を載せる。

1 結果の整理

実習によって得られたデータは次の手順で整理・分析を行う。

ロールプレイ時の言語的情報および非言語的情報，メモ，話し合いで語られた内容に基づき，以下の３点について Table Ⅵ-５のようにまとめる。その際，必要に応じて，IC レコーダに録音した内容を確認し，できる限り客観的な情報を記載する。

▶ 表中の箇条書きは各項目３～５個程度にまとめる。Table Ⅵ-５は「ＢのＡとしての自己紹介」「訂正内容」のみ記入例を記載した。

(1)「ＢのＡとしての自己紹介」について，「話し合い」でＡがＢを見て感じた様子について語られた内容を抜き出し整理する。

(2)「Ａによる訂正」を基に，事実とは異なる点を整理する。

(3)「話し合い」から，それぞれの役割を演じた立場から語られたＡとＢの「共通点」「相違点」を整理する。

《レポート作成例》

結果

ロールプレイと話し合いの結果に基づいて，「ＢのＡとしての自己紹介」「訂正内容」「話し合い内容」の各項目について箇条書きで整理を行った（Table_）。

「Ｂによる自己紹介」では，Ａの意見として「話す速度」や「身振り」などの非言語的情報に関する報告があり，話し合いの結果「話し方（口調，話すトーン）」が似ていると指摘された。「訂正内容」では，「好きな食べ物」「趣味（読書）」「休日の過ごし方」の３点について内容が訂正された。これらを踏まえた話し合いからＡとＢの「共通点」「相違点」が検討され，「共通点」は……，「相違点」は……であった。

2 考察の視点

考察は得られた結果を基に，次の視点から行う。

(1) Table Ⅵ-５の「ＢのＡとしての自己紹介」「訂正内容」「話し合い（共通

点・相違点)」に基づき，どのような点で共通点と相違点が見られ，また，なぜそのような結果になったのかを考察する。

(2)(1)に基づき，AはBを通してどのように自己を理解し，また，BはどのようにAを理解していたかを考察する。

Table Ⅵ-5
ロールプレイから得られたデータの整理（記入例）

BのAとしての自己紹介	・自分が「このような感じで話しているのか」という驚きがあった（Aの意見） ・話すスピードが速い印象があった（Aの意見） ・手振りが多く，大げさに見えた（Aの意見） ・話し方（口調や話すトーン）がよく似ていた（話し合い結果）
Aによる訂正	・好きな食べ物は○○ではなく，××であった ・趣味の読書でよく読むジャンルは○○ではなく，××であった ・休日の過ごし方は○○ではなく，××であった
話し合い	〈共通点〉 ・ ・ ・ 〈相違点〉 ・ ・

(3)本実習の結果を日常生活にどのように役立てられるか考察する。

(4)実習（ロールプレイ）の方法や実施上の改善点について考察する。

《レポート作成例》

考察

本実習の目的は，自己紹介を題材としたロールプレイを通じて，自己理解と他者理解について検討することであった。

本ロールプレイから「共通点」は……が得られ，「相違点」は……という結果が得られたことについて，その理由を考察する。

まず，「共通点」では，話し方が似ていたことから，……と考えられる。次に，「相違点」では手振りの大きさや話すスピードが異なることから，……と考えられる。

3 引用文献

レポートを作成する際，本文で引用した文献は「引用文献」の項目に，著者の姓のアルファベット順に列記する。

《レポート作成例》

引用文献

保坂 亨（2000）．相談的面接法の概観　保坂 亨・中澤 潤・大野木 裕明（編）心理学マニュアル面接法（pp.10-18）　北大路書房

Rogers, C. R. (1957). The necessary and sufficient conditions of therapeutic personality change. *Journal of Consulting Psychology, 21* (2), 95-103. https://doi.org/10.1037/0033-3204.44.3.240

（伊藤 博・村山 正治（2001）．ロジャーズ選集（上）――カウンセラーなら一度は読んでおきたい厳選33論文――　誠信書房）

（澤邉　潤）

7 ジェスチャーのビデオ分析 (1)問題

1 実習の概要

ビデオを用いた行動の記録・分析は有用であり，さまざまな研究場面で用いられる。画像として残しておくことで，後から新たな解析を加えることや，複数の観察者による評価も容易である。録画した画像をコマ単位で解析することによって，例えば瞬目など，まさに一瞬で生起するような現象[1]について正確に調べることができる。行動観察場面で観察者が存在することによる影響を防ぐことも，ビデオを用いれば容易である。

▶1　現在安価に入手できるビデオカメラは，フレームレート（時間あたりの静止画像数）が30枚／秒程度である。より速い現象を記録するためには，フレームレートの高いカメラを用いる。

行動をビデオ録画すること自体は大変容易である一方，録画した画像の分析には一定の知識が必要である。本実習では，会話場面におけるジェスチャーをビデオ録画し，ジェスチャーの生起頻度を記録する。ヒトの非言語的コミュニケーションについて学ぶと同時に，ビデオ録画された**行動の定量化**[2]について学ぶ。

▶2　**行動の定量化**
特定の行動の生起頻度等を数値で表すこと。

2 ジェスチャーの機能

日常のコミュニケーション場面においてジェスチャーは頻繁に用いられるが，ジェスチャーにはどのような機能があるのだろうか。例えば，道を聞かれた時などに，指差しによって方向を伝えることがあるだろう。また，ある物の大きさや形を示すために，手で形を作って示すようなこともある。これらの事例は，ジェスチャーが言語によるコミュニケーションに視覚的情報を付加する手段として用いられていることを示している。

またジェスチャーは，コミュニケーションを円滑にする手掛かりとしても機能する（喜多，2000）。例えば，会話時にうなずくことによって，相手に賛同の意思や会話の継続の意思を伝えることができる。また，会話における話す順番（ターン）の調節においてもジェスチャーは貢献する。ジェスチャーの視覚的情報を伝達する機能も，コミュニケーション調整機能も，他者に何らかの情報を伝えているという意味では他者指向的な機能であるといえる。

一方で，McNeill（1987）によると，ジェスチャーの表出とは心的表象が言語化されることに伴って生じる現象であり，必ずしも他者に何かを伝達するための手段ではない。そもそも言語とジェスチャーは進化的に密接に関係しており，発話とジェスチャーのメカニズムは相互に密接に関係している（Corballis,

2003)。ジェスチャーは発話者自身の発話の調節に貢献すると考えられるが，そのようなジェスチャーは自己指向的といえる。

3 相手の視認性とジェスチャー

ジェスチャーには自己指向的な側面と他者指向的な側面[3]があると考えられるが，その割合はどの程度であろうか。そもそも特定のジェスチャーを自己指向的・他者指向的ジェスチャーに分類することは困難であろうが，視認性（受信者が発信者のジェスチャーを見ることができるか）の影響[4]を見ることによって，あるジェスチャーが主に自己指向的な機能を持っているのか，それとも他者指向的なのかを分類することができるであろう。すなわち，ジェスチャーが他者指向的であるならば，受信者から視認できることが重要であり，そのため，受信者から発信者が見えないような条件では，そのようなジェスチャーの頻度は減少すると考えられる。一方で，ジェスチャーが自己指向的であるならば，受信者から見えるかどうかは重要ではなく，そのようなジェスチャーの頻度は，お互いが見えるかどうかによって影響を受けにくいと考えられる。

4 観察データの信頼性

観察対象となる多くの行動は曖昧で短時間的なものであり，特定の行動が生起した頻度を計測するだけでも容易ではないことがある。ビデオを用いた行動記録は，録画したフレーム毎に詳細に繰り返し観察できるという点で直接観察よりも有効である。しかし，ビデオでいくら詳細に観察しても，対象となる行動が複雑であればあるほど最終的に観察者の主観が入る余地がある。本実験においても，特定のジェスチャーが生起したかどうか，観察者の間で判断が分かれるかもしれない。観察者間の判断がどの程度一致するのかを統計的に示すことは可能であるが[5]，本実験では簡便のため，観察者の判断が一致した場合のみ特定のジェスチャーが生起したとみなす。

5 目的

本実習では，会話相手の視認性が，会話に伴うジェスチャーの生起頻度にどの程度影響を与えるのかを検討する。２名の間のコミュニケーション場面において，ジェスチャーの生起に対する視認性の影響を見ることを通して，それぞれのジェスチャーが自己指向的な機能を持っているのか，それとも他者指向的な機能を持っているのかを考察する。

（泉　明宏）

▷3　他者への情報伝達という側面を他者指向的と呼び，それ以外を自己指向的と呼ぶ。

▷4　西尾（2000）を参照。

▷5　評定者間信頼性（inter-rater reliability）という。

引用文献

Corballis, M. C. (2003). *From hand to mouth : The origins of language.* Princeton : Princeton University Press.
（コーバリス，M. C. 大久保街亜（訳）(2008). 言葉は身振りから進化した――進化心理学が探る言語の起源――　勁草書房）

喜多壮太郎 (2000). ひとはなぜジェスチャーをするのか　認知科学，*7*(1)，9-21.

McNeill, D. (1987). *Psycholinguistics: A new approach.* New York: Harper & Row.
（マクニール，D. 鹿取廣人・重野純・中越佐智子・溝渕淳（訳）(1990). 心理言語学　サイエンス社）

西尾新 (2000). 発話に伴う身振りの発現頻度の個人差に関連する要因．認知科学，*7*(1)，52-64.

8 ジェスチャーのビデオ分析⑵方法

ここではジェスチャーのビデオ分析の実験参加者，装置・材料，手続きの説明や，実験実施に際しての注意事項ならびにレポート作成例を記す。

1 実験参加者

実験参加者は情報の発し手である「発信者」として１名，情報の受け手である「受信者」として１名である。実習では「実験者」１名と合わせて，計３名で実施する。人数が多い場合，実験者を複数にしても良い。

2 装置・材料

・机と椅子：Figure Ⅵ-４のように２名分を向かい合わせに設置する。
・つい立て（高）：２名が机をはさんで着席した時に，互いの姿が見えなくなるようにする。不可視条件の場合のみ設置する。
・つい立て（低）：手元隠し用。２名が机をはさんで着席した時に，相手の机上の用紙が見えなくなるように常時設置する。
・筆記用具：図形描画用の紙とペンを用意する。
・図形刺激：Figure Ⅵ-５が紙に印刷されたもの。各試行で１枚使用する。
・ビデオカメラ：発信者のジェスチャーを撮影できる位置に設置する。

3 手続き

各試行の流れは以下の通りである。

⑴発信者，受信者は机をはさんで向かい合わせに着席する。

⑵実験者は以下のように教示する。

「発信者に渡す図形刺激を受信者に見せてはいけません。発信者は，渡された図形刺激についてできるだけ早く，正確に伝えてください。受信者は，伝達された図形を描画してください。実験中，お互いに自由に会話して構いません」。

⑶不可視条件であれば，発信者と受信者の間につい立て（高）を設置する。可視条件ではつい立て（高）を設置しない。

Figure Ⅵ-４
実験場面

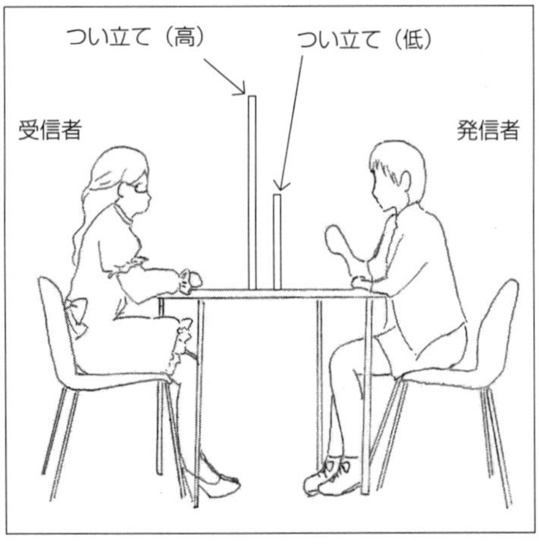

Figure Ⅵ-5
図形刺激の例

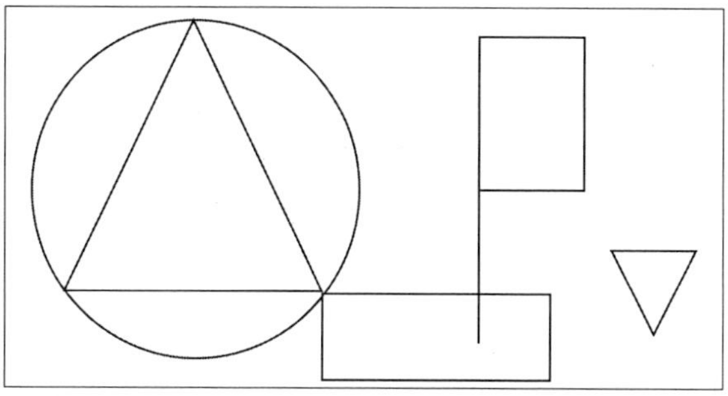

(4)実験者は，受信者に見せないように発信者に図形刺激を１枚渡す。

(5)実験者はビデオ撮影を開始する。

(6)実験者は伝達開始を告げる。開始後は，経過時間を確認する。

(7)発信者は受信者に図形について説明する。受信者は筆記用具を用いて，できるだけ早く，正確に伝達された図形を描画する。この間，発信者と受信者は自由に会話することができる。

(8)受信者が，描画が完了したと判断した時点で伝達終了とする。なお，開始から５分が経過した時点で，実験者は伝達の終了を告げる。その場合受信者は，描画が完了しているかどうかにかかわらず描画を中止する。

(9)実験者はビデオ撮影を終了する。

上記のような試行を，発信者，受信者，実験者の役割を交代しながら実施する。それぞれの実験参加者は可視条件，不可視条件の両方を行うが，可視条件，不可視条件の順序は役割を交代するごとに変える◁。３名で実施する場合は全体で６試行となる。

▶　このように，実験条件の実施順序の影響（順序効果）など，調査対象とする変数以外の変数の影響を相殺する操作のことを，カウンターバランスを取るという。

《レポート作成例》

方法

実験参加者　実験参加者は大学生３名（男性２名，女性１名）であった。全員が順番に発信者（参加者）と受信者（協力者）として参加した。

手続き　情報の発し手である発信者１名と，受け手である受信者１名が，机をはさんで向かい合わせで着席した。各試行において，実験者は発信者に図形刺激が印刷された紙を渡し，続いて伝達の開始を告げた。発信者は図形について受信者に説明を行い，受信者は発信者の説明に基づいて，説明された図形を紙に描画した。受信者はできるだけ早く，正確に伝達された図形を描画することが要求された。発信者と受信者は自由に会話することができた。

実験条件は，可視条件と不可視条件の２種類であった。可視条件においては，発信者と受信者は互いに相手を見ることができた。不可視条件においては，発信者と受信者の間につい立てが設置され，互いを見ることができなかった。

（泉　明宏）

9 ジェスチャーのビデオ分析 (3)結果・考察・引用文献

ここでは，ジェスチャーのビデオ分析の実験によって得られたデータをどのように整理・分析するのか（結果の整理），また，どのような視点から考察すれば良いのか（考察の視点）について説明する。加えて，レポートを作成する際には，本文で引用した文献を列記しなければならないので，その例を載せる。

1 結果の整理

実験によって得られたデータは次の手順で整理・分析を行う。

(1)ジェスチャーの生起頻度の分析

実験参加者全員が観察者となり，録画したビデオの分析を行う。ビデオを再生し，Figure Ⅵ-6に示した各分類のジェスチャーの生起頻度を求める。それぞれの伝達について，開始から20秒ごとに一つのブロックとする。[1] 各ブロックにおいてそれぞれの分類のジェスチャーが観察されたかどうかを，観察されたら“1”，観察されなかったら“0”として記録する。[2] 同一種類のジェスチャーがブロック内で複数回生起しても，“1”として記録する。観察者がそれぞれ（独立に）記録を行い，観察者の判断が一致したものを最終的な記録とする。[3]

▶1　5分間の伝達であれば15ブロックとなる。最終ブロックについては20秒未満となる可能性がある。

▶2　このようなデータ記録法を1/0（ワン・ゼロ）サンプリング（1/0 sampling）と呼ぶ。

▶3　実習として実施する場合，観察者の合議により決定しても良い。観察者が多い場合，観察者のうち一定数以上が同意した場合にその行動が生起したとみなすといった基準を設けても良い。

(2)描画図形の正確さの分析

受信者によって描画された図形の正確さを知るために，Table Ⅵ-7に示す誤りについて，図形に見られる誤りの総数を数える。

《レポート作成例》

結果

3名の実験参加者それぞれに可視条件，不可視条件の試行を実施し，計6試行におけるビデオ録画を得た。これらのビデオ録画を対象に，20秒を1ブロックとして，それぞれのジェスチャーの生起の有無について分析を行った。可視条件と不可視条件それぞれにおいて，分類ごとにジェスチャーが生起したブロックの比率をTable 1に示す。可視条件と比べて不可視条件で生起頻度が低下したジェスチャーは……。

2 考察の視点

考察は得られた結果を基に，次の視点から行う。

(1)高頻度に観察されたジェスチャーはどのような分類のものだっただろうか。

そのような結果が得られた理由について考察する。

Table VI-6
ジェスチャーの分類

描写的ジェスチャー ◁4	手や指を使って形を示したり，それらの位置を示す動作。机上や空中で行われる。
直示的ジェスチャー ◁4	図形を指差したり図形の数や辺の数を数える動作。
拍子	発話に伴って手をリズミカルに動かす動作。
自己接触	顔や髪など，自分の身体に手を触れる動作。
その他	上記以外のジェスチャー。

注：図形の形を指でなぞった場合，直示的ジェスチャーではなく描写的ジェスチャーとする。指を立ててリズムを取った場合は拍子とする。

Table VI-7
図形の誤りの種類

省略・追加	必要な要素の省略，または余分な要素の追加
転置	要素の空間的位置の誤り
回転	要素の回転
歪み	要素の形状の歪み
拡大・縮小	要素の相対的な大きさの誤り

(2)可視条件に比べて不可視条件において生起頻度が大きく低下するジェスチャー，低下しないジェスチャーがあったであろうか。ジェスチャーの分類ごとに視認性の影響が異なるとすれば，その理由について考察する。

(3)視認性とジェスチャーが，描画図形の正確さとどのような関係にあったのか検討する。

(4)全体の結果を踏まえて，ジェスチャーの機能について考察する。その上で，今回の結果を日常場面でどのように活かすことができるのか考察する。

▶4 **描写的ジェスチャー・直示的ジェスチャー**
2種類のジェスチャーを合わせて表象的ジェスチャーと呼ぶ。

《レポート作成例》

考察

本実験においては，会話相手の視認性が，会話に伴うジェスチャーの生起頻度にどの程度影響を与えるのか検討を行った。ジェスチャーのカテゴリーのうち，……や……は，不可視条件においても可視条件と同程度の頻度で観察された。視認性の影響を受けなかったということから，これらのジェスチャーは他者へ情報を伝えるための他者指向的ジェスチャーというより，自己指向的ジェスチャーであると考えられる。

3 引用文献

レポートを作成する際，本文で引用した文献は「引用文献」をたて，著者の姓のアルファベット順に列記する。

《レポート作成例》

引用文献

McNeill, D. (1987). *Psycholinguistics : A new approach.* New York : Harper & Row.（マクニール, D. 鹿取廣人・重野純・中越佐智子・溝渕淳（訳）(1990). 心理言語学　サイエンス社）

西尾　新（2000）. 発話に伴う身振りの発現頻度の個人差に関連する要因. 認知科学, *7*(1), 52-64. https://doi.org/10.11225/jcss.7.52

（泉　明宏）

1 質問紙法(1)問題

1 実習の目的

本実習では，実際の心理臨床の場面で用いられている日本版精神健康調査票（General Health Questionnaire；以下，GHQ とする）を用い，対象者の心理状態や症状を把握する。この体験を通じて，心理検査によって個人を理解することの意味や心理アセスメントとは何かについて検討する。

2 心理アセスメントとは何か

人間の能力や特性には，個人間差や個人内差が存在する。個人間差とは例えば，試験の成績が人によって異なるように個人と個人を比較した時に見られる差である。一方，個人内差とは，英語の成績は良いが数学の成績は悪いというように，個人内を比較した時に見られる差である。個人間差や個人内差に関してアセスメント（査定）を実施することは，対象者の精神疾患の有無や適応・不適応を判断するための客観的な情報を得ることであり，それは適切な治療や援助・支援につながっていく。このような目的のために個人の多様な心理的様相を把握することを心理アセスメントという。

3 心理検査の種類

心理アセスメントには，心理検査，面接，観察といった方法がある。中でも心理検査は，実施のしかたによって質問紙法，作業検査法，投映法に分類され，また，精神状態の測定，パーソナリティの測定，知能の測定など，目的に合わせてさまざまな種類のものが開発されている。この点に関して Cronbach (1960) は心理検査を，個人の最大のパフォーマンスを測定するものと典型的なパフォーマンスを測定するものに分類している。前者は知能検査のように“どのくらいできるか”を把握するものであり，後者は性格検査のように常態を把握するものである。

一方で，個人の心理的様相には，心身の状態や症状のように環境などの影響を受けて変化しやすいものもある。GHQ は，そのような個人の様相を測定する検査として開発され，実際の臨床現場で用いられている。

4 精神健康調査票（GHQ）の特徴

GHQとは，Goldberg（1978）によって開発された心身の状態や症状のアセスメントを行う質問紙法の心理検査であり，特にスクリーニングという目的に特化されている。スクリーニングとは，治療や援助・支援の要・不要のふるい分けであり，この目的のために使用される心理検査は，簡単で，容易に，短時間で回答できるものであることが望まれる。

GHQは60項目版とその短縮版である30項目版，28項目版が作成されているが，「身体的症状」「不安と不眠」「社会的活動障害」「うつ傾向」の4因子28項目からなるGHQ28の有用性が広く知られている（上里，2003；中川・大坊，1985）。

結果の整理には，区分点（カットオフポイント）が用いられ，5点以下が健康的，6点以上が健康的でないと判断される（上里，2003）。また，質問が28項目と少ないため，各項目への回答内容を把握することも可能であり，個人をより深く理解することにつながるといえる。

5 ストレスチェックは機能をするのか？

2014年に労働安全衛生法が改正され，労働者のメンタルヘルス不調の未然防止を目的に，2015年12月からストレスチェックが義務づけられた。労働者の自殺といった社会的問題を鑑みると，この制度が正常に機能すれば大変有用であり，GHQ28はこれに貢献できると考えられる。一方で，労働者が真の状態を報告できるのかという疑問が残る。ストレスチェックにはプライバシーの保護や不利益取扱いの防止について規定されている。しかし，実際にストレスチェックを受ける場面では，自分の身を守ろうとする心理が働くのではないだろうか。質問紙法は社会的望ましさによって回答が歪められる可能性がある。もし，さまざまな要因で回答が歪められたら，真の目的が果たされず，対象者に新たな心理的負担を負わせることになりかねないであろう。

▶ 厚生労働省は，職業性ストレス簡易調査票（57項目）を推奨している。仕事，職場環境から上司との関係などに関する質問から構成されている。

ストレスチェックのような検査の実施に際しては，対象者にどのような影響を与えるのかを多角的に考え，配慮する必要がある。これはどのような心理検査に関しても同様であり，検査者はまず，自ら心理検査を体験し，心理検査そのものや心理検査を実施することの意味について考える必要があるだろう。

6 目的

GHQ28によって対象者の心理状態を測定し，心理検査によって個人を把握することの意味を検討する。また，これらの検討を通じて，心理検査とは何かを理解し，心理検査をどのように活かせるかについて考察する。

（村上香奈）

引用文献

Cronbach, L. J. (1960). *Essentials of Psychological Testing.* London: Harper & Row.

Goldberg, D.(1978). *Manual of the General Health Questionnaire.* Windsor, England: Nfer-Nelson.

中川泰彬・大坊郁夫（1985）．精神健康調査票手引：日本版GHQ　日本文化科学社

上里一郎監修（2001）．心理アセスメントハンドブック　第2版　西村書店

2 質問紙法(2)方法

ここでは質問紙法（GHQ）の検査対象者，検査場面，手続きの説明や，実習に際しての注意事項ならびにレポート作成例を記す。

1 検査対象者

本検査は，質問を読み，理解し，反応することが求められるため，検査対象者にはある程度の言語能力が必要である。なお，対象者の中には心理検査を受けることで心理的に強い影響を受ける者もいるので，実施に際しては細心の注意が必要である。

2 検査場面

GHQ28は広げると最大75cm弱になる。したがって，同時に複数の対象者に実施する場合は，席を離すといった配慮が必要である。

3 質問紙

日本版精神健康調査票28項目版（GHQ28）を用いる。GHQ28は，「身体的症状」「不安と不眠」「社会的活動障害」「うつ傾向」の4因子，各7項目からなる4件法の質問紙である。

4 手続き

まず，対象者に次のことを伝える。「これから心理学実験実習の一環として，質問紙法の心理検査であるGHQ28を実施します。ご了承いただけますか」。対象者の了承が得られた後，質問紙を配布する。

質問紙の表紙をめくると，記入日，氏名，性別，生年月日，年齢，現住所，電話番号を記入する欄が出てくるので，必要事項を記入してもらう。実習に際して，必要と判断されない項目（現住所，電話番号）への記入は不要である。

必要事項への記入が終わったら，「このページを開けてください‣‣‣‣‣‣」を開けてもらう。開いたページには，下記の「回答のしかた」が記されているので，読み上げる。

「下の文をよく読んでください。この数週間の健康状態で，精神的，身体的問題があるかどうかおたずねします。右の質問を読み，もっとも適当と思われる回答の右側の□を○で囲んでください。この検査はずっと以前のことではなく，２～３週間前から現在までの状態についての調査です。全部の質問にもれなく答えてください」。

対象者が回答方法を理解したところで，回答を開始してもらう。所要時間はおおよそ５～10分程度であるが，回答に時間がかかったとしても，対象者を焦らせることなく，検査者はじっくりと待つ姿勢を保たなくてはならない。

対象者が回答を終えたら，記入漏れがないかを確認する。その後，２～３週間の心身の健康状態や検査を受けた感想についてインタビューを実施する。

5　心理検査実施上の注意と倫理

心理検査を行う場合には，どのような検査であっても，対象者の利益が優先されなければならない。したがって，対象者へのインフォームドコンセントは必須であり，対象者が心理検査の受検を了承しない場合は，それに応じなければならない。特に，大学で学習したからといって，心理検査を身近な人に安易に実施することは決してしてはならないことである。

また，多種多様な心理検査は，個別に道具が用意され，手順が定められている。したがって，心理検査を実施する者は，検査の特徴や手順を熟知しておく必要がある。これも検査者としての倫理である。その上で，実際の検査場面では，検査の目的と対象者の実情に即した心理検査を選定し，対象者の状態を的確に把握し，治療や援助・支援につながるよう努めなくてはならない。

なお，GHQ28のような心理検査は，病院やクリニックなどの医療機関，大学のような教育機関などが，指定の機関から必要に応じて購入し，使用することができるものである。コピーなどして使用することも倫理的に認められない。

《レポート作成例》

方法

検査対象者　対象者は20歳男性であった。

質問紙　日本版精神健康調査票28項目版（GHQ28）を用いた。GHQ28は「身体的症状」「不安と不眠」「社会的活動障害」「うつ傾向」の４因子，各７項目からなる４件法の質問紙である。

手続き　まず，対象者に次のことを伝えた。「これから心理学実験実習の一環として，質問紙法の心理検査であるGHQ28を実施します。ご了承いただけますか」。対象者の了承が得られた後，質問紙を配布した。

質問紙の表紙をめくり，記入日，氏名，性別，生年月日，年齢を記入してもらった。次に，必要事項への記入が終わったら……。

対象者が回答方法を理解したところで回答を開始してもらった。所要時間は約７分であった。対象者が回答を終えたら，記入漏れがないかを確認した。その後，２～３週間の心身の健康状態や検査を受けた感想についてインタビューを実施した。

（村上香奈）

3 質問紙法(3)結果・考察・引用文献

ここでは，質問紙法の実習によって得られたデータをどのように整理・分析するのか（結果の整理），また，その結果を基にどのような視点から考察すれば良いのか（考察の視点）について説明する。加えて，レポートを作成する際には，本文で引用した文献を列記しなければならないので，その例を載せる。

1 結果の整理

検査によって得られたデータは次の手順で整理・分析を行う。

(1) GHQ28の「このページは開けないでください」を開く。そこには回答選択肢得点と４つの因子名（「(A) 身体的症状」「(B) 不安と不眠」「(C) 社会的活動障害」「(D) うつ傾向」）が記されている。

(2)回答選択肢得点を見ると，左から２つには０点，右から２つには１点が与えられている。これを基に，各項目に点数を与え，□に数値を記入する。

(3)因子ごとに□の数値を合計し，要素点欄に記入する。

(4) GHQ28の得点／判定には，(3)で求めた要素点の合計を記入する。

(5)(3)で求めた要素点と(4)で求めた合計点を表にまとめる（Table Ⅶ-１）。また，(3)で求めた要素点の図を作成する（Figure Ⅶ-１）。さらに，図表から読み取れる結果を具体的な数値を挙げ，説明する。

(6) GHQ28の区分点（カットオフポイント）は５／６である（６点以上の場合，健康的でない）。これを基に，対象者の心身の状態が健康的か，健康的でないかを判断する。

(7)インタビューの結果（２～３週間の心身の健康状態や検査を受けた感想）をまとめる。

《レポート作成例》

結果

まず，GHQ28の各項目への回答について，各質問項目の左から２つを選択したものについては０点，右から２つを選択したものについては１点を与え，数値を記入した。次に，因子毎に数値を合計し，さらに28項目の合計を算出した。因子毎の得点と合計を表にまとめ，図を作成した。その結果，身体的症状２点，不安と不眠３点，……，合計得点８点であった（Table_，Figure_）。GHQ28の区分点（カットオフポイント）は５／６である。対象者の心身の状態が健康的か，健康的でないかを判断した結果，合計得点が８点であったため，健康的でないと判断した。

Table Ⅶ-１
GHQ28の得点（単位　点）

身体的症状	2
不安と不眠	3
社会的活動障害	3
うつ傾向	0
合計得点	8

また，対象者はインタビューにおいて「……」と話していた。

Figure Ⅶ-1
GHQ28の得点

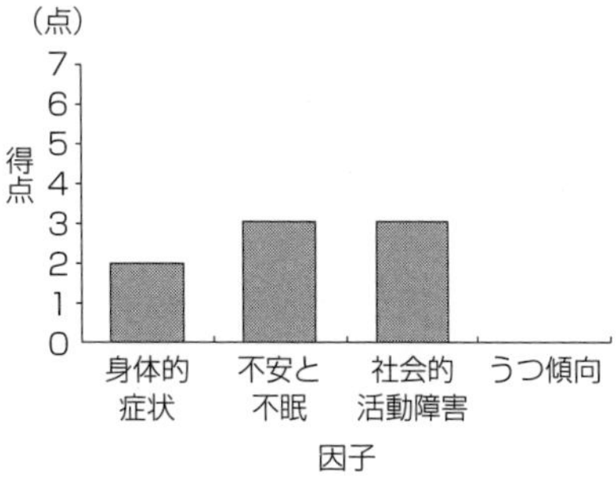

2 考察の視点

考察は，得られた結果を基に，次の視点から行う。

(1) GHQ28ならびにインタビューの結果を踏まえ，対象者の心身の状態について考察する。その上で，心理検査によって個人を把握することの意味を考える。

(2)(1)に基づき，心理検査とは何かを考察する。

(3)(1)(2)に基づき，心理検査の有用性と限界，心理検査実施の注意点を考察した上で，社会（日常生活や日常場面を含む）においてどのように役立てられるかを考察する。

《レポート作成例》

考察

本検査の目的は，GHQ28によって対象者の心理状態を把握し……について考察することであった。

まず対象者の身体的症状，不安と不眠，社会的活動障害で加点され，合計が８点であったことから健康的でないと判断された。具体的に加点された項目を見ると，「身体的症状」の“2　疲労回復剤（ドリンク・ビタミン剤）を飲みたいと思ったことは”“……”であった。また，「不安と不眠」では……「社会的活動障害」では……であった。さらに，対象者はインタビューにおいて○○と話していたことから，……という状態であることが推測される。GHQ28とインタビューの結果を総合して考えると対象者は……。

3 引用文献

レポートを作成する際，本文で引用した文献は「引用文献」をたて，著者の姓のアルファベット順に列記する。

《レポート作成例》

引用文献

Goldberg, D. (1978). *Manual of the General Health Questionnaire.* Windsor, England: Nfer-Nelson.

中川 泰彬・大坊 郁夫（1985）．精神健康調査票手引：日本版GHQ　日本文化科学社

上里 一郎（監修）（2001）．心理アセスメントハンドブック　第２版　西村書店

（村上香奈）

4 投映法(1)問題

1 実習の目的

投映法とは，「新奇で，通常の意味では一義的ではない不明瞭な刺激を提示し，それに対する自由度の高い反応をもとめることによって，もっともその人らしいありようを表出させ，それを通してその人個人を解釈的に理解しようとする方法」（池田，1995）である。ここでは，投映法の中でも，文章完成法のバリエーションの一つである，TST（Twenty Statements Test：二十答法）の実習を通して，大学生の自己意識を調査するとともに，文章に投映された今日の大学生の自己意識ついて理解を深める。

2 投映法について

心理検査は，心理支援においても心理学的研究においても，主に，被検者の心理的特性（パーソナリティ，精神状態，知能など）を明らかにするものである。

心理検査は，実施方法によって，質問紙法，作業検査法，投映法に大別することができる。このうち，投映法は，その人にとって無自覚であったり，日ごろは意識されにくい側面を，すなわち，無意識的な心理的特性を検討するために用いられる。

投映法は，一般的には，ある対象に対する人の反応が，その人の心理状態や傾向性を映し出したものであるという過程をおいている（岡・津川，2012）。そのため，投映法では，明確な答えがない，あいまいな刺激への回答・反応を通じて，被検者ひとりひとりの個性的な内的世界を描写していく。こうしたことから，他の検査と比較した際の投映法の利点として，質問紙法のように意図的歪曲などが起こりにくいこと，自己内省力や知的・動作的な課題解決の特定能力を必要としないこと，時間制限がなく被検者自身のペースでじっくり取り組めることがあげられる（斎藤，1979）。しかし，その一方で，映し出された被検者の反応をどのように読み解き，理解するのかについては，各種投映法の心理検査の背景や理論に精通していることが検査者に求められ（斎藤，1979），他の検査よりも，習熟に時間と積み重ねを要する。

投映法の心理検査には，様々な種類があり，ロールシャッハ・テスト，主題統覚検査（TAT），文章完成法，P-Fスタディ等があげられ，バウムテスト等，描画法による検査も含まれる。

3 文章完成法（SCT）

投映法の心理検査のうち，「よく私は，……」，「私が気になるのは，……」などのように，「未完成の文章あるいは短文を刺激語として提示し，対象者はそこから思いつくこと，感じたことを自由に記述して文章を完成させる」（黒田，2012）ものを，文章完成法（Sentence Completion Test；SCT）という。

SCT は，他の投映法検査と比べると，検査目的が明確で，刺激が具体的であり，被検者による回答の操作も表面的には可能であり，被検者の自覚的に統制された社会的態度が反映されやすいと考えられている（黒田，2012）。SCT は，臨床現場で使用頻度の高い検査であり，投映法の検査では，バウムテスト，ロールシャッハ・テストに次いで利用されている（小川他，2008）。

SCT には，精研式文章完成法（佐野・槇田，1976）や構成的文章完成法（K-SCT）（片口・早川，1986）等，様々な形式がある。検査の対象年齢も幅広く，例えば，精研式文章完成法は，成人用のほかに，小・中学生用などがあり，小学生～成人を対象にしている。

4 TST について

文章完成法は，臨床現場だけなく，研究においても利用される。そのうちの一つが，TST（Twenty Statements Test：二十答法）を用いた研究である。

TST は，Kuhn& McPartland（1954）によって開発されたもので，「私は，…」で始まる20の文章を完成させる投映法であり，文章完成法のバリエーションのひとつとして位置づけられる（池田，1995）。

先行研究では，TST を用いて，自己意識（Montemayor & Eisen，1977），アイデンティティ（日高・杉村，2017）を検討しており，主に自己に関する研究において用いられていることが窺える。個人が，曖昧な文章刺激に投映する自己を検討するのである。

分析方法は，研究目的によって様々であるが，例えば，日高・杉村（2017）では，記述内容の詳細な分類は行わず，肯定カテゴリ，否定カテゴリ，中性カテゴリの３つに全記述を分類し，全体の記述数に対する各カテゴリの割合を算出し，数量的分析を行っている。

5 目的

本実習では，文章完成法のバリエーションの一つである TST を援用し，大学生の自己意識を調査する刺激文を作成する。そして，今日の大学生の自己意識について調査を行う。分析は，先行研究に従って，肯定カテゴリ，否定カテゴリ，中性カテゴリの３つに分類し，記述の特徴を検討する。（尹　成秀）

5 投映法(2)方法

ここでは投映法の調査対象者，調査項目，手続きの説明や実習に際しての注意事項ならびにレポート作成例を記す。

1 調査対象者

本実習では，大学生の自己意識について検討を行うことを目的としているため，調査対象者は大学生とする。

2 調査項目

調査で使用する質問紙を作成する。質問紙は2ページに分け，1ページ目に質問紙のタイトル，質問紙の説明，倫理的配慮，調査対象者に関する情報を記入する欄を記載する（Figure ○○)。2ページ目には，教示文を記載し，「1．私は＿＿＿＿＿＿＿＿」を，1.～20.作成する。

3 手続き

まず，対象者に，「これから心理学実験実習の一環として，アンケートを実施します」と伝え，質問紙を配布する。ここで，「アンケート」としているのは，「質問紙」という言葉は，調査対象者によっては，難解なイメージを持たられるためである。配布後，タイトル，質問紙の説明，倫理的配慮までを読み上げ，「以上がアンケートの内容になりますが，ご協力いただける場合は，その下の項目と次のページの項目にご回答ください」と伝え，調査対象者の自由意志でアンケートに回答してもらう。一定の時間経過後（15分程度を目安とする)，回収する。なお，“私は”に続く文章を20回回答することが困難な場合であるなど質問が出た場合は，回答できる範囲で取り組むように伝える。

4 レポート作成例

レポートの方法には，調査協力者，調査項目，手続きについて，記載する(Figure)。記載する内容は，読み手がその気になれば，追試をできる記載を心がけるとよいだろう。

Figure 1
質問紙1ページ目

自己意識についてのアンケート

このアンケートは大学生の自己意識を明らかにすることを目的としています。所要時間は約15分を予定しています。

調査への協力は自由意思に基づいて行い，調査によって利益・不利益が生じることはありません。回答の途中や，いかなる段階においても，調査への協力をとりやめることが可能です。調査結果は統計的に処理され個人が特定されることはありません。

アンケートに回答いただける場合は，次のページに進みご回答ください。

Figure 2
質問紙2ページ目

◆あなたについて教えてください。

学部（　　　　　　）学科（　　　　　　）

学年（　　　　　　）年齢（　　　　　　）性別（　　　　　　）

◆“私は”に続く言葉を考え，文章を完成させてください。回答に正解・不正解はありません。深く考えずに頭に思い浮かんだことを記してください。

1.私は＿＿＿＿＿＿＿＿＿＿＿＿＿＿＿＿

2.私は＿＿＿＿＿＿＿＿＿＿＿＿＿＿＿＿

《レポート作成例》

方法

調査対象者　調査対象者（以下，対象者とする）は心理学系学部の大学生10名（男性4名，女性6名）で全員2年生であった。また，年齢の平均は19.8歳（SD = 0.63）であった。

質問紙　大学生の自己意識を測定するため，「私は」という未完成の刺激文を20回回答するための質問紙を作成した。

手続き　心理学実験実習の際，質問紙を配布した。対象者全員にアンケートが行きわたったことを確認した後，アンケートの目的とおおよその実施時間について次の通り説明した。「このアンケートは‥‥」。その後，学部・学科，学年，年齢，性別について記入してもらった。回答の仕方については，「‘私は’に続く言葉を考え，文章を完成させてください。回答に正解・不正解はありません。深く考えずに頭に浮かんだことを記してください」と伝え，質問等がないか確認した後，回答を開始してもらった。

（尹　成秀）

6 投映法(3)結果・考察・引用文献

ここでは，投映法の実習によって得られたデータを，どのように整理して分析し，その結果を記述するのか（結果の整理），そして結果をどのような視点から考察するのか（考察の視点）について説明する。また，レポートを作成する際には，引用した文献も列記する必要があるので，その例を載せる。

1 結果の整理

得られたデータは次の手順で整理し，分析を行う。

(1)全ての調査対象者が作成した文章の数を数える。

(2)調査対象者が作成した文章を，肯定カテゴリ（社会的に好ましい記述），否定カテゴリ（社会的に望ましくない記述），中性カテゴリ（明確に否定的とも肯定的とも判断できないおよびどちらとも判断できる記述）に分類する。

(3)肯定的－否定的－中性的に分類された文章の数を数える。

(4)各カテゴリごとに分類した記述の例とその数を表にまとめる。

(5)得られた結果についての説明を，数値や具体的な記述を挙げながら行う。

《レポート作成例》

結果

調査対象者20名に，質問紙を回答してもらった結果，190個の「私は」に続く文章が得られた。これらを肯定カテゴリ（社会的に好ましい記述），否定カテゴリ（社会的に望ましくない記述），中性カテゴリ（明確に否定的とも肯定的とも判断できないおよびどちらとも判断できる記述）に分類した。肯定カテゴリは75個，否定カテゴリは35個，中立カテゴリは80個の文章が分類された。各カテゴリの具体例をTable ○に記す。

肯定カテゴリには，「明るいです」のように性格の肯定的な特徴や「辛いものが好きです」のように嗜好が記された文章が含まれている。否定カテゴリには……。中立カテゴリには……。

2 考察の視点

考察は得られた結果を基に，以下の視点から行う。

(1)各カテゴリーに分類された記述とその数から，大学生の自己意識の特徴を

Table Ⅶ-2
文章の分類例

1.	私は　大学生です	(中立)
2.	私は　神奈川に住んでいます	(中立)
3.	私は　明るいです	(肯定)
4.	私は　辛いものが好きです	(肯定)
5.	私は　疲れています	(否定)

Table Ⅶ-3
「私は」に続く文章の例

肯定カテゴリ	明るいです
	辛いものが好きです
	元気
	家族が大切です
否定カテゴリ	疲れている
	運動が苦手
	眠い
	人ごみが嫌い
中立カテゴリ	大学生です
	神奈川に住んでいます
	背が高いです
	バイトをしています

考察する。

(2)対象者ごとおよび全対象者について，回答の何番目にどのような記述がなされているかから，「私は」に続く文章への回答の傾向を考察する。

(3)(1)と(2)に基づき，大学生の自己意識の特徴をまとめ，その理由を考察する。

《レポート作成例》

考察

本実習では，大学生の自己意識を調査するために，TST による質問紙を作成し，記述内容を肯定カテゴリ，否定カテゴリ，中立カテゴリに分類した上で，各分類の記述の特徴を検討した。大学生の自己意識の肯定的な側面として，性格や嗜好が記載され，その特徴は……。

3 引用文献

レポートを作成する際，本文で引用した文献は，「引用文献」をたて，著者性のアルファベット順に列記する。

《レポート作成例》

引用文献

日高 尚吾・杉村 和美 (2017). 20答法を用いた青年の否定的アイデンティティの検討：量的・質的データによる分析　発達心理学研究，*2*(2)，84-95. https://doi.org/10. 11201/jjdp.28.84

池田 豊応 (1995). 臨床投映法入門　ナカニシヤ出版

Kuhn. M. H., & McPartland. T. S. (1954). An Empirical Investigation of Self-Attitudes. *American Sociological Review, 19,* 68-76. https://doi.org/10.2307/2088175

黒田 浩司 (2012). 第6章　SCT　津川 律子 (編) 投影法研究の基礎講座 (pp.139-152)　遠見書房

小川 俊樹・高橋 依子・津川 律子・中村 紀子・馬場 禮子・寺沢 英理子 (2011). 投映法のこれから　包括システムによる日本ロールシャッハ学会誌. 15(1). 12- 43.

斎藤 久美子 (1979). 7-3　無意識を含む精神力動の評価－投影法　藤永 保・二宅 和夫・山下 栄一・依田 明・伊沢 秀而 (編) 臨床心理学　テキストブック心理学(7) (pp113-122)　有斐閣ブックス

(尹 成秀)

7 知能検査(1)問題

1 実習の概要

知能検査は，わたしたちが目にすることができない知能を定量化し，個人の能力を評価することを目的として作成された。現在，障害の程度や個々人の能力の把握など，臨床場面から基礎研究まで多岐にわたって用いられている。本実習では知能検査の体験を通して知能の測定について知るとともに，検査対象者の心理的負担についての理解も深める。

2 知能とは何か

わたしたちの日常生活は知的な能力によって支えられている。例えば，日用品を買う時，その商品が自分にとって必要か，適切な価格か，今買うことができるかなどを総合的に判断し行動している。自分にとって必要かどうかの判断は思考・想像力に基づき，適切な価格に関する判断は以前に類似した商品を買った時の記憶が必要であり，今買えるかどうかは自分の財布事情との差し引きによる計算で決まる。このように，日常生活は知的な能力，すなわち，知能に支えられているといえる。知能というと勉強のための能力と同様であるように捉えられるかもしれない。高校や大学の入学試験では，指定された科目の到達度が一定水準を超えることで合格となり入学が許可される。学校の試験は目には見えない学業の到達度を数値化しているという点で知能のある面を測定しているといえる。しかし，知能は多様であり，いわゆるペーパー・ペンシル型テストの結果には知能の限られた側面しか反映されていない。

知能の定義は研究者によって異なりさまざまに存在するが，およそ次の５つに区分することができる（田中・田中，1988）。(1)知能とは抽象的な思考能力である，(2)知能とは学習する基礎能力である，(3)知能とは新しい環境への適応能力である，(4)知能とは総合的，全体的能力である，(5)知能とは知能検査によって測定されたものである。(1)から(4)のように知能は社会生活のための包括的能力と捉えられていることがわかる。一方で，(5)のように知能は一義的に定義することができず，知能検査によって測定されたものを「知能」と呼んでいるだけに過ぎないという指摘もある。いずれにしろ知能は多元的に構成されており，Wechsler（1944）によれば，知能は総体的能力かつ個々の具体的な能力の集合体として捉えることができる。

3 知能検査の必要性

現代における知能の測定には知能検査が用いられている。個人の知能は，その人の日常生活を観察することである程度は推測することができるが，それでは観察者の知識や常識に頼ることになってしまう。辰野（1995）は，常識的判断の狂いを防ぎ，誰が，いつ調べても，知能について同じ判断ができるようにしようと考えたのが知能検査であると述べている。

最初の現代的な知能検査は19世紀末にフランスの心理学者アルフレッド・ビネーによって考え出された（Nolen-Hoeksema, Fredrickson, Loftus & Luts, 2014）。1881年にフランス政府は児童の義務教育制に関する法案を通過させたが，それによって通常の教育課程が有益ではない学習遅滞の児童を見分ける方法が必要となった。このフランス政府の要請により，ビネーはテオドール・シモンの協力を得て1905年に知能検査を作成した。

知能検査の当初の目的は，発達における定型と非定型の判別であった。その後，多様な検査が開発され，教育だけでなく職業や軍隊への適性を測るために知能検査が実施されてきたが，個人間差を強調する目的としての知能検査は，レッテル貼りなどの差別を助長する可能性があると，多くの批判を浴びることとなった。しかし，知能検査の開発が進展する中で知能を多面的に評価することが可能となり，個人の中での得手不得手が判定できるようになることで，個々人の特徴に基づく治療・指導・助言が可能となった。判別などの個人間差だけでなく，個人内差をも適切に判定することで個人の能力向上を促進する可能性が示され，知能検査の活用の場がさらに広がることとなった。

4 ウェクスラー成人知能検査

成人の知能を多面的に評価することができる代表的な知能検査としてウェクスラー成人知能検査（Wechsler Adult Intelligence Scale：WAIS）が挙げられる。WAISは改定が重ねられ，現在，日本では**WAIS-Ⅳ**[1]が刊行されている。

WAIS-Ⅳは15の下位検査で構成されており，その内訳は10の基本検査と5つの補助検査となっている。各下位検査は，言語理解，知覚推理，ワーキングメモリー，処理速度の4つの指標と対応しており，それらの合計から全検査IQが算出される。これらの多様な指標により，WAIS-Ⅳでは知能の個人間差と個人内差の両面について，発達期から高齢期まで幅広く判定することができる。

5 目的

本実習では，WAIS-Ⅳを実施した上でプロフィールを作成し，WAIS-Ⅳではどのように知能を捉え測定しているのかを検討する。また，検査対象者へのインタビューから知能検査の心理的負担についても検討する。 （鈴木宏幸）

▶1 **WAIS-Ⅳ**
日本版WAIS-Ⅳは2018年に刊行され，16歳から90歳までの知能の評価が可能である。

引用文献

Nolen-Hoeksema, S., Fredrickson, B.L., Loftus, G.R., & Luts, C. (2014). *Atkinson & Hilgard's Introduction to psychology* (16th ed.). Hampshire, UK：Cengage Learning EMEA.

田中敏隆・田中英高（1988）．知能と知的機能の発達――知能検査の適切な活用のために―― 田研出版

辰野千尋（1995）．新しい知能観に立った知能検査基本ハンドブック 図書文化

Wechsler, D. (1944). *The measurement of adult intelligence* (3rd ed.). Baltimore, USA：Williams & Wilkins.

8 知能検査(2)方法

ここでは知能検査（日本版 WAIS-Ⅳ）の検査対象者，装置・材料，手続きの説明や，実施に際しての注意事項ならびにレポート作成例を記す。

1 検査対象者

16歳から90歳までの年齢範囲にある日本語話者を対象とする。

2 装置・材料

日本版 WAIS-Ⅳ知能検査を用いる。WAIS-Ⅳは10の基本検査と５つの補助検査の合計15の下位検査で構成されている。本実習では，WAIS-Ⅳを構成する４つの指標[1]を基本検査から算出することとし，言語理解指標（VCI）の「類似」「単語」「知識」，知覚推理指標（PRI）の「積木模様」「行列推理」「パズル」，ワーキングメモリー指標（WMI）の「数唱」「算数」，処理速度指標（PSI）の「記号探し」「符号」の計10検査を用いる。また，それぞれの下位検査から全検査 IQ（FSIQ）を求める（Table Ⅶ-４）。

▷1　4つの指標
実習時間に余裕があれば各指標に対応した補助検査を実施しても良い。実習時間が限られている場合には4つの指標のうちのいずれかに限定して実施しても良い。

これらの検査を実施する際の時間計測のためにストップウォッチを用いる。また，記録用紙，ワークブック，筆記用具を用いる。記録用紙とワークブックは事前に購入する必要がある。

3 手続き

二人一組となり，一人が検査者役の時は，もう一人は対象者役となる。なお，一方の対象者は**実施順**[2]に「類似」「記号探し」「単語」「符号」「知識」の検査に取り組み，他方の対象者は実施順に「積木模様」「数唱」「行列推理」「算数」「パズル」の検査に取り組む。つまり，一方の対象者は言語理解と処理速度の検査に取り組み，もう一方の対象者は知覚推理とワーキングメモリーの検査に取り組むこととなる。

▷2　**実施順**
実習の都合で検査の実施順を変更しているが，標準的な実施順序は「積木模様」「類似」「数唱」「行列推理」「単語」「算数」「記号探し」「パズル」「知識」「符号」「語音整列」「バランス」「理解」「絵の末梢」「絵の完成」となる。

検査者と対象者は机を挟んで向き合うように座る。これは，対象者の検査時の行動を検査者が十分に観察できるようにするためであり，遠すぎたり近すぎ

Table Ⅶ-４
WAIS-Ⅳにおける指標の算出に関わる下位検査

言語理解（VIC）	知覚推理（RPI）	ワーキングメモリー（WMI）	処理速度（PSI）
類似	積み木模様	数唱	記号探し
単語	行列推理	算数	符号
知識	パズル		

たりしないように必要に応じて調整する。

検査者は対象者に検査を実施する前に次の教示をする。「これから，言葉の説明や数に関する説明など，いろいろな問題に取り組んでもらいます。これらの問題には，簡単なものもあれば難しいものもあります。特に難しい問題については全ての人が解けるとは限りませんが，どの問題に対しても真剣に取り組んでください。何か質問はありますか」。

検査時に使用する用具のみを机上に置くようにし，使用していない用具は検査者の手の届く範囲で対象者の目に入らないように心がける。そのため，検査者の側に椅子などを用意し，その上に各検査用具を設置する。

検査者は記録用紙に回答を記入する。記入の際には，対象者に記入内容が読まれないように，記録用紙をクリップボード等にはさんで記録する。ただし，記録用紙や検査用具を必要以上に対象者から見えないように隠してしまうと，対象者が不審に感じたり，気が散ってしまうこともあるため，不自然にならない範囲で見えないようにする。

検査は「日本版 WAIS-Ⅳ知能検査　実施・採点マニュアル」に則って実施する。検査の実施前には実施方法を入念に確認することが求められる。検査の実施方法を確認する際には，自分の担当する検査課題の内容のみを確認するように気をつける必要がある。

一方の対象者役の検査が全て終了したら，役割を交代して検査を実施する。最後の検査を終えた時点で終了する。検査終了後には対象者に検査の感想をたずねる。

《レポート作成例》

方法

検査対象者　対象者は大学生１名（女性）で年齢は20歳であった。

装置・材料　日本版 WAIS-Ⅳ知能検査を用いた。WAIS-Ⅳを構成する４つの指標と全検査 IQ を算出するため，言語理解指標（VCI）の「類似」「単語」「知識」，知覚推理指標（PRI）の「積木模様」「行列推理」「パズル」，ワーキングメモリー指標（WMI）の「数唱」「算数」，処理速度指標（PSI）の「記号探し」「符号」の計10検査を用いた。

これらの検査を実施する際の時間計測のためにストップウォッチを用いた。また，記録用紙，ワークブック，筆記用具を用意した。

手続き　検査者と対象者は机を挟んで向き合うように座った。検査を実施する前に次の点に関して教示した。「これから，言葉の説明や数に関する説明など，いろいろな問題に取り組んでもらいます。これらの問題には，簡単なものもあれば難しいものもあります。特に難しい問題については全ての人が解けるとは限りませんが，どの問題に対しても真剣に取り組んでください。何か質問はありますか」。

対象者の回答は記録用紙に記入した。検査終了後には対象者に検査の感想をたずねた。

（鈴木宏幸）

9 知能検査(3)結果・考察・引用文献

ここでは，知能検査（WAIS-Ⅳ）の実習によって得られたデータをどのように整理・分析するのか（結果の整理），また，その結果を基にどのような視点から考察すれば良いのか（考察の視点）について説明する。加えて，レポートを作成する際には，本文で引用した文献を列記しなければならないので，その例を載せる。

1 結果の整理

実習によって得られたデータは次の手順で整理・分析を行う。

(1)2人の結果をあわせて一人分とし，結果を整理する。結果の整理には記録用紙の「粗点から評価点への換算」「評価点合計から合成得点への換算」および「合成得点プロフィール」を用いる。

(2)問題ごとに採点し，下位検査ごとに合計する。これを粗点とする。

(3)粗点を基に評価点を求める。これは，「日本版WAIS-Ⅳ知能検査　実施・採点マニュアル」の「表A-1　粗点を評価点に換算する表」から対象者の年齢群に相当する表を探し，換算する。本実習では下位検査によって対象者が異なるものの，素点から評価点への換算にあたっては最初に対象者役になった方の年齢に基づいて行うこととする。

(4)(3)で求めた評価点をVCI，PRI，WMI，PSIおよびSAIQの領域ごとに合計し，評価点合計を合成得点に換算する1これには「日本版WAIS-Ⅳ知能検査　実施・採点マニュアル」の「表A.3」から「表A.7」を用いる。また，同表を用いて**パーセンタイル順位**および95%信頼区間の値を求める。

> **パーセンタイル順位**
> パーセンタイル順位とは，被検者のIQもしくは群指数が100人中，下から数えて何位であるかを示す値を指す。

(5)(4)で求めた各指標から合成得点プロフィールを作図し，個人内差が見られるか判断する。本実習では2人の結果をあわせてはいるものの，一人分として集計するため，作図したプロフィールは一人分の結果として個人内差を検討する。

(6)対象者の感想を要約し，記録用紙に記載する。

《レポート作成例》

結果

受検者のWAIS-Ⅳの結果について，記録用紙を用いて結果を整理した。はじめに，問題ごとに採点し下位検査ごとに合計して粗点を求めた。次いで，粗点を基に評価点を求めた。評価点をVCI，PRI，WMI，PSIおよびSAIQの領域ごとに合計し，合成得点に換算した。その結果，VCIは120，PRIは89，WMIは98，PSIは97であり，FSIQは102であった。合成得点のプロフィールを作図したところ，VCIが他の合成得点よりも高い一方，PRIは低く，個人内差がみられた。また，対象者に検査を受けた感想を尋ねたところ，「得意な問題は楽しかったが，苦手な問題を受けるのは少し嫌だった」と述べていた。

2 考察の視点

考察は得られた結果を基に，次の視点から行う。

(1) WAIS-Ⅳの検査結果から，WAIS-Ⅳでは知能をどのように捉えているのかについて，評価点という視点から考察する。

(2)作成したプロフィールから，今回の対象者の個人内差について，学業や仕事などの日常生活における得手不得手という視点から考察する。

(3)検査結果およびインタビューの結果から，知能検査の社会還元について，知能検査の心理的負担という視点も含めて考察する。

《レポート作成例》

考察

本実習の目的は，WAIS-Ⅳを実施した上でプロフィールを作成し，WAIS-Ⅳではどのように知能を捉え測定しているのかを検討することであった。また，対象者へのインタビューから知能検査の心理的負担についてもあわせて検討することであった。

WAIS-Ⅳでは下位検査ごとに粗点から評価点を求めていることから……。

3 引用文献

レポートを作成する際，本文で引用した文献は「引用文献」をたて，著者の姓のアルファベット順に列記する。

《レポート作成例》

引用文献

Nolen-Hoeksema, S., Fredrickson, B.L., Loftus, G.R., & Luts, C. (2014). *Atkinson & Hilgard's Introduction to Psychology* (16th ed.). Hampshire, UK: Cengage Learning EMEA.

田中 敏隆・田中 英高 (1988). 知能と知的機能の発達――知能検査の適切な活用のために―― 田研出版

辰野 千尋 (1995). 新しい知能観に立った知能検査基本ハンドブック 図書文化

Wechsler, D. (1944). *The measurement of adult intelligence* (3rd ed.). Baltimore, USA: Williams & Wilkins.

（鈴木宏幸）

1 卒業研究とは何か

1 卒業研究の意義

卒業研究が他の授業科目と異なる点は学生の主体性が強く求められることである。指導教員は研究のアドバイスをしてくれるが，基本的には学生が自ら考え行動しなければ何も進まない。そして，卒業研究を成し遂げるためには，文献のレビュー，データの収集・分析，それらをまとめ一つの論文として仕上げる作業等，やらなくてはならないことが多くある。卒業研究はテーマ設定や研究の進め方等について自由度が高い反面，高度な自律性が必要になるのである。

なぜ卒業研究を行うことが重要なのだろうか。心理学を専攻した学生は卒業研究を行うまでにさまざまな心理学の領域に関する知識を学習してきている。また，実験法，調査法，面接法，観察法，検査法，そして心理統計など研究に必要な方法論についても学んだはずである。その意味では，心理学に関する一定の専門知識・技能は習得済みだといえる。しかし，これだけでは心理学の専門性が十分に身についたとはいえない。断片的に学習した知識や技能は，それらが結集され実際に活用されなければ個人の中で有機的に統合されない。そのため，卒業研究はこれまで学習してきたことを，研究活動を通して自分のものにするための大学での学びの集大成ともいうべき科目である。また，大学は既存の知識や技能を身につけるためだけの場ではなく，新たな知を切り拓いていく最高学府でもある。卒業研究により知の最先端を追究しようとすることは，最高学府としての営為そのものであり，そのことを経験してこそ真の意味で大学で学んだことになるといえるだろう。

2 学術研究としての卒業研究

次に卒業研究の中身についてだが，学生が行う卒業研究であっても，研究者が行う研究と本質的な違いはない。実際，卒業研究の内容が心理学関係の学会で発表されたり，場合によっては学術雑誌に掲載されるということも珍しいことではない。学部生であっても，卒業研究に真摯に取り組めばそのくらい質の高い研究を行うことは可能である。そのため，卒業研究では問題を明らかにするために科学的な手続きをとることが求められる。また，学術雑誌に掲載されている研究と同様，基本的には問題，目的，方法，結果，考察，引用文献といった流れに沿って書くことが必要になる。本書でも，一連の実験実習を通してこうした基本的な研究の進め方について身につけることを意図してきた。形式面だけでなく，内容の評価についても学術的な観点から評価がなされることになる。以降の節でも詳述するが，その研究によって新たに何が明らかになったのか，得られた知見が研究の発展や現実社会の問題の解決にどのようにつながるのかといった視点がポイントになるだろう。

3 卒業研究を通じた成長

卒業研究をやり遂げるには多くの労力を要するが，そのことは学生に大きな成長をもたらす。一つは，既に述べたようにこれまでに学んだ専門知識・技能が実践に移されることでそれらが体得される。また，卒業研究で選んだテーマについては最新の知見を身につけることになり，まさに学問の最先端を垣間見ることができる。卒業研究を通じて得られる専門的な知識や経験は，今後さらに心理学を究めるために大学院進学を考えたり，心理学の専門家を志す者にとっては必須だといえよう。

もちろん，心理学を専攻した学生の全てが心理学の専門家になるわけではない。こうした学生にとって，卒業研究はどのような意味があるのだろうか。実は，卒業研究を通じて得られるものは，心理学の専門知識や研究手法のように心理学に特化したものだけではない。卒業研究の渦中にある学生は必ずしも自覚していないかもしれないが，卒業研究のプロセスを踏まえると，そこではさまざまな場面に応用可能な高度な力が鍛えられるといえる。

まず，卒業研究では先行研究を踏まえた上で独自の問いを見つけ出す必要がある。Ⅰ-2 でも述べたように，問いをたてるためには柔軟な発想力や先行研究を批判的に検討するための批判的な思考が要求される。そして，限られた期間で確実に研究目標を達成するためには，実験や調査などを自分で設計し実施する計画力・行動力が試される。さらに，得られたデータを分析・解釈する分析力，最終的に論理的かつ説得力のある論にまとめ上げるための論理的思考力も磨かれる。卒業研究で行っていることはより抽象的なレベルではまさに問題解決のプロセスそのものであり，そこで培われる力は多くの場面に汎化可能なものである。心理学は常に進化しており，学生時代に学んだ特定の知識や方法論についてはいずれ陳腐化していくともいえる。しかし，上記のような**汎用的な能力**はより本質的であり，こうした力を身につけておくことは社会におけるさまざまな問題を乗り越えていく上で必ず役に立つだろう。

大学に入学したての学生に，自分で研究を行い原稿用紙で100枚近い分量の論文を書くことができそうかと問いかけると，たいていは自信のなさそうな顔をする。しかし，大学４年間の学びを通じてそれは可能になる。卒業研究を終えた時，学生は入学時には想像もつかなかった高みに立っているはずである。

（岡田有司）

▶ **汎用的な能力**
1990年代以降，国内外で専門的な知識やスキルにとどまらない一般的な能力（問題解決能力，対人関係能力，自己管理能力等）が重視されるようになってきている。例えば，国内では文部科学省が「学士力」，経済産業省が「社会人基礎力」といった汎用的な能力を含む概念を提示している。

2 研究計画のたて方

1 卒業研究のスケジュール

卒業研究は長期戦である。事前に計画を立てておかないと，後から時間がなくなり苦労することになる。研究計画を考える際には卒業研究の全体像を知っておく必要があるが，卒業研究を経験していない学生にとってはなかなかイメージがつきにくいだろう。以下に，一般的な卒業研究の流れを記すので，研究計画を立てる際の参考にしてほしい。

卒業研究には，①文献収集と先行研究の整理，②研究目的の設定，③研究方法の選択と実施，④データ分析，⑤得られた知見のまとめと考察といったプロセスが存在する。研究計画をたてるためには，卒業研究全体の中で各プロセスにどの程度の時間を配分するのかを考えなければならない。ただし，大学によって卒業研究の期間は異なる。大学３年次の後半には卒業研究のテーマを決めさせる大学もあるし，卒業論文の締め切りについても４年次の12月に設定している大学，２月に設定している大学などさまざまである。ここでは，大学４年次から卒業研究を開始すると想定し，各プロセスで必要な作業量と時間の目安について Figure Ⅷ-１に基づいて述べていく。この図を見てもわかるように大学４年次から卒業研究を開始した場合，卒業研究に割ける時間は１年もない。卒業研究の締め切りを１月中とすると，費やせる時間は正味10か月程度もしくはそれ以下だろう。最初に長期戦と書いたが，大学４年次には就職活動など他の重要な活動も行わなければならないため，実はそれほど余裕があるわけではない。

2 卒業研究の具体的なプロセス

卒業研究で最初にすべきことは，文献を集め先行研究を整理することである。卒業研究では数十件の文献にあたることになるだろうから，文献収集と先行研究の整理には労力を要するが，その後のスケジュールを考えるとあまり多くの時間は費やせない。５月中くらいには主要な文献を集め終え，先行研究の整理に目途をつけておきたい。ただし，この作業を２か月程度で完全に終えることは難しい。研究を進める過程で新たに必要な文献も出てくるといえ，文献研究については，卒業研究をまとめ上げるまで継続的に行う必要がある。

次に必要なことは，先行研究を踏まえ研究目的を設定することである。先行

Figure Ⅷ-1
卒業研究の大まかなスケジュール

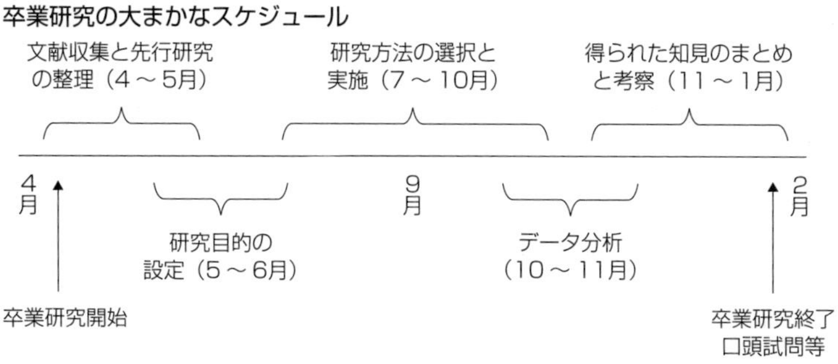

研究の整理をする中でまだ明らかにされていない課題を見つけ出し，それに対して自分がどのようにアプローチするのかを考えなければならない。研究目的は卒業研究の肝であり，それによってその後の研究方法や研究全体のまとめ方も規定されることになる。研究目的が決まらないとその後の研究に移れないため，指導教員ともよく相談し6月頃までには具体的な目的を確定させたい。

研究目的が決まったらいよいよ具体的な研究実施の段階に入る。この段階でどのような行動計画が必要になるかは，選択した研究方法によるところが大きい。実験であれば実験に使う機材や刺激の選定，プログラムの作成などが必要になる。質問紙調査であればさまざまな心理尺度等を参考に質問紙を作成することが求められる。また，並行して研究協力者も探さなければならない。例えば，児童や青年を対象とした研究だと学校が夏休みに入るとその間は研究実施が難しいため，こうしたタイミングも考慮しておこう。観察を行う場合には，フィールドを見つけなければならないが，フィールドとの関係づくりには時間がかかるため，早めにコンタクトをとることが重要になる。今後どのような分析を行うのかにもよるが，10月中にはデータを取り終わりたいところである。

データが集まったら次は分析に移るが，統計処理については分析方法や統計ソフトウェアの使い方などを学び直す必要が出てくるだろう。また，質的な研究では，分析可能な形にデータを加工する作業などに多くの時間を要する場合もある。得られたデータはさまざまな観点から分析できるが，11月中には分析結果をまとめておくことが必要である。

最後に待っている作業は，これまでのプロセスを統合し一つの研究としてまとめ上げる作業である。この時に重要なことは，卒業研究の目的に立ち返りながら，どのような知見が得られ，それがどう解釈できるのかを考えていくことである。目的と結果や考察に齟齬があるとまとまりのない卒業研究になってしまう。また，できれば締め切りの数日前には全てを書き上げ，しばらく時間をおいてから全体を見直すと，それまで気づかなかった問題点なども見えてくるようになり，より良い論文に仕上げることができるだろう。

（岡田有司）

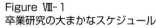

3 文献の整理の仕方

1 なぜ先行研究を読まなければならないのか

卒業研究のテーマが決まり，最初にすべきことは文献収集である。文献を収集し先行研究を整理することは，卒業研究だけではなく，研究者が行う研究にとっても非常に重要なプロセスである。先行研究はこれまでの研究者たちが積み上げてきた心理学の知見であり，そこには重要な発見と共に，その研究の限界点から見いだされた今後の研究における課題も記載されている。先行研究を調べることなく研究を計画してしまうと，自分の研究における結果の予測が困難になるだけではなく，先行研究で問題点として挙げられていたことと同じ問題を抱えてしまうことにもつながってしまう。また，文献を精査せずに研究計画を立て，データを収集したがために，自分の研究と全く同じことを検討している先行研究に後から気が付くという事態が起きてしまうと，その研究の新規性や独創性が損なわれてしまうということにもなりかねない（もちろん，先行研究の追試には重要な意義があるが）。こうした事態を避けるためには，着実に文献を収集し，先行研究を入念に整理したうえで研究計画を立てることが不可欠である。

2 文献を収集する

ここでは，どのように文献を収集し，整理していくかを具体的に説明していく。例として，「自尊感情」と「恋愛」の関連についての研究を挙げる。日本語の論文はJ-Stage（科学技術情報発信・流通総合システム；国立研究開発法人科学技術振興機構）というデータベースを利用して検索することができる。検索窓にテーマである「自尊感情」と入力して検索すると，全部で5,852件の資料が該当し（2023年11月現在），一覧が表示される。これほど多くの文献を実際に調べることは，限られた期間内ではとてもできないため，検索条件を設定して文献を絞り込んでいく。J-Stageで論文だけではなく研究報告書なども検索することができる。卒業論文で引用する文献としては，査読付きの学術論文であることが望ましい。そこで資料種別として「ジャーナル」に限定すると，4,373件まで絞ることができた。さらに絞り込むために，分野を「心理学・教育学」に限定すると，2,659件まで絞ることができた。最初の検索から比べると，半分程度に絞ることができたが，1件ずつ見ていくにはまだ途方もない件数である。

該当した文献の一覧を見てみると，確かに「自尊感情」に関連しているもの

Figure Ⅷ-2
論文検索の流れ

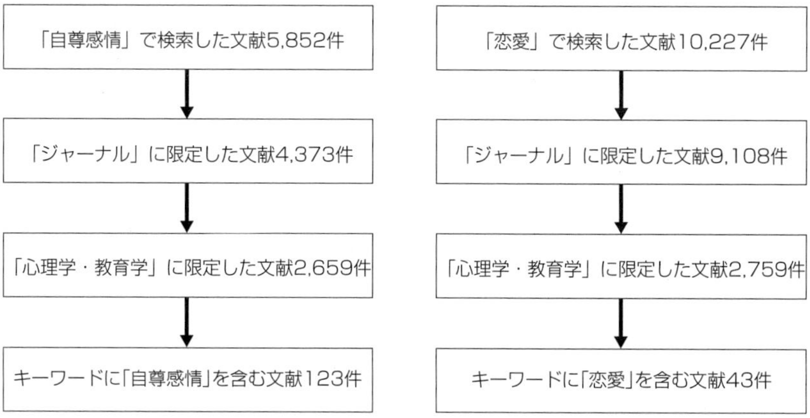

もあれば，あまり関連しそうにないようなものも含まれているだろう。学術論文には，それぞれの研究で扱っている重要な用語がキーワードとして記載されている。そこで，キーワードに自尊感情を含んでいる資料のみに限定して確認していく。J-Stage には，「指定検索」という機能があり，検索する単語が資料のどこに含まれるかを限定して検索することが可能である。指定検索で「キーワード」に限定して「自尊感情」を含む「心理学・教育学」の「ジャーナル」を検索すると，123件の文献が該当した。123件では少し多いが，詳細を見ていくにあたって現実的な件数に減らすことができた。同様にキーワードに「恋愛」を含む「心理学・教育学」分野の「ジャーナル」を指定検索すると，43件の文献が該当した。次に，「自尊感情」と「恋愛」の２つをキーワードに指定検索すると，１件の「心理学・教育学」分野の「ジャーナル」が該当した。１件では参考にする文献としては少なすぎるが，この論文は卒業研究を進めるにあたり，優先的に読むべき研究である可能性が高い。このように資料種別や分野を絞ったり，キーワードを指定したりすることで，該当する文献数を絞っていく。その過程で，検索で使用した語句と該当件数を記録しておくと，後で同じ検索をしてしまう手間を防ぐことができる。おおよその目安として，最初は100件程度になるまで絞るとよいだろう。

該当する文献が，ある程度の件数まで絞れたら，発行年が新しい順にタイトルと抄録を見ていき，自分の研究テーマに合致しているか，自分の研究に関連するかを１件ずつ確認していく。自分の研究に関連しそうな論文を見つけたら，著者名，発行年，論文タイトル，掲載雑誌名，巻・号，ページ数を記録しておくことが重要である。関連しそうな論文とは，必ずしも自分の研究テーマに合致する論文とは限らない。たとえば，「自尊感情」と「恋愛」というテーマに合致する研究が少なかったとしても，「自尊感情」と「友人関係」などを扱った論文であれば見つかるかもしれない。このような研究テーマそのものではないが周辺の対象や現象を扱った研究から，自分の研究に重要なヒントが得られる可能性は高い。このように1件1件確認していき，これから卒業研究にとりかかるにあたり読まなければならない論文を判断しリストアップしておく。この段階では目安として，10本以上の論文をリストアップしておくことが望ましい。

3 先行研究を読む

自分の卒業研究に関連しそうな論文がリストアップできたら，発行年が新しい研究から順に論文を読んでいくとよいだろう。これらの先行研究を読み解いていく中で，自分の卒業研究のお手本となる重要な論文を探していく。冒頭でも記載したが，科学の研究は研究者たちの努力の積み重ねにより進歩している。よって発表年が新しい研究ほど，それまでの研究の蓄積がより多い研究であると考えられるだろう。新しい研究から読むことで，先行研究の整理を効率よく行うことができるだろう。先行研究を読む際には，その論文の内容を理解することだけでなく，(1)その研究で何が明らかになったか，(2)その研究で何が明らかになっていないか，その研究の問題点や限界点は何かを記録していくことが重要である。ここで先行研究を読む目的は，研究テーマからより具体的な研究目的を導き出すことである。(2)は，先行研究ではこのようなことが明らかになっていない，このような問題点がある，よってこの研究ではこれについて検討するといったように，自分の研究目的を導き出すために直接結びついてくる情報である。また(1)は，研究テーマにおける心理学的・社会的な背景を，より細かい心理現象に落とし込み，自身の研究目的に関するさまざまな問題意識を導入するめに有用となる情報である。先行研究を読み解く際にはこれら2点を把握したうえで，その研究が自身の卒業研究においてどのような役割を果たすのか，どのように位置づけられるかを意識しながら整理することが重要である。リストアップした論文をすべて読んだうえで，新規性・独創性のある研究目的が導き出せない場合には，再度文献検索をしてリストを更新する必要がある。これらを意識しながら先行研究を整理することで，研究目的を効率よく明確に設定することができるだろう。

4 先行研究の内容を記録する

前項でも述べたが，先行研究を読む際にはその内容を書誌情報と共に記録し，整理することが重要である。この作業を怠ると，いざ論文を書こうというときに，自分の頭の中にある情報がどの研究のものなのかが分からなくなってしまう。また，その情報の詳細を原典に戻って確認しようにも，多くの論文から探さなければならないので余計な手間と時間がかかってしまう。それでは，どのような情報を記録として残せばよいのかというと，それは，何を目的として先行研究を読むのかによって変わってくる。もちろん有用な情報のすべてを記録として残せればよいのだが，十数本の論文を読んで整理するというのは，慣れないうちは特に時間と労力を要するだろう。しかし卒業研究では限られた期間で研究を計画し，実施しなければならないことも多いだろう。そのためここでは，先行研究を読む目的によって，整理する内容を変えて記録するというやり方を説明する。

研究を計画するにあたり先行研究を読む最初の目的は，研究目的を導くためであろう。つまり，自分の興味や関心を具体的な研究目的として深めていくために先行研究を読んでいく。この段階で記録しておくべき特に重要な情報は，前項で述べた(1)その研究で何が明らかになったかと，(2)その研究で何が明らかになっていないのか，問題点や限界点の２つである。「自尊感情」と「恋愛」の関連について検討することを例にすると，(1)は自尊感情と恋愛の関連について「自尊感情と恋愛への態度の相関が示された」，「恋愛経験の有無によって自尊感情に差が見られた」などのように記録する（これらはあくまでも例である）。直接の関連が示されていなかったとしても，周辺の事象との関連が明らかになっていればその関連も記録すべき有用な情報である。(2)は論文中で記載されている問題点や，その論文を読んで自分が考えた特に重要な限界点を記録する。例えば「研究参加者が女性のみであった」や「恋愛経験の長さについて検討していない」などである。リストアップした論文を読んでこの２点についてまとめることで，自分の関心がある現象における既存の知見について理解を深めていき，自分の研究で何を検討すべきなのかを考えていくのである。

Table Ⅷ-2
先行研究をまとめた表の例

著者	発表年	雑誌	巻・号・ページ	明らかになったこと	問題点・限界点
○○○○・△△△△	2024	□□心理学研究	xx 巻，x 号，p.xx-xx	自尊心と恋愛感情の間に有意な相関（$r=.45$）が見られた	恋愛経験の長さについては考慮されていない
□□□□	2023	▽▽研究	xx 巻，x 号，p.xx-xx	恋愛経験が有る人はない人よりも自尊心が有意に高い	研究参加者が女性のみであった

このように先行研究をまとめていく中で，その現象や関連を示した研究はすでにいくつかあるが，方法などに限界点があることが見いだされた場合は，その限界点に焦点を当てて整理する必要がある。例えば「自尊感情」と「恋愛」の関連はすでにいくつかの研究で示されているが，恋愛を測定する尺度の妥当性や信頼性に問題があったり，対象者が大学生などの特定の集団に限定されていたりといった限界点があることがわかったとしよう。前者の場合は整理する情報に使用された尺度などの情報を追加する必要があり，後者の場合は対象者の属性や年齢について追加する必要があるだろう。これが実験課題や刺激に関することであれば，試行数，刺激の時間，刺激の種類などの問題となる部分に焦点を当てて先行研究をまとめる必要がある。このようにして整理された先行研究の記録は，研究目的を具体的に設定する手助けになるだろう。

（飯島雄大）

4 新規性・独創性・有用性

1 新規性

良い卒業研究であるためにはいくつかの条件がある。その一つとしてまず新規性が挙げられる。新規性のある研究とは，ある研究領域において新たな知見をもたらすような研究のことである。卒業研究も先行研究を踏まえた上で研究を行うことになるため，基本的には何らかの新規な知見が得られることになるだろう。ただし，研究の中には先行研究と同様の結果が得られるかを検証するタイプの研究もあり，新規性がなければ研究の意義がないというわけではない。

新規性のある研究を行うためには，先行研究を整理し何が明らかになっていないのかを把握しておくことが重要である。この未知の課題を検討することで新たな知見を得ることができる。例えば，ある研究領域でこれまで成人のみが研究対象とされてきた場合，幼児や児童を対象とした研究を行うことでその領域に新たな知見を提供できるだろう。また，ある理論に依拠しながら，まだその理論が適用されていない対象や問題を研究することも，その研究領域に新たな知見をつけ加えることになる。

中には，先行研究でほとんど扱われていない問題もある。世界中で数多くの心理学研究が実施されているが，それでも検討されていない問題は意外に多い。例えば，ICT の普及や教育制度の変更に関連する問題といった，技術や制度，価値観の変化に伴う問題は，問題そのものが新しいため研究の蓄積が少ない。こうした現代的な問題に目を向けることも研究の新規性につながるだろう。

2 独創性

良い卒業研究のもう一つの条件として独創性が挙げられる。独創性は新規性とも重なる部分があるが，視点や発想のユニークさがポイントになる。それではどのようにすれば独創的な研究ができるのかだが，一つは研究方法を工夫することが考えられる。心理学は人間の意識や行動を科学的に検討するために，さまざまな方法を開発してきた。そして，研究方法の工夫はしばしば新たな研究分野を切り開くほどのインパクトを与えてきた。例えば，**スキナーボックス**◁1の考案は行動主義心理学を発展させたし，技術の発展によって可能になったコンピュータを用いた心理学実験は認知心理学に重要な知見をもたらした。もちろん，卒業研究でこうしたレベルの方法を開発することは難しいが，実験で用

▷1　**スキナーボックス**
行動主義心理学者のスキナー（Skinner, B. F.）が考案した実験装置で，ネズミやハト等を対象にオペラント条件づけの研究に用いられてきた。箱の中にはレバーやランプ，エサの出てくる場所等があり，動物の行動が記録される。

いる刺激や呈示方法を工夫する，新たな心理尺度を作成する，量的研究と質的研究を組み合わせてみるなど，研究方法を工夫することでこれまで捉えられなかった問題の側面にアプローチできるようになるだろう。

また，独創的な研究のためには，先行研究を批判的に検討することが必要になる。先行研究の問題点を明確にし，乗り越えられていない問題を克服しようとすることが独創性につながる。そのため，卒業研究を行う際には，自分が批判する研究が何なのかを常に意識しておくことが肝要である。そして，既存の研究を乗り越えるためには，限られた研究領域の枠に縛られず，異なる領域や学問分野の知見についても広くアンテナを広げておくことが重要である。心理学はこれまでも他の学問領域の知見を取り込むことで発展してきた。例えば，認知心理学は情報科学の知見なしには成立しなかったし，近年の学習に関する理論は文化人類学等の影響を強く受けている。興味関心のある文献のみを読むのではなく，大学生活を通じて幅広い知識や教養を蓄えておくことも独創性を生み出す素地になる。

3 有用性

良い卒業研究の３つ目の条件として有用性がある。心理学には人間の意識や行動の一般的なメカニズムを解明するという基礎科学的な側面とともに，意識や行動に関する原理や理論が実社会の多様な問題にどのように活かせるのかを研究する応用科学としての側面もある。特に，心理的な問題が社会の中でも関心を集めている昨今，実社会における有用性は研究における重要な観点である。

心理学の中でも臨床・教育・発達といった領域では応用可能性が志向されやすい。こうした心理学の領域ではさまざまな現実的な課題が意識され，その解決のために基礎的な知見が応用されてきた。例えば臨床心理学分野では，行動主義心理学や認知心理学の理論に基づく心理療法やメンタルヘルスのための介入方法が考案されてきたし，パーソナリティの理論は臨床現場で用いられる心理検査の開発につながった。教育心理学分野では，人間の学習に関する一般的な理論が教育場面に応用され，さまざまな教授方法が教育現場に取り入れられてきた。卒業研究で現実的な問題をテーマとしている場合はもちろん，基礎的な研究であっても，その研究が現実の問題にどのように応用可能なのかについて考えておくことは重要である。

また，心理学研究の中には実際に教育や臨床の現場に介入する実践研究も存在する。例えば，ある教育方法や臨床的なプログラムを実際に実践してみて，その効果を検証するといった具合である。こうした研究を行う場合には，個人情報の扱いや**インフォームド・コンセント**◁2，研究協力者に悪影響を与えないようにする等の倫理的配慮が必須になるが，有用性という観点では意義が大きいといえる。

（岡田有司）

▷2 **インフォームド・コンセント**
研究の目的，内容，データや個人情報の取り扱い等について研究協力者に十分に説明するとともに同意を得ること。

5　研究発表のしかた・口頭試問

1　研究発表のタイプ

どんなに優れた研究であっても人に伝わらなければ意味がない。自分の研究内容を発表するところまでを含めて卒業研究だといえる。研究の発表にはさまざまな方法がある。学会などでは複数の発表者が一つのテーマについて発表を行うシンポジウム形式もあるが，卒業研究の場合であれば個人での発表が一般的だろう。個人の発表の形態として多いのは口頭発表である。口頭発表では資料やスライド等を準備し自らの研究の概要について説明するとともに，聴衆からの質問にも答える必要がある。発表と聞くと資料の準備やプレゼンテーションのしかたに関心が向きがちだが，質問に対して的確に答えられるかも重要な評価ポイントである。特に，卒業研究の口頭試問はこの点が重視されるだろう。

口頭発表以外にはポスター発表という形式もある。ポスター発表では自分の研究の概要についてポスターを作成し，その前に立って研究の説明を行うとともに，その場で質問に対応する。口頭発表では同時に多くの人に話を聴いてもらえるが，全員の質問に答えることは難しい。一方，ポスター発表では聴き手と密なやり取りをすることはできるが，口頭発表のように多くの人に研究を伝えることはできない。それぞれの発表形態にメリットとデメリットがある。

2　研究内容を伝える

研究発表を行う上でまず必要な作業は，自分の研究の概要を明確にしておくことである。卒業研究には文献のレビューや実験や調査の実施，結果の記述や考察など多くの内容が含まれるが，その全てを伝える時間はない。「問題・目的」「方法」「結果」「考察」ごとに，簡潔に伝えたいことを要約していくことになる。具体的には，「問題・目的」では研究のキーワードの定義，先行研究の問題点，研究の目的と具体的な検討課題についてまとめる必要があるだろう。「方法」については研究対象や研究実施の手続きが，「結果」では分析方法や分析結果の概要が必須の要素になる。「考察」に関しては，得られた結果の解釈，その研究領域における得られた知見の意義，研究の限界と今後の課題といった側面が含まれているかを確認したい。

研究の概要を作成する際に意識しておきたいことが2点ある。一つは，研究のアピールポイントである。聴き手の注目を集める発表のためには単に概要を説明するだけでなく，その研究の何が新しいのか，何が面白いのかをうまく伝えることが重要である。卒業研究の評価の視点としてVIII-3では新規性・独創性・有用性を挙げたが，こうした観点を踏まえてアピールポイントを考えておくと良いだろう。意識するべきもう一つのことは，平易な表現である。卒業研究を終えるころには，その問題に関しては分野の異なる心理学の教員よりも詳しくなっているかもしれない。自分はそのことを研究してきたため，つい他の人もこの専門用語は知っているだろう，このことについては説明しなくても理解できるだろうと思ってしまいがちであるが，全ての聴き手が理解してくれるとは限らない。研究の概要を作成する際には，まったく心理学の知識のない人でも理解できることを念頭に，平易な表現を心がけることが必要である。その方が聴き手の理解も深まりやすいし，研究をめぐる誤解も防ぐことができる。これらの側面を考慮し，自分の研究の概要とアピールポイントを数分で説明できるくらいまで練り直すと，聴き手に伝わる発表になるだろう。

発表内容だけでなく，伝え方についても十分に準備をしておきたい。スライドや資料の作成では，文字だけでなく図や表を活用し視覚化すると聴き手も理解がはかどる。特に口頭試問などで多くの学生が発表をする場合，聴衆が全ての資料を熟読するとは限らない。短時間で理解できるような工夫も重要である。また，実際の発表時間に合わせてプレゼンテーションの練習もしておいた方が良いだろう。話す速さや声の大きさ，スライド等の見やすさ，タイムマネジメントなど，本番になって焦ってしまわないよう事前の練習が望まれる。

3 質問に備える

既に述べたように研究発表では発表するだけでなく，聴衆からの質問にも対応する必要がある。口頭試問であれば，聴き手はどんな質問をしようか考えながら発表を聴いている。どんなに良い発表をしても，質問にうまく答えることができない，見当違いな返答をしてしまうということだと，発表に対する印象も悪くなってしまう。また，うまく質問に答えられないということは，何より自分の研究の問題をきちんと認識できていないということでもある。どんな研究であっても，必ず批判点は存在する。そのため，質問にうまく対応するためにはまずは自分の研究の弱点を把握することが必要である。

自分の卒業研究から距離をとることは簡単ではないが，なるべく客観的な視点に立って批判点がないかをチェックしてみよう。特に，研究の概要に関わる事柄については，不十分な点はないか，他の見方はできないかなど，入念に確認しておくことが重要である。できれば，第三者にも研究を見てもらい，コメントをもらうと良いだろう。そして，批判点を洗い出したら，それに対して想定問答を考えておくと良いだろう。事前に質問をシミュレーションしておくことで，安心感を持って研究発表に臨むことができる。 （岡田有司）

資料編　データをまとめレポートを作成するために

1 こんなレポート，書いていませんか？──レポート作成チェックリスト

心理学実験実習のレポートに限らず，レポートというものは自由気ままに思いついたことを書くのではなく，きちんとルールに従って書き進めていく必要がある。ルールを守らずに書かれたレポートは読みにくく，必要な情報を読者に伝えられないものになってしまう。以下に，レポートにおける典型的な間違いを集めた例を挙げた。みなさんはこのようなレポートを書いていないだろうか。チェックリストや「レポートの書き方」に書かれていた内容を見直しながら，このレポートをどのように改善したら良いかを考えてみよう。

誤った形式のレポート例

タイトル：メモリスパンを検討する

問題
これからメモリスパンについて書きます。教科書には，メモリースパーンはXXXなのである。毎日の生活を送る上でメモリスパンはとても重要だし，記憶は人間の心の活動の中で一番大事だと思う。記憶力の高い人ってそれだけで尊敬できる。
メモリスパンについて詳しく調べたのがミラーの論文。この論文ではメモリースパンの事件をしていた。今日の実験実習では課題プリントのやりかたにしたがってメモリスパンの実験をします。実験の目的は仮設が正しいか検討することだと先生が言ったので，それをやる。仮説は①○○②○○。果たしてどうなるのだろうか？？？

方法
実験には，私を含む実験実習を受けている学生が参加している。Aさんとか，Bさんとか。男性はCくんとDくん，Eくんの3人で，あとは女性である。Fさんは右手を骨折していたけれど，まじめに実験を受けていたようです。
実験ではパソコンを使って，色々な呈示時間で数字を一瞬表示してすぐ消す。これを何回かくりかえす。被験者は表示された数字を答える。正解の場合，次に進む。

考察
男と女で結果は違っていた。CくんとFさんはメモリスパンが少なかった。呈示される時間でメモリスパンは違った。仮説は支持された。やはり人間の進化にとって記憶は重要だと再確認した。メモリスパンは男女平等。実験はすごく大変だったけど，仮設にあった結果がでてよかった。勉強になりました ^o^ !

結果
課題用紙に書いてある通りに図表を作成。結果はそちらを参照。

図表1　メモリスパン

	1つ目の条件	2つ目の条件
Aさん	6.00	7.00
Bさん	4	5
Cくん	*4.0*	*7.0*
Eくん	9	11 ←(^0^)スゴイ！
Fさん	3桁	4桁
平均	4.80	6.2

図表2　メモリスパン

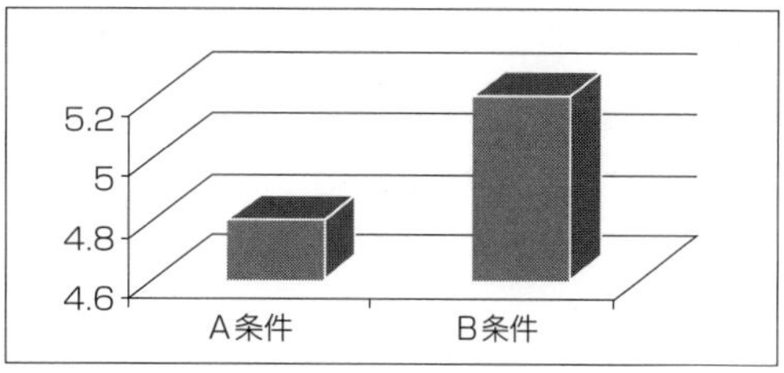

引用文献
鈴木一郎さんと佐藤花子さんが書いた実験実習のテキスト
Wikipediaのメモリスパン

チェックリスト

○チェックリスト１：文章全体

・自分が実験者（調査者，検査者）として行った実験（研究）の報告として書かれているか（教員からの指示で実験をやったという書き方になっていないか）
・本文を「問題」「方法」「結果」「考察」「引用文献」に分け，「問題」以外の見出しをふっているか
・本文中に文献を引用する際，決められた方法で引用をしているか
・参加者のプライバシーに配慮した表現ができているか，個人が特定されるような情報が記載されていないか
・根拠のない個人の意見や主観的な文章が書かれていないか
・実験とは無関係な内容が書かれていないか
・「である体（常体）」の文体が使われているか，「ですます体（敬体）」や話し言葉が混ざっていないか
・誤字や脱字，不適切な記号の使用（‘？’や‘！’，絵文字など）がないか
・箇条書きを用いず，接続詞などを適切に使用した一連の文章で記しているか
・話題が変わるところで段落を変えているか，新しい段落がはじまるときに字下げをしているか

○チェックリスト２：「標題」

・実験名そのままや，実験名に「～について」「～の検討」をつけただけのものになっていないか
・実験の目的や内容を的確に表すものになっているか
・体言止めになっているか，文章になっていないか

○チェックリスト３：「問題」「目的」

・実験を行う理由や実験の意義が説明してあるか
・実験を行う理由や実験の意義を説明するにあたり，先行研究を含め理論的背景について必要な内容を簡潔に述べているか
・専門用語について説明されているか

・実験の目的や仮説が，必要な情報をふまえて書いてあるか
・なぜ，そのような仮説がたてられるのかが説明されているか

○チェックリスト4：「方法」
・過去形で書かれているか
・「実験参加者（調査対象者など）」「装置・材料」「手続き」等の必要な項目が設けられているか
・実験参加者の情報（総数，平均年齢，男女の内訳など）が書いてあるか
・実験参加者をイニシャルで表記するなど，個人が特定されるような情報が記されていないか
・実験の手続きや装置・材料が再現可能な形で詳しく説明できているか
・実際に行っていないことを書いていないか

○チェックリスト5：「結果」
・過去形で書かれているか
・データを整理した手順（図表の作成手順を含む）が説明されているか
・本文中で図表に言及する際，図表番号のみを含めた引用ができているか
・得られた結果について，条件ごとに代表値や散布度を挙げた説明がなされているか
・統計分析を実施した場合，必要な情報が正しい形式で書けているか
・数値の羅列のみではなく，大小関係に言及した説明ができているか
・数値に間違いはないか
・仮説を設定している場合，仮説について報告してから，それ以外の結果に言及しているか
・「考察」に書くべき内容を書いていないか

○チェックリスト6：図
・図番号とタイトルは適切に表現されているか
・図番号とタイトルは図の上に記されているか
・図だけで通し番号をふっているか（図は図のみ，表は表のみで通し番号をつける）
・縦軸ラベル，横軸ラベルは適切に記されているか
・単位が適切に記されているか
・白黒以外の色が使用されていないか

○チェックリスト7：表
・表番号とタイトルは適切に表現されているか
・表番号とタイトルは表の上に記されているか
・表だけで通し番号をふっているか（表は表のみ，図は図のみで通し番号をつける）
・列見出し，行見出しは適切に記されているか
・単位が適切に記されているか
・不要な罫線はないか

○チェックリスト８：「考察」

・冒頭に実験の目的を簡潔に記しているか

・得られた結果のふりかえりがなされているか（「結果」で具体的な数値を挙げて説明したので，「考察」では要約で構わない）

・実験の結果からどのようなことが言えるかに言及できているか

・得られた結果に基づく考察になっているか，考察の論拠が記されているか

・展開に整合性があるか

・得られた結果を言い換えただけになっていないか

・（仮説が設定されている課題において）仮説が支持された場合，仮説が支持されなかった場合のいずれにおいても，なぜそのような結果になったのかを考えられているか

・仮説と直接関係しない結果を報告した場合，それらの結果についても説明がされているか

・個人的な感想や価値観，実験をしなくてもわかるような常識的な内容，この実験だけではとても明らかにできないような壮大な内容を書いていないか

・「結果」に書くべき内容を書いていないか

○チェックリスト９：「引用文献」

・本文中の引用の仕方に間違いはないか

・「引用文献」に本文中で引用した文献がすべて記載されているか

・「引用文献」に本文中に引用していない文献が記載されていないか

・「引用文献」は必要な情報を含めて正確にリスト化できているか

・「引用文献」は著者の姓のアルファベット順に並べられているか

・「参考文献」が記されていたり，テキストを「引用文献」のリストに含めていないか

・孫引きはないか

・引用元が不確かであるインターネットの情報を載せていないか

（小森めぐみ）

2 各実験で使用する資料

1．ミュラー・リヤー錯視　実施方法

【刺激条件について】

・本書では，竹井機器工業社製のミュラー・リヤー錯視図形にあわせた形で刺激条件を設定している。

【印刷に関して】

・印刷した結果，本書の通りのサイズとならなかった場合には，レポート等への記載や錯視量の計算も実寸に合わせて直すと良い。

・同じく，刺激条件の矢羽根の長さについても，実寸を記載する。

【作成方法】

・厚紙に印刷するか，印刷した後に厚紙に貼る。

・各ページの上側が標準刺激，下側が比較刺激である。

・実線部分を切り取り，破線部分を山折りにする。

・標準刺激の右側（枠線と図形が接している側）に比較刺激が来るように，標準刺激の中に比較刺激を差し込む。

【実験時の装置のセッティング】

・上昇系列では，比較刺激を（矢羽が無い側がはみ出さないように）全て差し込んだ状態から始めると良い。

・下降系列では，５㎜ほど差し込んだ状態から始めると良い。

2．ミュラー・リヤー錯視①15°・30㎜

15°・30mm

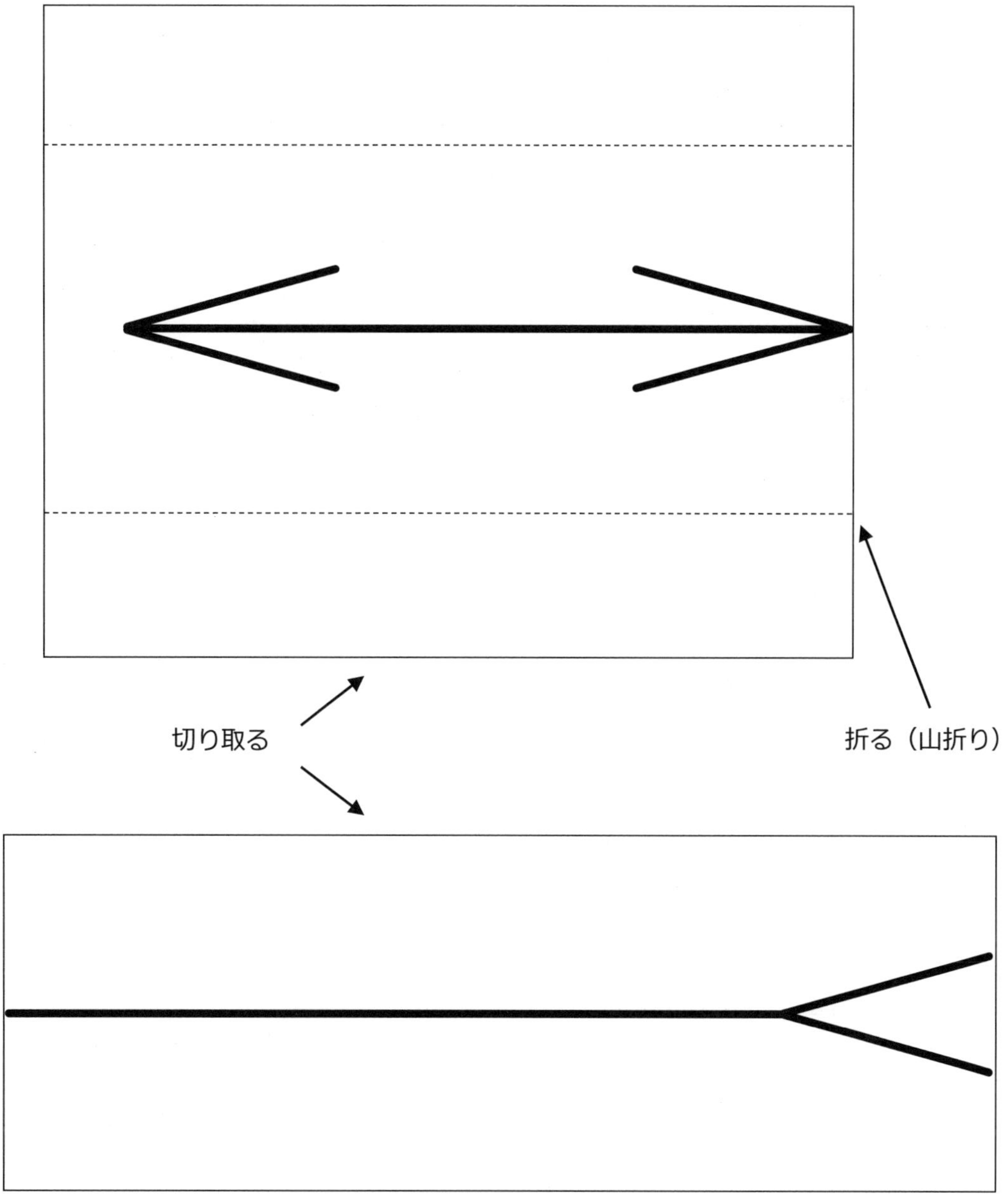

3．ミュラー・リヤー錯視②30°・30㎜

30°・30mm

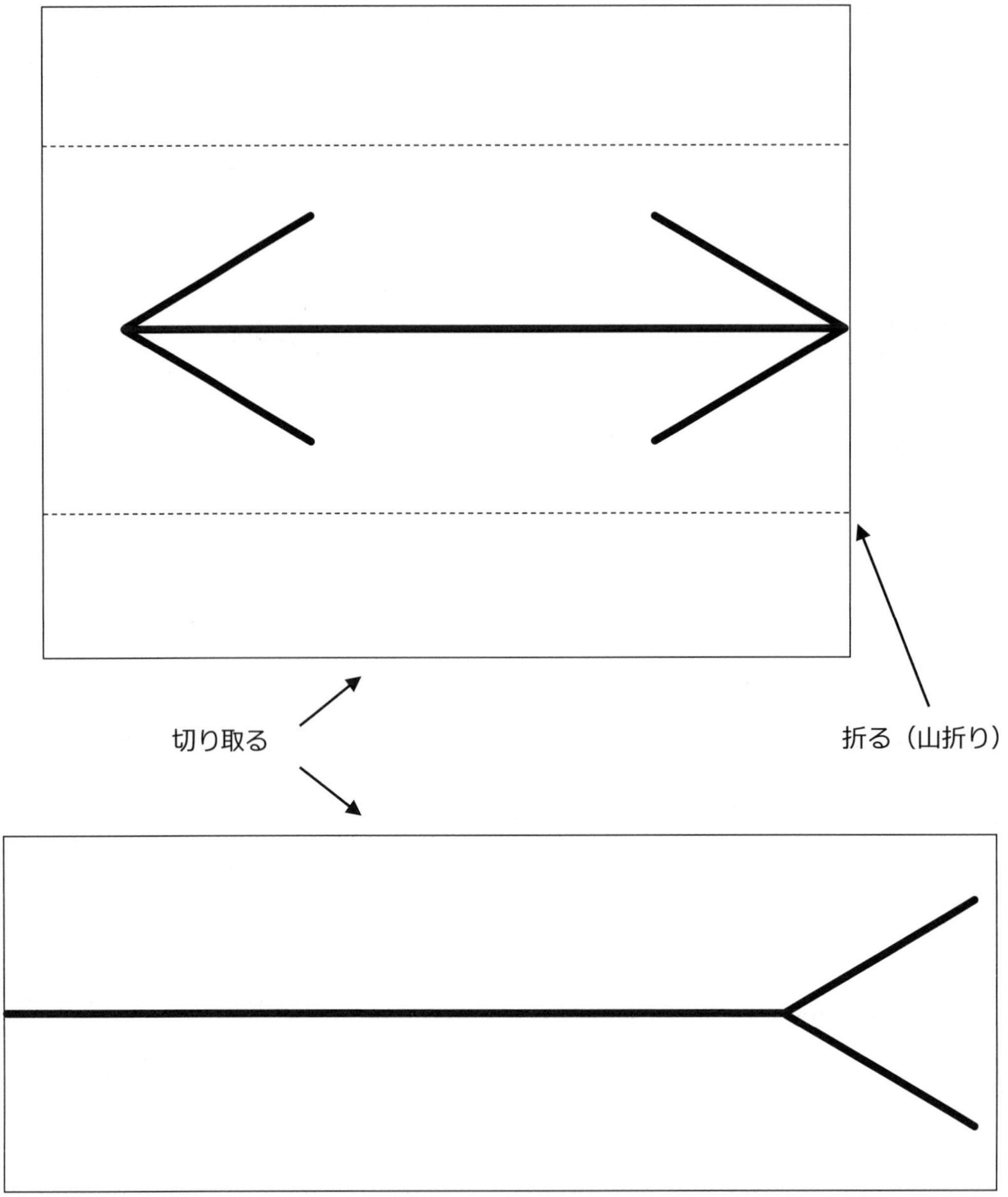

4．ミュラー・リヤー錯視③60°・30㎜

60°・30mm

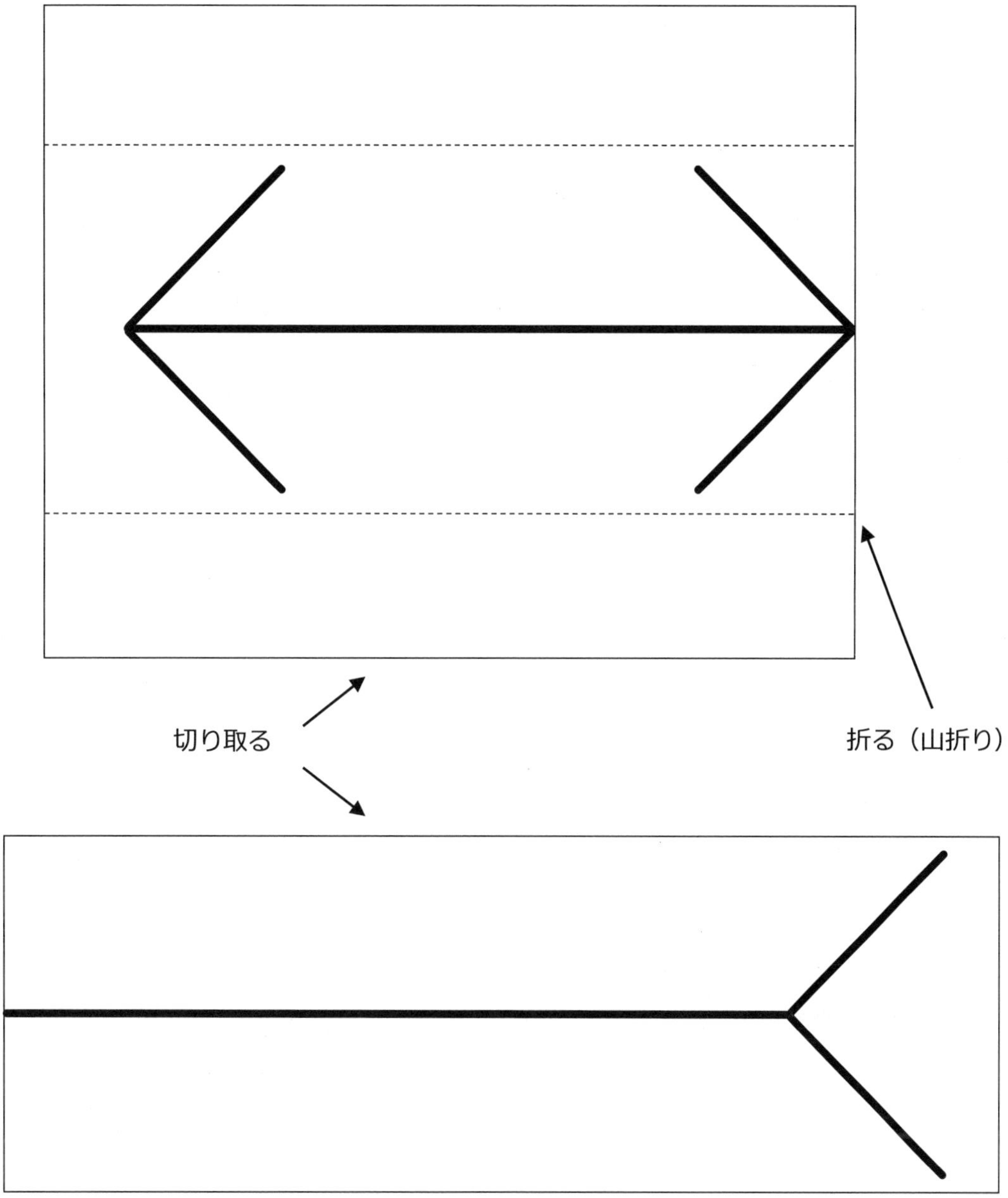

5．ミュラー・リヤー錯視④30°・15㎜

30°・15mm

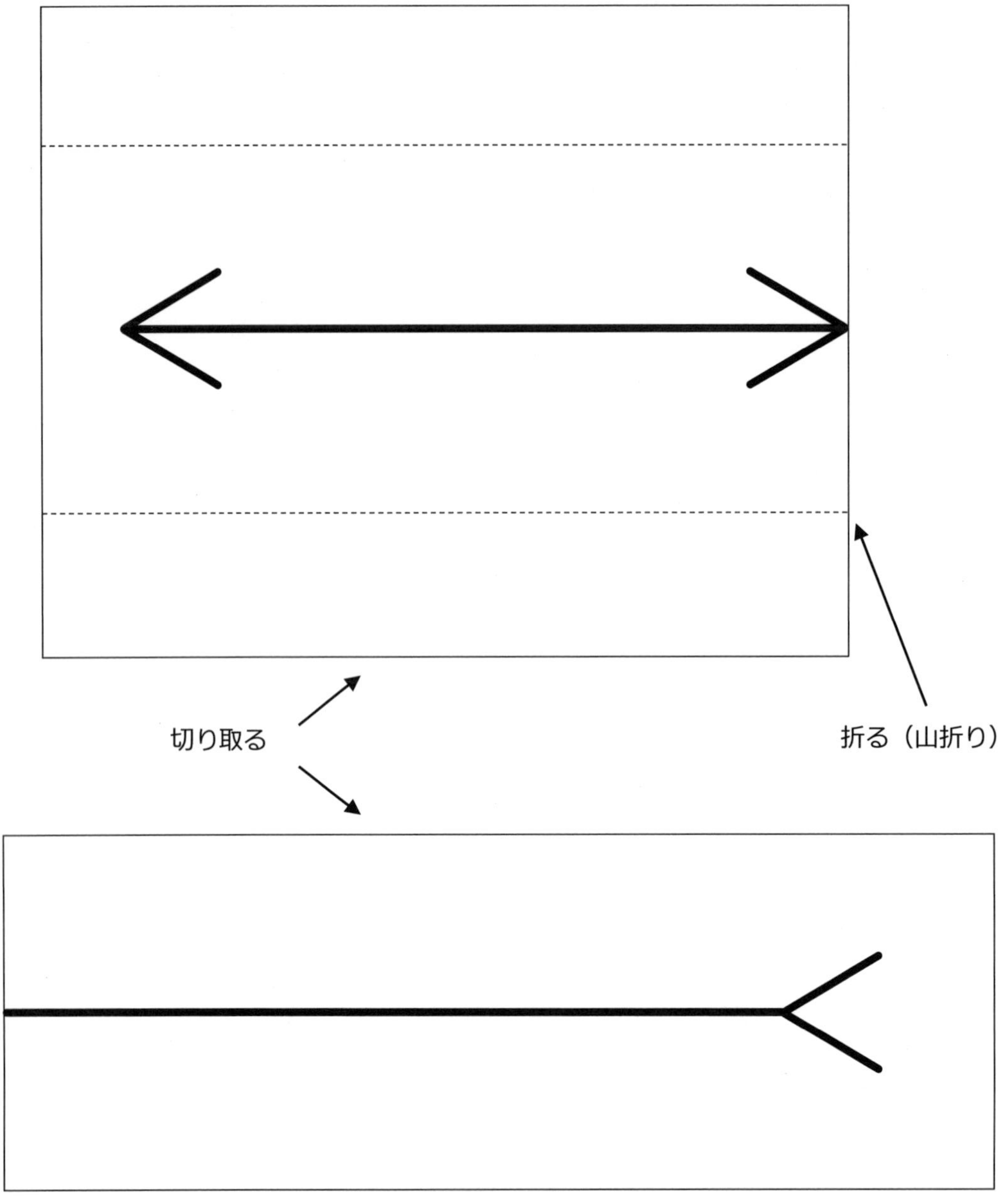

6．ミュラー・リヤー錯視⑤30°・35㎜

30°・35mm

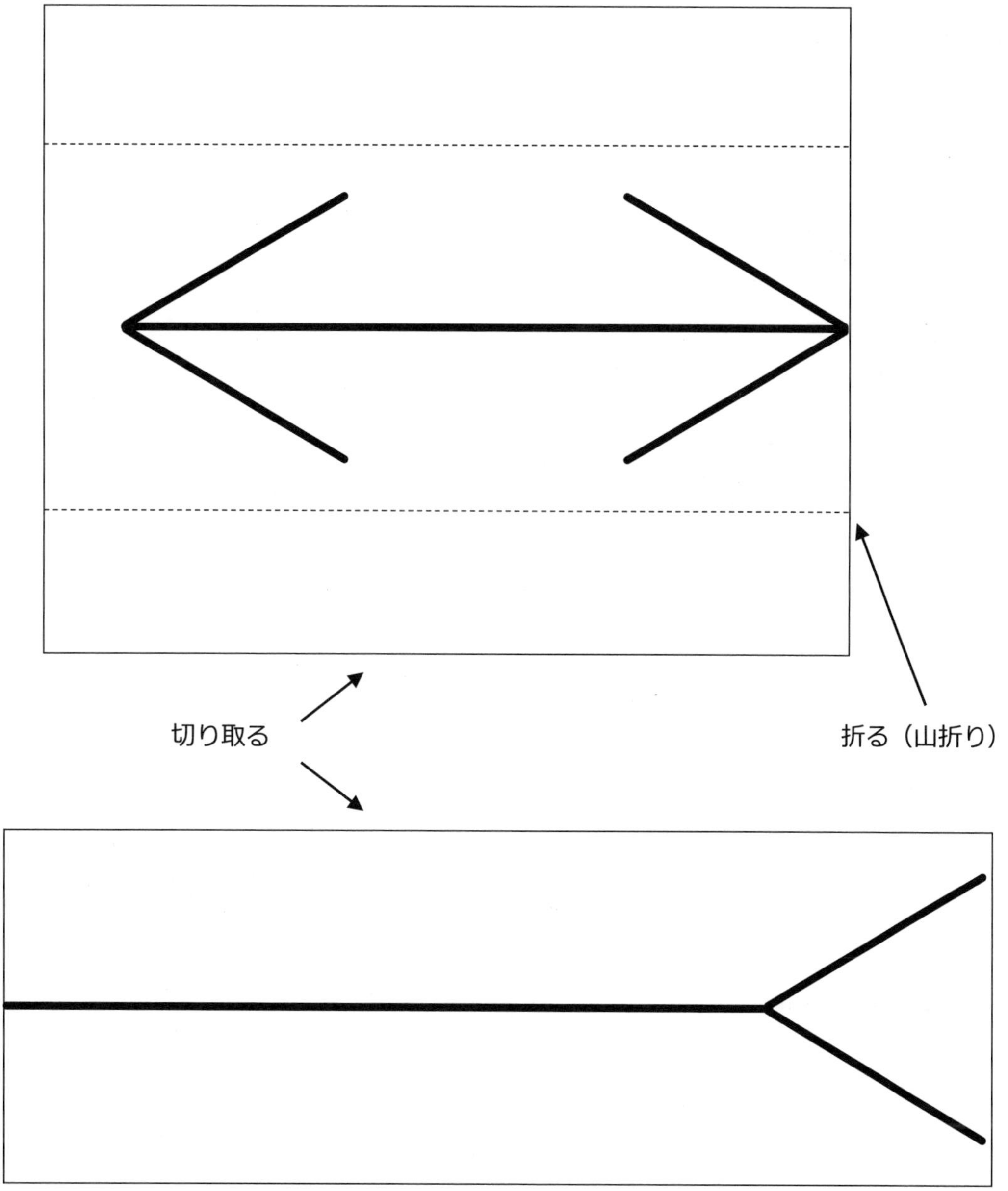

7．ミュラー・リヤー錯視⑥30°・45㎜

30°・45mm

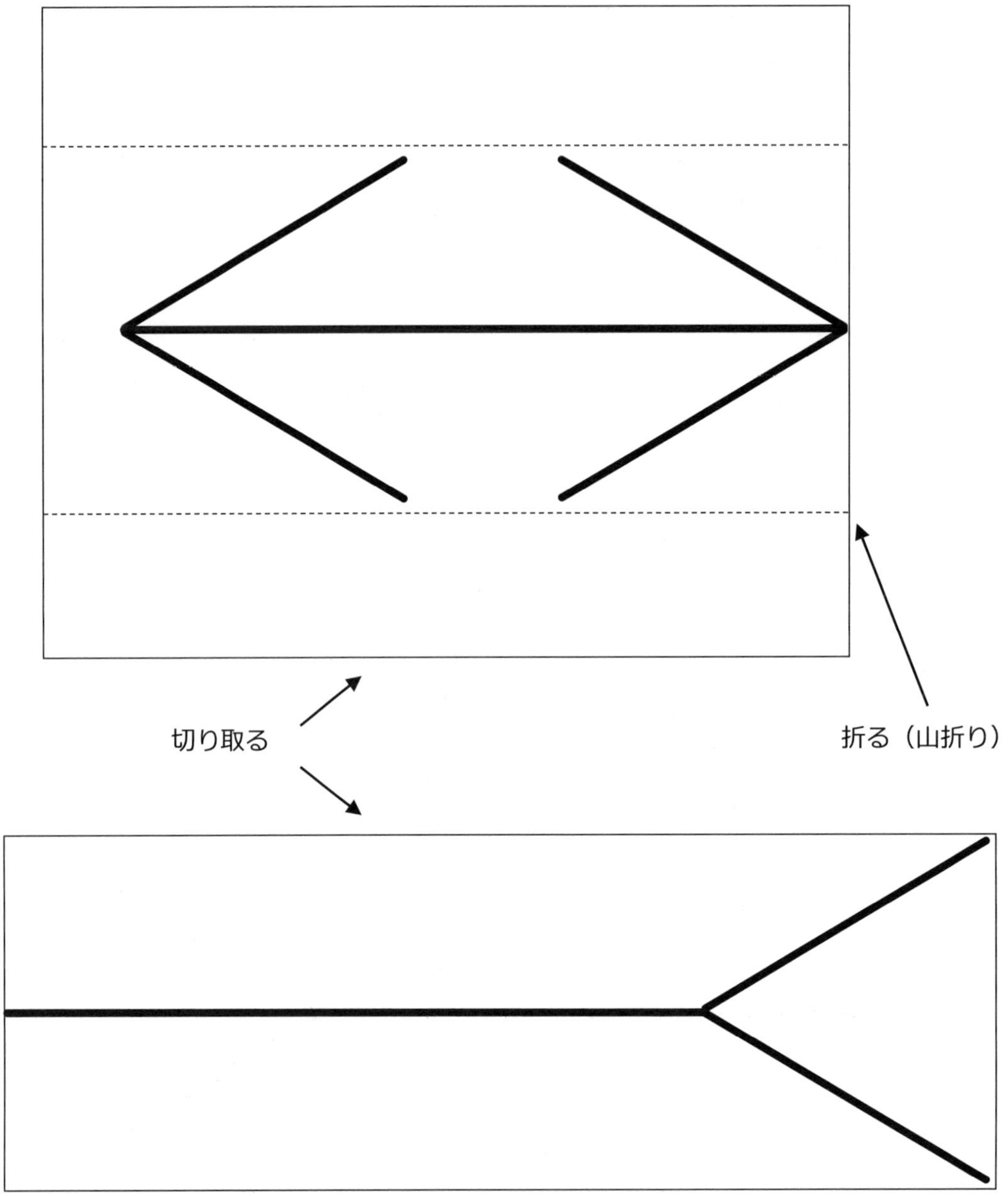

8．ミュラー・リヤー錯視：記録表

実験参加者番号：　　　　　　　　実験日：

		挟角：　矢羽：		挟角：　矢羽：		挟角：　矢羽：		挟角：　矢羽：		挟角：　矢羽：		挟角：　矢羽：	
試行		系列	PSE	系列	PSE	系列	PSE	系列	PSE	系列	PSE	系列	PSE
1		上昇・下降		上昇・下降		上昇・下降		上昇・下降		上昇・下降		上昇・下降	
2		上昇・下降		上昇・下降		上昇・下降		上昇・下降		上昇・下降		上昇・下降	
3		上昇・下降		上昇・下降		上昇・下降		上昇・下降		上昇・下降		上昇・下降	
4		上昇・下降		上昇・下降		上昇・下降		上昇・下降		上昇・下降		上昇・下降	
5		上昇・下降		上昇・下降		上昇・下降		上昇・下降		上昇・下降		上昇・下降	
6		上昇・下降		上昇・下降		上昇・下降		上昇・下降		上昇・下降		上昇・下降	
7		上昇・下降		上昇・下降		上昇・下降		上昇・下降		上昇・下降		上昇・下降	
8		上昇・下降		上昇・下降		上昇・下降		上昇・下降		上昇・下降		上昇・下降	
上昇系列	合計												
	平均												
	錯視量												
下降系列	合計												
	平均												
	錯視量												
全系列	合計												
	平均												
	錯視量												

（単位㎜）

注：すべての装置を実施，かつ，各装置につき，上昇系列４試行，下降系列４試行を実施するために，挟角・矢羽および，上昇・下降は実験開始前に記入すると良い。

9．ミュラー・リヤー錯視：集計表（錯視量）【上昇系列】

実験参加者	矢羽の挟角が錯視量に与える影響			矢羽の長さが錯視量に与える影響			
	15°・30mm	30°・30mm	60°・30mm	30°・15mm	30°・30mm	30°・35mm	30°・45mm
合計							
平均							

（単位 mm）

注 1：実験参加者欄が足りない場合は，行を挿入して記入欄を足すこと。
注 2：「30°・30mm」については，「矢羽の挟角が錯視量に与える影響」を検討する場合と「矢羽の長さが錯視量に与える影響」を検討する場合のいずれにも含めるようにすること。

10．ミュラー・リヤー錯視：集計表（錯視量）【下降系列】

実験参加者	矢羽の挟角が錯視量に与える影響			矢羽の長さが錯視量に与える影響			
	15°・30mm	30°・30mm	60°・30mm	30°・15mm	30°・30mm	30°・35mm	30°・45mm
合計							
平均							

（単位 mm）

注 1：実験参加者欄が足りない場合は，行を挿入して記入欄を足すこと。
注 2：「30°・30mm」については，「矢羽の挟角が錯視量に与える影響」を検討する場合と「矢羽の長さが錯視量に与える影響」を検討する場合のいずれにも含めるようにすること。

11. ミュラー・リヤー錯視：集計表（錯視量）【全系列】

実験参加者	矢羽の挟角が錯視量に与える影響			矢羽の長さが錯視量に与える影響			
	15°・30mm	30°・30mm	60°・30mm	30°・15mm	30°・30mm	30°・35mm	30°・45mm
合計							
平均							

（単位 mm）

注１：実験参加者欄が足りない場合は，行を挿入して記入欄を足すこと。

注２：「30°・30mm」については，「矢羽の挟角が錯視量に与える影響」を検討する場合と「矢羽の長さが錯視量に与える影響」を検討する場合のいずれにも含めるようにすること。

12. 触２点閾の測定：記録表（測定部位：指先）

測定部位：指先　　性別：____　年齢：____

記入方法：１点→１，２点→２

２点間の距離(mm)	試行１ 上昇	試行２ 下降	試行３ 上昇	試行４ 下降	試行５ 下降	試行６ 上昇	試行７ 上昇	試行８ 下降
15								
14								
13								
12								
11								
10								
9								
8								
7								
6								
5								
4								
3								
2								
1								
0								
触２点閾 (mm)								
	（上昇）	（下降）	（上昇）	（下降）	（下降）	（上昇）	（上昇）	（下降）

13. 触２点閾の測定：記録表（測定部位：手掌）

測定部位：手掌　　性別：____　年齢：____

記入方法：１点→１，２点→２

２点間の距離(mm)	試行１ 上昇	試行２ 下降	試行３ 上昇	試行４ 下降	試行５ 下降	試行６ 上昇	試行７ 上昇	試行８ 下降
30								
29								
28								
27								
26								
25								
24								
23								
22								
21								
20								
19								
18								
17								
16								
15								
14								
13								
12								
11								
10								
9								
8								
7								
6								
5								
4								
3								
2								
1								
0								
触２点閾(mm)								
	（上昇）	（下降）	（上昇）	（下降）	（下降）	（上昇）	（上昇）	（下降）

14. 触2点閾の測定：実験参加者ごとの結果集計表

・性別：＿＿＿

・年齢：＿＿＿

・指先の触2点閾（mm）

	上昇系列	下降系列	全体
1			
2			
3			
4			
合計	①	②	①+②
平均	①/4	②/4	(①+②)/8

・手掌の触2点閾（mm）

	上昇系列	下降系列	全体
1			
2			
3			
4			
合計	①	②	①+②
平均	①/4	②/4	(①+②)/8

15. 触2点閾の測定：全実験参加者の結果集計表

実験参加者	性別	年齢	指先			手掌		
			上昇	下降	全体	上昇	下降	全体
平均値								

注：行が不足する場合は適宜追加のこと。

16. 両側性転移：星形が印刷された紙

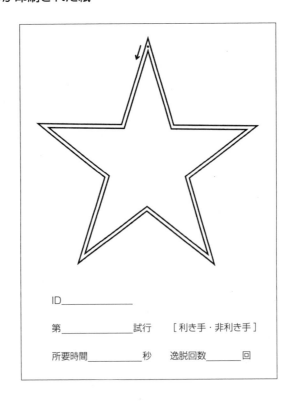

ID______________

第______________試行　［利き手・非利き手］

所要時間__________秒　逸脱回数________回

17. 両側性転移：記録表

群（第1群・第2群・第3群）

実験参加者	性別	年齢	試行													
			群分け	訓練										テスト		
			2	3	4	5	6	7	8	9	10	11	12	13	14	15
合計																
平均																
標準偏差																

注1：各群（第1群，第2群，第3群）の人数，および，指標の種類（所要時間，逸脱回数）によって，上記の記録表を必要な枚数用いること。

注2：なお，第3群の記録表として使用する際には，群分け試行とテスト試行のデータのみを記録する。

18. 偶発学習と自己関連づけ効果：記録表（回答用紙）

実験参加者番号：＿＿＿＿＿＿＿＿＿＿＿＿＿＿　　実験日：＿＿＿＿＿＿＿＿＿＿＿＿

呈示された質問文と単語を基に，はい（○）・いいえ（×）を判断し下記に記入してください。

1		17		33	
2		18		34	
3		19		35	
4		20		36	
5		21		37	
6		22		38	
7		23		39	
8		24		40	
9		25		41	
10		26		42	
11		27		43	
12		28		44	
13		29		45	
14		30		46	
15		31		47	
16		32		48	

19. 偶発学習と自己関連づけ効果：記録表（単語の再生用紙）

実験参加者番号：＿＿＿＿＿＿＿＿＿＿＿＿　　実験日：＿＿＿＿＿＿＿＿＿＿

先ほどの判断の時に呈示された単語をできる限り多く思い出して書いてください。その際，呈示された順番や自分の判断に関係なく，できる限り多くの単語を思い出すようにしてください。

1		17		33	
2		18		34	
3		19		35	
4		20		36	
5		21		37	
6		22		38	
7		23		39	
8		24		40	
9		25		41	
10		26		42	
11		27		43	
12		28		44	
13		29		45	
14		30		46	
15		31		47	
16		32		48	

20. 偶発学習と自己関連づけ効果：単語一覧

ほがらかな	ごうじょうな	せいじつな	きんべんな
ゆううつな	じゅうなんな	でたらめな	なげやりな
ちゃくじつな	げんきのよい	ごういんな	しょうじきな
いいかげんな	こむずかしい	わすれっぽい	うぬぼれる
ゆうかんな	れいせいな	しんせつな	でしゃばる
いくじなし	ひねくれる	いじわるな	ださんてきな
ゆうべんな	いしのつよい	あんていした	なさけぶかい
りくつっぽい	じしんのない	しっとぶかい	くちぎたない
めんみつな	きまぐれな	ねばりづよい	むせきにんな
くちがかたい	さわがしい	おせっかい	うわきっぽい
ひょうきんな	つきつめる	てきびしい	けっぺきな
ひかえめな	きのつよい	すきがない	こりしょうの

21. 偶発学習と自己関連づけ効果：集計表

以下に，自分が思い出せていた単語の欄に○をつけてください。
(解答が漢字でもひらがなでも思い出せていたら○)

	形態処理		音韻処理		意味処理		自己関連づけ処理	
1	ほがらかな		じしんのない		あんていした		なさけぶかい	
2	じゅうなんな		げんきのよい		でしゃばる		ねばりづよい	
3	ちゃくじつな		いしのつよい		きんべんな		むせきにんな	
4	いいかげんな		れいせいな		しんせつな		くちぎたない	
5	ゆううつな		こむずかしい		いじわるな		きまぐれな	
6	いくじなし		でたらめな		うぬぼれる		おせっかい	
7	ゆうべんな		せいじつな		しっとぶかい		めんみつな	
8	ごうじょうな		ひねくれる		なげやりな		さわがしい	
9	ゆうかんな		ごういんな		しょうじきな		くちがたい	
10	りくつっぽい		わすれっぽい		ださんてきな		うわきっぽい	
計								

22. 系列位置効果：記録表

実験参加者番号：＿＿＿＿＿＿＿＿　実験日：＿＿＿＿＿＿＿＿

第一リスト	第二リスト	第三リスト	第四リスト
思い出した単語 （思い出した順に記入）	思い出した単語 （思い出した順に記入）	思い出した単語 （思い出した順に記入）	思い出した単語 （思い出した順に記入）

23. 系列位置効果：刺激単語とリスト構成

		第一リスト	第二リスト	第三リスト	第四リスト
系列位置	1	期間	有効	主婦	企業
	2	委員	笑顔	心身	結婚
	3	合図	証拠	用意	基礎
	4	冷水	乱用	商船	税金
	5	質問	屋上	留学	姉妹
	6	漁業	記者	事業	経済
	7	合理	研究	記録	空腹
	8	教育	賛成	故郷	結果
	9	宗教	芝居	自動	要素
	10	国際	経営	元素	紹介
	11	権利	練習	孝行	論理
	12	長所	最後	劇場	警察
	13	社会	労働	固定	原価
	14	常識	記念	周囲	患者
	15	貿易	予防	資金	試験

24. 系列位置効果：集計表

以下の項目を思い出せていたら再生欄にマル（○）を記入してください。

	第一リスト		第二リスト		第三リスト		第四リスト		集計	
	項目	再生	項目	再生	項目	再生	項目	再生	合計	平均
1	期間		有効		主婦		企業			
2	委員		笑顔		身心		結婚			
3	合図		証拠		用意		基礎			
4	冷水		乱用		商船		税金			
5	質問		屋上		留学		姉妹			
6	漁業		記者		事業		経済			
7	合理		研究		記録		空腹			
8	教育		賛成		故郷		結果			
9	宗教		芝居		自動		要素			
10	国際		経営		元素		紹介			
11	権利		練習		孝行		論理			
12	長所		最後		劇場		警察			
13	社会		労働		固定		原価			
14	常識		記念		周囲		患者			
15	貿易		予防		資金		試験			

上記の思い出せた項目を元に

初頭部，中間部，新近部の値を算出してください

	初頭部	中間部	新近部
平均			

25. コミュニケーションにおける情報の変容：集計表

原　文	実験参加者 1	実験参加者 2	実験参加者 3	実験参加者 4	実験参加者 5	実験参加者 6
昨日の						
朝，						
○○通りの						
薬局前の						
交差点で						
自動車と						
バイクが						
衝突した。						
様子を						
見ていた						
通行人が						
すぐに						
助けを						
呼んだ。						
救急車と						
警察が						
駆けつけ						
救助したところ						
重傷者は						
いなかった。						

注：ここに記載している原文は例として示した。

26. パーソナルスペースの測定：記録表（被接近条件）

参加者番号	性　別		方向別の対人距離（単位：cm）							
	参加者（被接近者）	協力者（接近者）	前　方	右前方	右　方	右後方	後　方	左後方	左　方	左前方
平　均　値										

注：行が不足する場合は適宜追加のこと。

27. パーソナルスペースの測定：記録表（接近条件）

参加者番号	性　別		方向別の対人距離（単位：cm）							
	参加者（接近者）	協力者（被接近者）	前　方	右前方	右　方	右後方	後　方	左後方	左　方	左前方
平　均　値										

注：行が不足する場合は適宜追加のこと。

28. 囚人のジレンマ：利得行列表

		プレイヤーB	
		協力	非協力
プレイヤーA	協力	3 / 3	0 / 5
	非協力	5 / 0	1 / 1

注：各マスの左下がプレイヤーAの利得，右上がプレイヤーBの利得を表す。

29. 囚人のジレンマ：ゲームについての説明書・1（実験参加者用）

※　以下の文章は声に出して読まないでください。

このゲームでできるだけ多く得点を獲得するには，ついたてに書かれた利得行列（ルール）の意味を十分理解し，そのうえで自分の頭でよく考え，自分の思ったとおりにカードを出すことが大切です。

ゲームのルールや方法がわからない場合は，黙って手を挙げてください。

両プレイヤーの準備ができたら，ゲームを開始します。

30. 囚人のジレンマ：ゲームについての説明書・2（実験協力者用）

※　以下の文章は声に出して読まないでください。

今回のゲームではあなたにサクラ役（実験協力者）をしてもらいます。左下に書いてある方法で，右下の表1のようにカードを提示してください。なお，あなたがサクラであることを相手に言ってはいけません。

★1番最初は**「協力」**を出す

★2回目からは

相手が直前に出した選択

と同じ選択を出す

	相手	あなた
1	協力	協力
2	非協力	協力
3	協力	非協力
4	協力	協力
5	協力	協力
6	非協力	協力
7	協力	非協力
8	協力	協力
9	非協力	協力
10	協力	非協力
11	非協力	協力
12	協力	非協力
⋮	⋮	⋮

表1．サクラのカードの提示例

あなたがやることはこれだけです。例えば，相手がずっと「非協力」を出してきていれば，あなたも2回目からはずっと「非協力」を出していれば良いのです。

この説明文を読んでやり方がわからない場合は，黙って手を挙げてください。

両プレイヤーの準備ができたら，ゲームを開始します。

31. 囚人のジレンマ：記録表

プレーヤーA（実験協力者・被しっぺ返し戦略条件・統制条件）				プレーヤーB（実験協力者・被しっぺ返し戦略条件・統制条件）			
試行	選択		利得	試行	選択		利得
1	協力	非協力		1	協力	非協力	
2	協力	非協力		2	協力	非協力	
3	協力	非協力		3	協力	非協力	
4	協力	非協力		4	協力	非協力	
5	協力	非協力		5	協力	非協力	
1～5協力選択率：　____%				1～5協力選択率：　____%			
1～5合計利得：　____				1～5合計利得：　____			
6	協力	非協力		6	協力	非協力	
7	協力	非協力		7	協力	非協力	
8	協力	非協力		8	協力	非協力	
9	協力	非協力		9	協力	非協力	
10	協力	非協力		10	協力	非協力	
6～10協力選択率：　____%				6～10協力選択率：　____%			
6～10合計利得：　____				6～10合計利得：　____			
11	協力	非協力		11	協力	非協力	
12	協力	非協力		12	協力	非協力	
13	協力	非協力		13	協力	非協力	
14	協力	非協力		14	協力	非協力	
15	協力	非協力		15	協力	非協力	
11～15協力選択率：　____%				11～15協力選択率：　____%			
11～15合計利得：　____				11～15合計利得：　____			
16	協力	非協力		16	協力	非協力	
17	協力	非協力		17	協力	非協力	
18	協力	非協力		18	協力	非協力	
19	協力	非協力		19	協力	非協力	
20	協力	非協力		20	協力	非協力	
16～20協力選択率：　____%				16～20協力選択率：　____%			
16～20合計利得：　____				16～20合計利得：　____			

プレーヤーA（実験協力者・被しっぺ返し戦略条件・統制条件）				プレーヤーB（実験協力者・被しっぺ返し戦略条件・統制条件）			
試行	選択		利得	試行	選択		利得
21	協力	非協力		21	協力	非協力	
22	協力	非協力		22	協力	非協力	
23	協力	非協力		23	協力	非協力	
24	協力	非協力		24	協力	非協力	
25	協力	非協力		25	協力	非協力	
21～25協力選択率：　____%				21～25協力選択率：　____%			
21～25合計利得：　____				21～25合計利得：　____			
26	協力	非協力		26	協力	非協力	
27	協力	非協力		27	協力	非協力	
28	協力	非協力		28	協力	非協力	
29	協力	非協力		29	協力	非協力	
30	協力	非協力		30	協力	非協力	
26～30協力選択率：　____%				26～30協力選択率：　____%			
26～30合計利得：　____				26～30合計利得：　____			
31	協力	非協力		31	協力	非協力	
32	協力	非協力		33	協力	非協力	
33	協力	非協力		33	協力	非協力	
34	協力	非協力		34	協力	非協力	
35	協力	非協力		35	協力	非協力	
31～35協力選択率：　____%				31～35協力選択率：　____%			
31～35合計利得：　____				31～35合計利得：　____			
36	協力	非協力		36	協力	非協力	
37	協力	非協力		37	協力	非協力	
38	協力	非協力		38	協力	非協力	
39	協力	非協力		39	協力	非協力	
40	協力	非協力		40	協力	非協力	
36～40協力選択率：　____%				36～40協力選択率：　____%			
36～40合計利得：　____				36～40合計利得：　____			
合計利得：　________				合計利得：　________			

注：「協力選択率」「合計利得」欄は，ゲーム実施時は記入しない（後で計算する）。

32. 囚人のジレンマ：集計表

実験参加者	被しっぺ返し戦略条件									統制条件								
	5試行ごとの協力選択率（%）								合計利得	5試行ごとの協力選択率（%）								合計利得
	1-5	6-10	11-15	16-20	21-25	26-30	31-35	36-40		1-5	6-10	11-15	16-20	21-25	26-30	31-35	36-40	
1																		
2																		
3																		
4																		
5																		
6																		
7																		
8																		
9																		
10																		
平均																		
標準偏差																		

33. 単純接触効果：記録表

実験参加者	接触リスト	性別	年齢	方向づけ課題の回答	接触回数の各条件における好意度の平均評定値			
					0回	1回	5回	10回
1	A							
2	A							
3	A							
4	A							
5	A							
6	B							
7	B							
8	B							
9	B							
10	B							
11	C							
12	C							
13	C							
14	C							
15	C							
16	D							
17	D							
18	D							
19	D							
20	D							
合計								
平均								
標準偏差								

注：実験参加者の人数によって，上記の記録表を必要な枚数用いること。

34. 要求水準：記録用紙

実験参加者氏名：＿＿＿＿＿＿＿＿＿＿＿＿　　　　＿＿＿＿年　　月　　日

年齢：＿＿＿＿＿＿＿

性別：＿＿＿＿＿＿＿

素データ記録表

		予想量	作業量	GDスコア	ADスコア	満足度
試行	予備	ー		ー	ー	ー
	1					
	2					
	3					
	4					
	5					
	6					
	7					
	8					
	9					
	10					

メモ：

インタビュー：

35. 要求水準：集計表（AD スコアと GD スコアの正負の関係）

		GD スコア		
		負（−）	0	正（+）
ADスコア	負（−）			
	0			
	正（+）			

36. 要求水準：集計表（AD スコアと満足度の関係）

		満足度				
		1	2	3	4	5
ADスコア	負（−）					
	0					
	正（+）					

37. 心理尺度の構成：記録表（順位法）

評価対象	A	B	C	D	E	F	G	H	I	J
順位										

38. 心理尺度の構成：記録表（一対比較法）

選択された方を○で囲む

試行	左		右
1	A	–	D
2	H	–	I
3	C	–	G
4	E	–	D
5	A	–	B
6	G	–	D
7	B	–	E
8	I	–	A
9	F	–	H
10	D	–	C
11	H	–	E
12	B	–	I
13	J	–	F
14	G	–	B
15	I	–	J
16	E	–	A
17	F	–	G
18	D	–	F
19	B	–	C
20	H	–	J
21	A	–	G
22	G	–	H
23	C	–	F

試行	左		右
24	C	–	A
25	J	–	G
26	H	–	A
27	J	–	D
28	I	–	E
29	B	–	H
30	H	–	C
31	D	–	I
32	C	–	I
33	A	–	J
34	E	–	F
35	B	–	F
36	I	–	G
37	C	–	E
38	D	–	B
39	F	–	I
40	J	–	C
41	E	–	J
42	F	–	A
43	H	–	D
44	G	–	E
45	J	–	B

実験後に各評価対象が選択された回数を数え，以下に記入する（※合計が45になるか確認する）

評価対象	A	B	C	D	E	F	G	H	I	J
選択された回数										

39. 心理尺度の構成：集計表（順位法）

各調査対象者の結果を以下にまとめる

	各評価対象の順位									
調査対象者	A	B	C	D	E	F	G	H	I	J
1										
2										
3										
4										
5										

① 上の表を基に，各評価対象が各順位を何回とったかを記入する

② 各評価対象の順位値合計を計算する（例：Aが1位を5回とった場合は10×5＝50　→　高い順に順位をつける

		評価対象									
順位	順位値	A	B	C	D	E	F	G	H	I	J
1	10										
2	9										
3	8										
4	7										
5	6										
6	5										
7	4										
8	3										
9	2										
10	1										
順位値合計											
順位											

40. 心理尺度の構成：集計表（一対比較法）

① 各評価対象の結果を以下にまとめる

② 各評価対象が選択された回数の合計を計算する　→　高い順に順位をつける

	各評価対象が選択された回数									
調査対象者	A	B	C	D	E	F	G	H	I	J
1										
2										
3										
4										
5										
選択された回数の合計										
順位										

41. ロールプレイ：記録表

<table>
<tr><th colspan="4">記録表</th></tr>
<tr><th></th><th>場面</th><th>メモ</th><th>実施時間</th></tr>
<tr><td rowspan="2">手続き
(2)</td><td rowspan="2">Aの自己紹介</td><td>【言語的情報】</td><td rowspan="2">(　　)分
予定：3分</td></tr>
<tr><td>【非言語的情報】</td></tr>
<tr><td rowspan="2">手続き
(3)</td><td rowspan="2">BのAとしての自己紹介</td><td>【言語的情報】</td><td rowspan="2">(　　)分
予定：3分</td></tr>
<tr><td>【非言語的情報】</td></tr>
<tr><td>手続き
(4)</td><td>CからBへの質疑応答</td><td></td><td>(　　)分
予定：2分</td></tr>
<tr><td>手続き
(5)</td><td>Aによる訂正</td><td></td><td>(　　)分
予定：1分</td></tr>
<tr><td rowspan="5">手続き
(6)</td><td rowspan="5">話し合い</td><td>Aの感想：</td><td rowspan="5">(　　)分
予定：5分</td></tr>
<tr><td>Bの感想：</td></tr>
<tr><td>Cの感想：</td></tr>
<tr><td>Dの感想：</td></tr>
<tr><td>まとめ</td></tr>
</table>

42. 投映法：質問紙

Figure

質問紙　1ページ目

自己意識についてのアンケート

このアンケートは大学生の自己意識を明らかにすることを目的としています。所要時間は約15分を予定しています。

調査への協力は自由意志に基づいて行い，調査によって利益・不利益が生じることはありません。回答の途中や，いかなる段階においても，調査への協力をとりやめることが可能です。調査結果は統計的に処理され個人が特定されることはありません。

アンケートに回答いただける場合は，以下を記入後，次のページに進み，質問にご回答ください。

★あなたについて教えてください。

学部　（　　　　　　　）学科（　　　　　　　）
学年　（　　　　　　　）年
年齢　（　　　　　　　）歳
性別　（　　　　　　　）

Figure

質問紙　2ページ目

質問：‘私は’に続く言葉を考え，文章を完成させてください。回答に正解・不正解はありません。
　　深く考えずに頭に浮かんだことを記入してください。

1．私は＿＿＿＿＿＿＿＿＿＿
2．私は＿＿＿＿＿＿＿＿＿＿
3．私は＿＿＿＿＿＿＿＿＿＿
4．私は＿＿＿＿＿＿＿＿＿＿
5．私は＿＿＿＿＿＿＿＿＿＿
6．私は＿＿＿＿＿＿＿＿＿＿
7．私は＿＿＿＿＿＿＿＿＿＿
8．私は＿＿＿＿＿＿＿＿＿＿
9．私は＿＿＿＿＿＿＿＿＿＿
10．私は＿＿＿＿＿＿＿＿＿＿
11．私は＿＿＿＿＿＿＿＿＿＿
12．私は＿＿＿＿＿＿＿＿＿＿
13．私は＿＿＿＿＿＿＿＿＿＿
14．私は＿＿＿＿＿＿＿＿＿＿
15．私は＿＿＿＿＿＿＿＿＿＿
16．私は＿＿＿＿＿＿＿＿＿＿
17．私は＿＿＿＿＿＿＿＿＿＿
18．私は＿＿＿＿＿＿＿＿＿＿
19．私は＿＿＿＿＿＿＿＿＿＿
20．私は＿＿＿＿＿＿＿＿＿＿

さくいん

執筆者紹介（氏名／よみがな／現職／主著／心理学実験実習を学ぶ読者へのメッセージ）　＊執筆担当は本文末に明記

村上香奈（むらかみ　かな）
帝京大学文学部 准教授
『子どもを支援する教育の心理学』（編著・ミネルヴァ書房）『とても基本的な学習心理学』（共著・おうふう）『すべての子どもに寄り添う特別支援教育』（編著・ミネルヴァ書房）
心理学実験実習の履修が大学院進学の第一歩だったと思います。みなさんにとっても素敵な出会いになりますように。

山崎浩一（やまざき　こういち）
フェリス女学院大学文学部 准教授
『子どもを支援する教育の心理学』（編著・ミネルヴァ書房）
学部の専攻がスペイン語だった私が「心理学実験実習」のテキストを編集する身に。人に歴史あり。心理学にもあり。実験実習はその歴史を実体験する機会です。是非，批判的に取り組んでください。

浅野昭祐（あさの　あきひろ）
株式会社イデアラボ 研究員
『認知心理学の冒険』（共著・ナカニシヤ出版）
インターネットで心理学実験の実習について検索をしてみると，「非常に大変」という意見が目立つように感じます。“よくわかる”本書がみなさんの一助となれば幸いです。

飯島雄大（いいじま　ゆうだい）
帝京大学文学部 講師
本書を手に取っている読者はレポート作成に苦戦しているかもしれませんが，実習を通じて実験や研究の面白さも少しでも感じていただければと願っています。

泉　明宏（いずみ　あきひろ）
武蔵野大学人間科学部 准教授
Integrating face and voice in person perception（共著・Springer）『チンパンジーの認知と行動の発達』（共著・京都大学学術出版会）
苦労してデータを取り，それをレポートにまとめることを通して初めて得られるものがあります。心理学実験の楽しさを発見してください。

岡田有司（おかだ　ゆうじ）
東京都立大学大学教育センター 准教授
『中学生の学校適応』（単著・ナカニシヤ出版）『教育問題の心理学――何のための研究か？』（編著・福村出版）
「大学で何を学んだの？」と尋ねられた時に，自信を持って「心理学を学びました」と言えるよう，本書を通して心理学の基礎を身につけてください。

小森めぐみ（こもり　めぐみ）
淑徳大学総合福祉学部 准教授
『新版エピソードでわかる社会心理学――恋愛・友人・家族関係から学ぶ』（共著・北樹出版）『社会心理学　過去から未来へ』（共著・北大路書房）
実験実習のレポートを書くのは大変でしょうが，本書の原稿を書くのも負けず劣らず大変でした。レポート執筆のお役に立てばうれしいです。

澤邉　潤（さわべ　じゅん）
新潟大学創生学部 准教授
『研究と実践をつなぐ教育研究』（共著・ERP）『とても基本的な学習心理学』（共著・おうふう）
心理学の実験・実習を通じて得られた知識や経験を，生活全般や人間関係の理解に役立てていただければ幸いです。

執筆者紹介（氏名／よみがな／現職／主著／心理学実験実習を学ぶ読者へのメッセージ）

＊執筆担当は本文末に明記

鈴木宏幸（すずき　ひろゆき）

東京都健康長寿医療センター研究所社会参加と地域保健研究チーム 副部長

『認知症対策の新常識』（共著・日東書院本社）『地域を変えた「絵本の読み聞かせ」のキセキ』（共著・ライフ出版社）

心理学を現実社会に応用したいと考えている人こそ心理学の基本である“実験”を積極的に学んでもらいたいと思います。

竹部成崇（たけべ　まさたか）

大妻女子大学文学部 専任講師

本書が心理学の調査や実験に興味を持つきっかけとなれば幸いです。

津村健太（つむら　けんた）

帝京大学宇都宮キャンパスリベラルアーツセンター 講師

「こころ」は身近であるがゆえに，日常生活の中ではその働きに気が付くのが難しいことがあります。心理学実験を通じて，こころの働きの一端を垣間見てみましょう。

中山友則（なかやま　とものり）

実践女子大学研究推進機構研究員

『認知心理学の冒険』（共著・ナカニシヤ出版）『とても基本的な学習心理学』（共著・おうふう）

心理学実験実習では課題ごとのレポート作成に追われることでしょう。このテキストがその際の助けになれば幸いです。

埴田健司（はにた　けんじ）

東京未来大学モチベーション行動科学部 准教授

『新版エピソードでわかる社会心理学――恋愛・友人・家族関係から学ぶ』（共著・北樹出版）『心理学の世界』（共著・サイエンス社）

実験をするたびに人のこころのフシギに触れることができます。実験を通じて心理学のおもしろさを感じてください。

尹　成秀（ゆん　そんす）

帝京大学文学部 助教

『すべての子どもに寄り添う特別支援教育』（共著・ミネルヴァ書房）

心理学実験実習が，心理学では目に見えない心を，どのように捉え，検討し，言葉にしてきたのかを，体験的に学ぶ機会になれば幸いです。

やわらかアカデミズム・〈わかる〉シリーズ
よくわかる心理学実験実習［第２版］

2018年３月31日　初　版第１刷発行　〈検印省略〉
2021年９月30日　初　版第３刷発行
2024年３月31日　第２版第１刷発行

定価はカバーに
表示しています

編著者　村上香奈
　　　　山崎浩一
発行者　杉田啓三
印刷者　藤森英夫

発行所　株式会社　ミネルヴァ書房
〒607-8494　京都市山科区日ノ岡堤谷町１
電話代表　（075）581-5191
振替口座　01020-0-8076

亜細亜印刷・新生製本

ISBN978-4-623-09739-5
Printed in Japan

筑摩書房版教科書準拠

新傾向入試国語
対策問題集

解答例

古文・漢文関連資料の出典詳細・現代語訳・書き下し文はこちら
https://bit.ly/3cHiWOu

評論

①水の東西

解答・解説

解答と例

問一 ウ（5点）

問二（10点）

◆正答の条件をすべて満たしている解答例

例1 水を見なくても、鹿おどしの音が日本人にとって大切な水の流れを感じさせるから。〔三八字〕

例2 流れを感じることだけが大切なので、音でそれを感じることができれば十分だから。〔三八字〕

◆正答の条件

条件① 三〇字以上、四〇字以内で書かれていること。

条件② 「流れを感じる」ということの大切さについての言及があること。

条件③ 鹿おどしの「音」が、水の「流れを感じる」ことにつながっている点を示せていること。

問三（10点）

◆正答の条件をすべて満たしている解答例

例1 自然を定められた法則に従うものととらえることで、自然を改変し利用することに痛みを感じなくなるから。〔四九字〕

例2 自然を死せる機械とみなし、諸要素に分解することで、自然を栄養のように摂取することに躊躇しなくなったから。〔五二字〕

◆正答の条件

条件① 五五字以内で書かれていること。

条件② 自然を「法則にしたがうだけの機械的な存在である」と見なすという近代科学の認識に触れていること。

条件③ 自然を利用することにためらいを感じなくなったからという理由づけがなされていること。

問四 イ（5点）

問五（完答20点）

A 近代

B 自然に流れ〜型する対象

C 機械論的

D 原子論的な還元

E 二元論（「物心二元論」でも可）

F 材料

◆解説◆

西洋と日本において「水」を鑑賞する意識がいかに異なるかを考えた文章と、西洋における「近代的自然観」の特性を論じた文章を併読して、「東／西」の差異の根幹に迫る問題である。

傍線部②は逆説的な主張となっているが、なぜそのように言えるのかはその前後の考察で丁寧に説明されている。「水のかたちを見なくとも、音のみで十分その存在を味わえる」という日本人の好みを説明すればよい。

【文章2】は【文章1】に比べて用語が難解なため、面食らうかもしれない。しかし、論の展開自体は、傍線部③「近代科学の自然観」の特徴を三つに分けて順に説明していくシンプルなものであり、各特徴の要点を押さえれば、自然を我が物顔に利用し、使い捨てた結果、自分たちの首をしめているという環境問題の原因がどこにあるかは容易に指摘できるだろう。

【対話】形式の問題文については、この形式に慣れていないと、議論の流れをつかむのに手間取ってしまうかもしれない。まずは通読して全体の流れをつかもう。今回の対話は、「先生」のガイドの下に各文章の内容を整理していく形であり、反論や話題転換はない。先生は生徒たちを、「西洋と日本の、水に対する美意識の違いは、両者の自然観の違いにある」という理解に直線的に導こうとしている。それは、先生の最後の発言から読み取れるだろう。対話の流れを把握したら、後は個々の発言がどの資料を参考にしているかを確認しながら、穴埋めしていけばよい。

◆著者紹介

【文章1】山崎正和……一九三四年―。劇作家・評論家。研ぎ澄まされた感覚で独自の日本文化論を展開してきた。一九六三年、戯曲『世阿弥』で岸田國士戯曲賞受賞。

【文章2】河野哲也……一九六三年―。倫理学者・哲学者。与えられた環境と身体の関係についての考察や教育哲学などを中心に、身体・倫理・心について幅広い考究を深めている。

解答例

問一（15点）

◆正答の条件をすべて満たしている解答例

例1　単純な尺度を当てはめて、断片的な知識や印象で判断するから。〔二九字〕

例2　単純な尺度に基づき、断片的知識や印象だけで結論づけるから。〔二九字〕

◆正答の条件

条件①　三〇字以内で書かれていること。

条件②　「単純な尺度」という語句を引用するか、同趣旨のまとめができていること。

条件③　「断片的な知識や印象」という語句を引用するか、同趣旨のまとめができていること。

問二（15点）

◆正答の条件をすべて満たしている解答例

A

例1　理解できないが、異質なものとして存在することは否定できない〔二九字〕

例2　異質で理解しがたいにしても、その存在は認めざるを得ない〔二七字〕

B

例1　批判的に相対化しながら、相手を同じ人間として理解しようと〔二八字〕

例2　相対的に見る批判的視点に立って、相手の行動を同じ人間のものと〔三〇字〕

◆正答の条件

条件①　とちらも三〇字以内で書かれていること。

条件②　Aについて、「自分たちの価値観では理解できない（理解しがたい）けれど、その存在は否定できない」という趣旨にふれていること。

条件③　Bについて、「相対的」または「批判的」という語が含まれていること。

問三（20点）

◆正答の条件をすべて満たしている解答例

例1　特定の価値観や文化をもつ人間集団を地図では表現できないが、全体を見渡すことのできない私たちは地図によって全体を理解していると錯覚してしまう。異文化を理解するのが困難なのは、同じように個別的な理解で全体を割り切ってしまいがちだからである。〔一一八字〕

例2　特定の価値観や文化を持つ人間という存在を地図のように全体的に表現することはできないが、私たちは地図によって社会を把握できると錯覚する。異文化を理解するのが困難なのも、同様に個別の認識を経ずに全体を割り切ってしまいがちだからである。〔一一五字〕

◆正答の条件

条件①　問題文の指示をすべて満たしていること。

条件②　指示（2）について、「人の個別的なあり方は地図のように全体化して示せない」という指摘と、そうにもかかわらず私たちは「地図のように社会を全体化して考えようとする」という傾向を盛り込んでいること。

条件③　指示（３）について、「同じように」等の言葉で、一文目で指摘したことと関連づけていること。

◆解説◆

「異文化理解」に関する複数の文章を読み、与えられた立場・方針をふまえて各文章の主旨を統合する課題である。

【文章１】の読解は比較的容易である。まずは、「異文化に対しては二種類の接し方がある」と述べた後、筆者がそのうちの「二つめ」の接し方の問題点を論じようとしていることを押さえたい（＝問題提起）。傍線部①がその問題点に当たるので、前後の記述からその問題点の発生する原因をまとめよう。

【文章２】は、「異文化理解」についての【文章１】の指摘をさらに掘り下げ、今日しばしば話題になる「文化相対主義」の持つ落とし穴について論じている。自分の属する社会とは異質な生活習慣を持つ相手に「文化の違い」を見いだす際に用いられる語だが、その種の議論がともすれば自己（自文化）中心的思考に陥っていきがちな危うさを鋭く指摘したものだ。問二に解答する際は、「自文化」の絶対性を疑いたくないがために異文化を全肯定する＝異物として遠巻きに放っておくことを意味する「文化相対主義」と、異文化との接触を「自分の国の文化だけが正解ではないのかもしれない」と考え直すきっかけにできる「文化相対主義」とを区別していることに気づければよい。

最後の【資料】は、【文章１】【文章２】で指摘された問題点を「地図」を喩えに言い換えたものである。サチコさんのこれまでの議論の結論として自然な形でまとめよう。

◆著者紹介

【文章１】青木保……一九三八年―。文化人類学者。平易な言葉で異文化共存の可能性や文化相対主義のあり方を説いている。

【文章２】岡真理……一九六〇年―。現代アラブ文学研究者。パレスチナ文学の研究に従事する一方、アラブ社会の女性が抱える問題点を鋭く指摘している。

【資料】若林幹夫……一九六二年―。社会学者。情報理論、メディア論など幅広い知の成果を駆使して、都市やコミュニティの問題を考察している。

評論

③ 貧困は自己責任なのか

解答・解説

解答と評価基準

問一 オ（5点）

問二（10点）

◆正答の条件をすべて満たしている解答例

例1　外界の衝撃を吸収し、また生活のエネルギーを生む力の源となるさまざまな有形・無形の〔四〇字〕

例2　外界からの衝撃を吸収しそこからエネルギーを汲み出すもとになる、形の有無を問わない〔四〇字〕

◆正答の条件

条件①　四〇字以内で書かれていること。

条件②　「外界の衝撃を吸収する」「生活のエネルギーを生む力の源になる」の二点について引用または言及できていること。

条件③　「さまざまな有形・無形」のものという趣旨が書かれていること。

問三（全答15点）

A　四・三％（算数字でも可）

B　七・二％（算数字でも可）

C　世帯構成

D　経済状況（「経済状態」でも可）

問四（20点）

◆正答の条件をすべて満たしている解答例

例1　筆者は「溜め」の総合的な喪失・略奪を貧困と定義し、さまざまな可能性からの排除や選択肢の喪失、その果てに自信や自尊心までも失うと述べている。図表では、経済的格差の問題が孤立の問題に繋がり、精神的な「溜め」の喪失が生み出されることがわかる。〔一一八字〕

例2　筆者は「溜め」が総合的に奪われ失われることを貧困と定義し、可能性の排除や選択肢の喪失の果てに自信や自尊心の喪失が待つと述べている。図表では、経済的格差の問題が孤立の問題に影響し、精神的な「溜め」の喪失に繋がっていくことがわかる。〔一一四字〕

◆正答の条件

条件①　問題文の指示をすべて満たしていること。

条件②　指示（2）について、筆者の「貧困」の定義が「『溜め』の喪失・略奪」であり、「可能性の排除や選択肢の喪失が自信や自尊心を失う過程」であることがまとめられていること。

条件③　指示（3）について、「経済格差の問題が孤立の問題に繋がっている」ことと、「精神的な『溜め』の喪失が貧困の要因の一つ」であることがまとめられていること。

◆解説◆

「貧困」に関する文章を読み、関連する調査データを分析しながら、筆者の論とそのデータを照合してまとめる力を問う課題である。【文章】の読解は、「溜め」の定義とそれが失われることによって生み出されるものが「貧困」であるという、筆者の論述が明瞭なので、本文の引用を丁寧に行えば困難ではなく、問一・二は比較的容易に解答できるだろう。ただし、「外界からの衝撃吸収」と「エネルギーの汲み出し」だけでは解答としては乏しい。筆者がこの「概念」を用いる理由は、金銭に限定されず「さまざまな有形・無形のもの」が「溜め」の機能を果たすからだと述べており、この部分まで含めて述べることが望ましい。

【図表】は「貧困」に関する実際の調査データにもとづいている。筆者の論では、経済的な「溜め」だけでなく、精神的な「溜め」を失う／奪われることが貧困であると定義されていることから、図表が示す、経済的な貧困が孤立（つまり精神的な貧困）を生み出すという事実は、筆者の論に沿うものであると言えよう。問三のグラフ読み取りは、単純な「数値差」を求めるだけでなく、「世帯構成の差よりも、経済状況の差のほう」が、孤立への影響が大きいことを理解しなければならない。問四も同様で、「経済状況の差→孤立問題→精神的な『溜め』の喪失」に繋がる過程をまとめられていることがポイントである。

◆著者紹介

【文章】湯浅誠……一九六九年—。社会活動家。貧困者支援活動に関わりながら、貧困を含む人権問題について当事者に寄り添った立場で発言している。

【図表】沖縄県子どもの貧困実態調査事業・報告書……「平成二八年度沖縄県高校生調査等について」（平成二九年三月六日公表）より作成。沖縄県の公式サイトより参照できる。
https://www.pref.okinawa.jp/site/kodomo/kodomomirai/kodomotyosa/kekkagaiyo.html

解答と評価基準

問一（15点／各5点）

◆正答の条件をすべて満たしている解答例

A　敵か友かという区別

B　複数の人間と単数の決定を結びつける営み

C　多と一を結びつける

◆正答の条件

条件①　それぞれ指定の字数以内でまとめていること。

条件②　Aについて、「敵／友」の区別に触れていること。

条件③　Bについて、「複数」「単数」を結びつけることにふれており、また「営み」という語を用いていること。

条件④　Cについて「多」と「一」という語を用いていること。

問二（10点）

◆正答の条件をすべて満たしている解答例

例1　政治とは、対立する多様な利害や立場を一つの政策決定にまとめあげていく営みである。しかし、最終決定は一つでしかありえないので、それに同意しない多様な意見の抑圧や否定という無理が必然的に生じてしまうからである。〔一〇三字〕

例2　政治とは、複数の人間の意見を取りもち、それに合意を取り付けて決定を下す役割を担っている。しかし、決定は一つでしかありえないので、すべての意見を満足させることができない、つまり、政治の営みは、始めから原理的な無理を強いられているからである。〔一一九字〕

◆正答の条件

条件①　問題文の指示をすべて満たしていること。

条件②　（2）について、「多」と「一」の具体的内容が書かれていること。

条件③　（3）について、政治という営みの内容を説明したうえで、どのような「無理」がなぜ生じるのか、ということを説明できていること。

問三（10点）

◆正答の条件をすべて満たしている解答例

例1　政治の「目的」は人間を現実的に特定の方向に動かすことにある。そのためには「手段」を選ばず、人間性の全面にわたって操作し利用して人間を動かす現実の効果が至上目的となり、真実から遊離した効果的な「演技」がより重視されることになるから。〔一一五字〕

例2　政治は人間を現実に動かすことを目的にしているので、あらゆる手段を用いて人間性の全領域に働きかけ、有効な結果を生み出そうとする。現実の効果を基準にするあまり、政治家の内面的動機は二義的となり、ただただ「演技」へと傾斜していくことになるから。〔一一九字〕

◆正答の条件

条件①　問題文の指示をすべて満たしていること。

条件②　（2）について、政治の目的が「人間を現実的に動かすこと」であり、そのためなら手段を選ばず、真実からかけ離れた演技に頼るという論の流れでまとめることができていること。

問四（15点）

◆正答の条件をすべて満たしている解答例

例1　特定の政治問題をめぐって生じる関係以前に、固定的な「敵・友」があるのではなく、関係のなかで事後的に「敵・友」の関係が生じるのであるから、その関係がどうして生じたのかについて相互に理解を深め合うなかで、対立が解消されるチャンスがある。〔一一六字〕

例2　最初から「私」や「あなた」があるわけではなく、それは関係のなかでそのたびごとに現象するものだ。同様に、政治における究極的な区別「友／敵」も、固定的な対立ではありえず、その時々に「よい関係」や「悪い関係」として現象してくるものにすぎない。〔一一八字〕

◆正答の条件

条件①　八〇字以上、一二〇字以内でまとめていること。

条件②　「敵」と「友」の区別が、関係のなかで事後的に生まれるものにすぎないことに着眼できており、関係を捉え直すなかで対立関係を解消できる可能性を指摘できていること。

◆解説◆

政治のあり方について、政治的決定のもたらす困難を政治の本質として論じている【文章1】、それに対して現実政治の実相に即した論を展開している【文章2】、そして対立項は事後的に作られる、という観点を示しながら、「友／敵」関係をのりこえるヒントを提供している【文章3】、という三点の重厚な議論を読解する内容となっている。

与えられた複数の素材を読み解き、共通点や相違点を探して議論をまとめなおすことが主眼の問いであるが、それだけでは、「国語の力」を測ったことにはなるまい。国語力とは、創造的な言語運用能力であり、自立的な思考力である。それをまっすぐに測る問いこそが、大学に入学したのちの学問の核となるべきだが、ここでは字数や構成に一定の条件を設け、記述させる形式とした。「関係」のあり方によって、主体と客体、「あなた」と「私」、「敵」と「友」が、「事後的に」作られるという観点を理解すれば、記述は容易だろう。要するに、「敵」「友」は、関係以前の本質としてあるのではない、ということだ。問題を解く場合のみならず、あらゆる対立構造を考える際に、念頭に置きたい考え方である。

◆著者紹介

【文章1】國分功一郎……一九七四年―。哲学者。政治・現代思想の翻訳・紹介や消費社会についての論考など、さまざまな研究を精力的に発表している。

【文章2】丸山眞男……一九一四―九六年。政治学者。国家論や学問論で思想界に大きな影響を与えた。

【資料】小熊英二……一九六二年―。社会学者。幅広い文献資料をもとに、戦後日本のナショナリズムや民主主義のあり方を論じている。

解答と評価基準

問一　オ（10点）

問二　ウ（10点）

問三（15点）

◆正答の条件をすべて満たしている解答例

例1　境界線は、ある空間を囲い込み、「内部」の人びとを国民として支配する「主権国家」を成立させるが、それは「内部」の利益を至上の国益となすものだ。そのとき、問題やリスクを「外部」へと排出し最適化を図るので「外部」との対立関係が生み出される。〔一一七字〕

例2　境界線は、空間を領土として囲い込むことで「内部」を作り上げ、それを「主権国家」として管理するのだが、このとき同時に国民も生まれる。一方、境界線の「外部」には「内部」からさまざまな問題やリスクが排出され、「外部」の自然状態化を生じさせる。〔一一八字〕

◆正答の条件

条件①　問題文の指示をすべて満たしていること。

条件②　指示（3）について、境界線が引かれることによって、特定の地域と人々を「内部」として支配する主権国家が生まれるという関係を説明できていること。その際、境界線による「空間的な囲い込み」と「特定の人々を国民として囲い込む」という二面性にふれていること。

条件③　指示（4）について、「内部の問題の外部への排出」および「外部との敵対関係」あるいは「外部の自然状態化」の二点を挙げることができていること。

問四（15点）

◆正答の条件をすべて満たしている解答例

例1　母語のなかに育った人間は、その言語を用いてしか世界を認知したり行動したりできない以上、母語という「洞窟」に閉じこめられているといえる。しかし、多言語の空間に立ち会うことで、母語という「洞窟の外」に出て偏見や先入観から自由になることができる。〔一二〇字〕

例2　母語を所与として生きる人間は「洞窟の中で影絵を見ている囚人だ」という比喩がある。しかし、人間は必ずこの「洞窟」という制約の外に出なければならず、多言語空間を生きる人々の経験に耳を傾ければ、母語一辺倒より生じる偏見から自由になることができる。〔一二〇字〕

◆正答の条件

条件①　問題文の指示をすべて満たしていること。

条件②　指示（2）について、言語を「洞窟」に喩えることの意味を説明できていること（生まれ持った言語＝母語でしか世界を認識できないことを、「洞窟に囚われている」という比喩から読み取っていること）。

条件③　指示（3）について、「洞窟の外に出ること」が、母語を通じて否応なく身につけてしまった制約から自由になることを意味していることを示せていること。本文中の「制約」という語句や、それに類する語句（「偏見」「先入観」など）を用いることは必須とする。

◆解説◆

アメリカのメキシコ国境に置かれた交通標識を素材に、国境線で強者と弱者を分断し、そこに言語的・文化的差別を重ねる現代世界の差別構造（難民・移民問題）を論じたのが、【文章1】である。そこに、「国境」という境界線を引き、内部と外部に差異を置くという行為が、現代の政治にもつ意味を論じた【文章2】を対比させ、現象面から本質面へ、思考を進める手がかりとした。次いで、【文章3】を置いて、母語の「洞窟」に囚われ、したがって他者の言語や文化を差別しがちな我々が、いかにそれから解放されることができるか、考えさせることにした。

アメリカ白人のスペイン語・ヒスパニック文化への偏見は、浅薄ではあるが強烈である。それは外国人労働者の増大する日本も無縁ではない。異なるテキスト群の分析においては、同一性の洗い出しだけでなく、差異の発見があってこそ、知的な探究が生まれる。関連性を持ちつつも大きく異なる文章でこの問題を構成した理由である。

◆著者紹介

【文章1】今福龍太……一九五五年―。文化人類学者。中南米からアフリカ・ヨーロッパと地球を巡りつつ、幅広い批評活動・文化運動を展開している。

【文章2】杉田敦……一九五九年―。政治学者。政治理論を専門とし、政治と権力の問題について鋭い考究を行っている。

【文章3】内田樹……一九五〇年―。思想家。フランス現代思想を軸に、映画や武道、現代社会などについて、鮮やかな切り口と軽妙な文体で、幅広く論じている。

解答・解説

解答と評価基準

問一（5点）

◆正答の条件をすべて満たしている解答例

例1　両腕の欠落が、逆に、可能な無数の手への夢を作りだしている〔二八字〕

例2　両腕の欠落が、逆に、可能なあらゆる手への夢を作りだしている〔二九字〕

◆正答の条件

条件①　三〇字以内でまとめていること。

条件②　【文章1】の末尾の一文と同じ趣旨の表現を用いていること。

問二（5点）

◆正答の条件をすべて満たしている解答例

例1　多様な可能性を夢みていく〔一二字〕

例2　おびただしい夢をはらむ〔一一字〕

◆正答の条件

条件①　一五字以内でまとめていること。

条件②　「夢」という語を用いていること。

問三（15点）

◆正答の条件を全て満たしている解答例

例1　両腕の喪失が逆に、可能な無数の美しい腕を夢みさせることで、その美を完全なものとしていること。〔四六字〕

例2　両腕の喪失という無が、多様な可能性を強く想像させることによって、その美がより高度になること。〔四六字〕

◆正答の条件

条件①　五〇字以内でまとめていること。

条件②　「両腕の喪失」→無限の（多様な）可能性→完全な（高度な）美、という論旨でまとめることができていること。

問四（10点）

◆正答の条件をすべて満たしている解答例

例1　世界に対するさまざまな関わり方〔一五字〕

例2　世界に対して千変万化する交渉のあり方〔一八字〕

◆正答の条件

条件①　二〇字以内でまとめていること。

条件②　「世界」という語を用いることができていること。

問五（15点）

◆正答の条件をすべて満たしている解答例

例1　個々の桜草は一瞬の美しさを表現して滅びていくが、その美は時間を超えた不変性をもっている。画家は、変化する物事のなかにある普遍の姿をとらえて、時間の作用にあらがう永遠不滅の美として表現しようと考えている。〔一〇一字〕

例2　美しい桜草は移ろい萎れて死滅していくが、その一つ一つの死滅していく姿に不変の美しさをもった桜草の姿が本質として含まれている。画家は想像力によって、時間をこえて永遠に不滅の美を、個々の桜草のなかに探し求め、それを描こうとしている。〔一一四字〕

◆正答の条件

条件① 八〇字以上、一二〇字以内でまとめていること。

条件② 個別の現象としての「個々の桜草」と、本質としての「不変の桜草」とを区別することができており、「画家」はその後者を描こうとしているということを記述できていること。

◆解説◆

評論文・図版・詩・小説という多様な資料をふまえた討議という形式で問いを配置した。記述問題中心の配置であるが、字数等記述条件には変化が与えられており、多様な形式に慣れることが可能になっている。複数の資料の中から、それらをつなぐ中心点をつかみ取る力が要求されるのがこれからの新しい国語力のあり方だが、ここでは「喪失することが豊穣な生命を希求する力を生み出す」という人間の思考のダイナミズムが中心である。同時に、複数の資料の関連づけ方を学ぶにとどまらず、幾たびも「敗北」しながら、再三、そこから立ちあがる人間性の様相についても、読み取りを深めて欲しい。

◆著者紹介

【文章1】【詩】清岡卓行……一九二二―二〇〇六年。詩人・小説家。一九六九年、『アカシヤの大連』で芥川賞受賞。

【文章2】辻邦生……一九二五―一九九九年。小説家・フランス文学者。『安土往還記』や『背教者ユリアヌス』などのスケールの大きな歴史小説で知られ、様々な文学賞を受賞した。

⑦風評というリスク

解答・解説

解答と評価基準

問一（10点）

◆正答の条件をすべて満たしている解答例

例1　その隠蔽が組織の信頼性やイメージを揺るがすように作用し、事前マネジメントが困難な〔四〇字〕

例2　その隠蔽が組織全体の信頼性や企業イメージを揺るがす原因となり、事前の管理が難しい〔四〇字〕

◆正答の条件

条件①　四〇字以内で書かれていること。

条件②「組織全体の信頼性」や「企業イメージ」を揺るがすように作用するものであることが書かれていること。

条件③「マネジメントすることが困難」であるという趣旨が示されていること。

問二（20点／各10点）

◆正答の条件をすべて満たしている解答例

A

例1　その商品が黒人侮辱にあたると批判する内容をフェイスブックに投稿し拡散を呼びかけた〔四〇字〕

例2　それが黒人を侮辱していると批判する内容をＳＮＳに投稿し拡散を呼びかけた〔三五字〕

B

例1　中国を侮辱するものだと批判が高まり、ショーが中止になり不買の動きが広まった〔三七字〕

例2　中国人を侮辱する内容であると批判を受け、ショーの中止や不買の動きが広まった〔三七字〕

◆正答の条件

条件①　A・Bとも三〇字以内で書かれていること。

条件②　Aは、「商品が黒人侮辱だと批判」され、その結果「ＳＮＳへの投稿・拡散」が行われたことが押さえられていること。

条件③　Bは、「中国を侮辱したと批判」され、その結果「ショーの中止・不買運動」が行われたことが押さえられていること。

問三（12点）

◆正答の条件をすべて満たしている解答例

例1　「破壊力」とは、人々の動きが風評にとどまらず実際に社会を動かすものに組織されていくことである。企業の差別的商品や広告動画の事例からは、ＳＮＳ等を通して多くの声が拡まった結果、商品撤去や謝罪が実現し企業の姿勢を変える力を持ったことがわかる。〔一一九字〕

例2　「破壊力」とは人々の集合的想像力が「風評」を「社会を動かす力」に変えることである。人種差別的な商品や広告動画の事例では、人々の声がＳＮＳなどで拡散されることで商品撤去や経営者の謝罪につながるなど企業の姿勢を変える契機となっている。〔一一五字〕

◆正答の条件

条件①　問題文の指示をすべて満たしていること。

条件② 指示（2）について、「破壊力」とは「人々の動きが社会を動かすものに組織されていく」という趣旨がまとめられていること。

条件③ 指示（3）について、【資料1】【資料2】が「差別的な商品」「差別的な広告動画」の件であることを述べた上で、「人々の声が商品の撤去や経営陣ら企業幹部の謝罪など企業を動かした」ことがまとめられていること。

問四 オ（8点）

◆解説◆

「リスク社会」に関する評論と、それに関連する時事問題（オンラインニュース記事）を複合的に読解する能力を問う内容である。

問一は筆者の考える「風評リスク」の定義を風評被害との違いを意識しながら読み取ることが大切である。解答の条件②は容易に指摘することができるだろうが、「リスクマネジメントが及ばないこと」も「リスク社会」の要素の一つである。

問二はニュースの内容を適宜まとめればよい。ただし、【資料1】【資料2】のどちらも、批判が「拡散される」「広がる」ことまで記述することが必須である。「批判した」だけに留まらないことが大切だ。

問三は、【文章】の傍線部②の筆者が考える「破壊力」の定義を具体例と関連させて述べることを求めている。「破壊力」は「人々の声が社会を動かすこと」であり、【資料1・2】の場合も、批判の声が広まった結果、企業を「動かす」ことができたことがそれに当たる。

◆著者紹介◆

【文章1】美馬達哉……一九六六年―。医師・医学者。脳生理学・医療社会学・医療人類学を専門とし、「人が人を癒すということ」の持つ社会的な意味について、臨床の現場から問題提起を行っている。

小説 ① 羅生門

解答・解説

解答と評価基準

問一 飢え死にするか盗人になるか〔一三字〕（5点）

問二 イ（5点）

問三 夜の底へかけ下りた〔九字〕（5点）

問四 勇気が出ずにいたのである〔一二字〕（5点）

問五（5点）

◆正答の条件をすべて満たしている解答例

例1 飢え死にしないために仕方なくする悪があることを知っていた女は、自分のすることも大目にみてくれる〔四七字〕

例2 飢え死にしないために仕方なくする悪というものがあり、自分が同じことをしても女は容赦してくれるはず〔四八字〕

◆正答の条件

条件① 問題文の指示をすべて満たしていること。

条件② 死んだ女が、生きるために仕方なく悪事を働いていた人間であり、それゆえに老婆の悪事も許してくれるはずという老婆の期待をまとめることができていること。

問六 下人の行方は、誰も知らない〔一三字〕（5点）

問七 黒闇々たる地獄〔七字〕（5点）

問八（5点）

◆正答の条件をすべて満たしている解答例

例1 下人は仕方なく悪をなす以上相手に負い目があるが、犍陀多は自分が逃げることだけを願っているという点。〔四九字〕

例2 下人は仕方なくする悪に迷いを感じたが、犍陀多は悪の報いからの解放だけを求めているという点。〔四五字〕

◆正答の条件

条件① 問題文の指示をすべて満たしていること。

条件② 悪事を働くという共通項と被害者への「負い目」や「迷い」の有無に言及できていること。「負い目」は「罪悪感」「申し訳なさ」など同様の意味を持つ語句で置き換えられていてもかまわない。

問九（10点）

◆正答の条件をすべて満たしている解答例

例1 私の選んだ読み方はⅠである。その読み方は下人の心理描写を人工的で生気を欠いたものとして批判するが、確かに【文章1】には「失望すると同時に、また前の憎悪が、冷ややかな侮蔑といっしょに、心の中へはいってきた」など、人の心の動きをまるで人工物を分解するように描き出す描写が多く、説明的過ぎると感じたからである。〔一五三字〕

例2 私の選んだ読み方はⅡである。その読み方は、状況に左右され極端な思考を行き来する下人の姿に人間の自律的主体性の否定を見るものだが、例えば下人の勇気が、正義への勇気であれ引剝する勇気であれ、突然心の中に生まれてきて他の思考を追いやってしまうものとして書かれているなど、下人には自己のコントロールができないと感じたからである。〔一六〇字〕

例3　**私の選んだ読み方はⅢである。その読み方は、**「羅生門」を未熟な下人が実人生に向き合う姿勢を獲得する成長物語と読むものであるが、下人が引剝を働く際に「一足前へ出ると、不意に右の手をにきびから離して」と描写されているように、この作品が、決断し行動する人間へと成長する下人を描こうとしているのは明らかだと感じたからである。〔一五七字〕

例4　**私の選んだ読み方はⅣである。その読み方は、**「羅生門」の弱肉強食の世界は作品発表当時の社会の投影だと解釈している。『今昔物語集』の結びと違い、「下人の行方は、誰も知らない。」と結ぶところに、「羅生門」がただの昔話ではなく、エゴイズムに囚われた人間の行く末を考えてほしいという、現代へのメッセージがあると感じたからである。〔一五九字〕

◆正答の条件

条件①　問題文の指示をすべて満たしていること。

条件②　Ⅰを選んだ場合には、正答例中の引用のほかに、「下人の考えは、何度も同じ道を低徊したあげくに……勇気が出ずにいたのである」、「その髪の毛が、一本ずつ抜けるのに従って……勢いよく燃え上がり出していたのである」など、「羅生門」の中から適切な下人の心理描写を引用し、まとめることができていること。Ⅱを選んだ場合には、「下人は、さっきまで、自分が、盗人になる気でいたことなぞは、とうに忘れているのである」など、下人の意識を下人自身が理解できていない、コントロールできていないということを引用まとめることができていること。Ⅲを選んだ場合には、必ず正答例中にある引用箇所に触れることができていること。Ⅳを選んだ場合には、『今昔物語集』と「羅生門」の末尾の違いについて触れることができていること。

◆解説◆

ここでは、テキストの読み方は複数ありうるという前提に立って、対話形式で対立した読み方を提示して、それらを参考に、生徒自身が読みを深めていくという形式の問題文とした。問一～八は、芥川龍之介作「羅生門」と他のテキストとの関係についての問いであり、問九はやや長文の記述問題である。やや自由度の高い問いとなっているが、それぞれの生徒の読み方を把握し、「羅生門」の表現・内容を具体的に挙げながら、根拠をもって自分の読み方を書いてあれば評価することにしたい。複数の文章を用いた問いの主眼は、定型的な解答を機械的に出す「能力」だけを求めるものではなく、資料を咀嚼して、自らの思考力を示すことにある。

◆著者紹介

【文章2・3】芥川龍之介……一八九二年―一九二七年。小説家。一九一六年、雑誌「新思潮」に「鼻」を発表、夏目漱石に激賞され、作家として認められた。

【資料】幸徳秋水……一八七一―一九一一年。明治時代の思想家・無政府主義者。明治天皇の暗殺を目論んだ大逆事件の首謀者とされ、死刑となった。

解答と評価基準

問一（15点）

◆正答の条件をすべて満たしている解答例

例1　「くま」の紳士的で優しすぎる態度を「わたし」はもどかしく思った。〔三二字〕

例2　心ない子供の行為に対しても寛容な、「くま」に代わって憤りを感じた。〔三三字〕

◆正答の条件

条件①　三五字以内で書かれていること。

条件②　「くま」の態度にふれていること。

条件③　「わたし」の思いにふれていること。

問二（15点）

◆正答の条件をすべて満たしている解答例

例1　「くま」は人間の生活に合わせようとしていたが、【文章1】の中でも、デザートのオレンジをこっそり皮まで食べてしまっており、完全に合わせることはできていなかった。〔七九字〕

例2　「くま」は人間固有の習慣に合わせようとしたが、それは【文章1】でも破綻しかけていた。水に入って思わず魚を捕まえてしまったり、オレンジを皮まで食べたりしていた。〔七九字〕

◆正答の条件

条件①　問題文の指示をすべて満たしていること。

条件②　指示（2）で、「合わせることができていなかった」という結論になっていること。

条件③　指示（3）で、「人間の生活」や「人間の習慣」に類する語句が書かれていること。

条件④　指示（4）で、「くま」が思わずやってしまった動物固有の行動が具体的に書かれていること。

問三（20点）

◆正答の条件をすべて満たしている解答

例1　【文章1】の「わたし」はほとんど自分の感情を表出していないが、【文章2】の「わたし」は「くま」に別れを告げられた時「びっくりして背筋をの」ばしたり、「自分の口が開かれ眉が寄せられている」表情をするなど、「くま」に対する思いを強く表している。〔一二〇字〕

例2　【文章1】の「わたし」はほとんど自分の感情を出していない。【文章2】の「わたし」は、「くま」が故郷に帰る理由を「馴染めなかったんでしょう」と言うと、「わたしも馴染めないところがある」と答え、相手の問題を自分の問題として共感しようとしている。〔一二〇字〕

◆正答の条件

条件①　一二〇字以内で書かれていること。

条件②　【文章2】の「わたし」は「くま」の問いかけに対して強い思いを持っていることが書かれていること。

条件③　具体的な言動に触れていること。

◆解説◆

設定、登場人物の同じ二つの連作短編小説を比較しながら、「くま」を思う「わたし」の変化を読み取る問題である。

「神様」は「くま」と「わたし」（人間）が何の違和感もなく日常を過ごすようすが自然に描かれている小説である。「くま」は周囲に対する配慮を怠らない存在として描かれている。なぜ、「どこまでも用意のいいくま」なのか。人間社会の中で異類である「くま」は人間の習慣を身につけ、気に入られなければ人と共生できない。子供の一方的な暴力にも「小さい人は無邪気」と自分に言い聞かせるように納得するところからは、今まで人間たちに傷つけられてきた過去が想像できる。「くま」の配慮は人間社会を生きるに当たっての処世術だと言ってもよいだろう。

「神様」で描かれている「くま」は「わたし」から見た姿が客観的に描写されるだけであり、「わたし」も自分の感情をほとんど出さないように描かれている。それに対して「草上の昼食」の「わたし」はたびたび内面にある思いを表出させている。お別れを告げられるとびっくりして背筋をのばす。人間社会に「結局馴染めなかった」という現実を自分の問題として引き受けつつ考え、「くま」がいんげんを手づかみで食べた非礼をわびると「合わせる」必要はないと言い切る。「神様」の後日談という設定の「草上の昼食」であるが、「くま」が人間社会で背負った苦しみを我が身に引き受ける「わたし」が描かれているのである。

◆著者紹介

【文章１・２】川上弘美……一九五八（昭和三三）年—。小説家。大学卒業後、一時期教職に就く。一九四四年『神様』で文壇に登場し、以後、リアリズムと幻想性のあわいを描く独特の世界観を築いている。

小説 ③こころ
解答・解説

解答と評価基準

問一（15点）

◆正答の条件をすべて満たしている解答例

例1　死んだKにはもう謝ることもできず、その後悔は一生続くだろうと予想されたということ。〔四〇字〕

例2　死んだKとは和解もできないため、後悔し続ける生涯になると予想されたということ。〔三九字〕

◆正答の条件

条件①　四〇字以内で書かれていること。

条件②　「Kの死によって謝ることができなくなった」という説明があること。ただし、「謝る」を同じ趣旨の表現で言い換えてもよい。

条件③　「私の前に横たわる全生涯」を引用するか、あるいはそれを「一生続く」等の言葉で言い換えていること。

問二（15点）

◆正答の条件をすべて満たしている解答例

例1　師匠の死の間際に、身を捧げて師匠の看病に没頭した自身に満足〔二九字〕

例2　師匠が死ぬという時に、看病に尽力してきた自分に対して満足〔二八字〕

◆正答の条件

条件①　三〇字以内で書かれていること。

条件②　「師匠が死ぬという時に」という状況が書かれていること。

条件③　「自身に」もしくは「自分に」対する「満足」が含まれていること。

問三（20点）

◆正答の条件をすべて満たしている解答例

例1　丈草は師を失う悲しみの一方で、師の圧力に屈していた自由な精神が解放されていくという喜びを感じており、どこまでも自己を捨てきれない。同様に、「K」が死んだにもかかわらず、その遺書の内容を確認し、人目のつくところに置いた「私」も、純粋に友の死を悲しみ悔やむことができず、自己に囚われていると言える。〔一四七字〕

例2　丈草は芭蕉の死に臨み、限りない悲しみとともに、師の精神的な圧力に屈していた自身の自由の精神が解放される、という喜びを感じた。同様に、「K」の死を知った「私」は、哀悼の前にそっと遺書を確認し、その内容に安堵するという行動をとりながら、「私を忘れることができない」というあり方から離れられないと言える。〔一四九字〕

◆正答の条件

条件①　問題文の指示をすべて満たしていること。

条件②　指示（2）について、「自由な精神」と「解放」の語が含まれていること。

条件③　指示（3）について、「K」の死後の「私」の行動が具体的に示されていること。

◆解説◆

同時代を生きていた作家二人の、「死」に関わる心情を解析する二つの文章を読み、関連づけて理解を深める課題である。

【文章1】は、『こころ』の第三部、「下　先生と遺書」の一部である。先生＝「私」は「K」を裏切り「お嬢さん」に求婚したが、そのことを「K」に報告する前に「奥さん」が「K」に知らせてしまった。その数日後、「私」が「K」に弁解をする前に「K」が自殺をしてしまう。問一で問われている「もう取り返しがつかないという黒い光が、私の未来を貫いて、一瞬間に私の前に横たわる全生涯をものすごく照らしました。」という一文は、「K」の死によって、「私」が「K」を出し抜いたことを「K」に謝ったり弁解したりする機会が永遠に失われてしまい、「私」のこれからの人生に暗い影を落とし続けるであろうことを暗示している。

【文章2】は松尾芭蕉の臨終に立ち会う弟子たちの心情を詳細に描いた文章であり、やや難易度が高い。問二は、その弟子の一人、「其角」の心情を問うている。「満足と悔恨」という矛盾した心情とはどういうものかを正しく押さえたい。問三は、【文章1】と【文章2】の類似点を整理し、まとめる問題である。他者の死に際し、我を忘れて悲しむことができず、「自分」というものに囚われて保身に走り、喜びを感じてしまう人間の複雑な心理は、普遍的なものであると言えよう。

◆著者紹介

【文章1】夏目漱石……一八六七（慶応三）―一九一六（大正五）年。小説家・英文学者。『吾輩は猫である』で文壇に登場し、『坊っちゃん』『草枕』などで名声を確立した。自然主義文学に抗し、鋭い文明批判の精神によって独自の文学を打ち立てた。

【文章2】芥川龍之介……「羅生門」解説を参照。

解答と評価基準

問一（10点）

◆正答の条件をすべて満たしている解答例

例1　まことの我を自覚していない、所動的、器械的な人間としての自分〔三〇字〕

例2　受動的で器械的のような本当の自己をいまだ自覚していない自分〔二九字〕

◆正答の条件

条件①　三〇字以内で書かれていること。

条件②　「まことの我」を自覚していない、という説明があること。ただし、「まことの我」を同じ意味の語句で言い換えてもよい。

条件③　「所動的、器械的」な人間という説明があること。ただし、「所動的、器械的」を同じ意味の語句で言い換えてもよい。

問二（15点）

◆正答の条件をすべて満たしている解答例

例　リンデン街は近代化を象徴する光の領域であるのに対して、クロステル街は近代化に取り残されている影の領域であり、「功名の念と、検束に慣れたる勉強力」によってエリートの官吏の道を歩む豊太郎が見捨ててきた「まことの我」のやすらぐ場として、「我ならぬ我」を生きる豊太郎の内部に矛盾・葛藤を引きおこしていく。〔一四七字〕

条件①　問題文の指示をすべて満たしていること。

条件②　リンデン街とクロステル街を対比的に説明できていること。

条件③　豊太郎の内面について、リンデン街に象徴されている部分とクロステル街に象徴されている部分を明示した上で、豊太郎の内面の葛藤という作品のテーマに言及できていること。

問三（10点）

◆正答の条件をすべて満たしている解答例

例1　役の感じとは違っており、浮き草が波に揺られているのが根に響く〔三〇字〕

例2　浮き草が波に揺られているのが根に響く感じで、役とは違っている〔三〇字〕

◆正答の条件

条件①　三〇字以内で書かれていること。

条件②　「浮き草が波に揺られているのが根に響く感じ」という趣旨の説明があること。

条件③　「役の感じとは違っている」という説明があること。

問四（15点）

◆正答の条件をすべて満たしている解答例

例1　ベルリンの大学の自由な学風が、それまで主人公が抑圧していた本当の自己を目覚めさせ、自立的な思想をいだかせた。また、ドイツと日本の文化的な格差を痛感させられるものの、反面、日本人の能力についての自負心を心に芽生

えさせた。〔一〇九字〕

例2　それまで主人公が抑圧していた本当の自己が、ベルリンの大学の自由な学風に触れることによって目覚め、自立的な思想をいだかせた。一方で、日本に比してドイツの文化の先進性を認めるものの、日本人の特性をないがしろにしない自負心を主人公に目覚めさせた。〔一一九字〕

◆正答の条件

条件①　問題文の指示をすべて満たしていること。

条件②　指示（2）について、主人公の内面について言及してまとめていること。

条件③　指示（3）について、主人公の、日本人についての認識に言及してまとめていること。

◆解説◆

同一作者による明治時代の留学生に関する二つの文章と、作品分析を行った評論を読み、主人公の異文化受容とそれを契機とする心理の変遷、また、自国文化との比較論的考察を読解する課題である。

【文章1】は、主人公の異文化体験による自己意識の変化をメインテーマとしており、その中で最も大きい変化が近代的自我の覚醒である。問一は、新旧自己の差異を問う問題である。留学の前後を対比して捉える。

【文章2】は、【文章1】の内容を緻密に追いながらの詳細な分析だが、全体的には図式的な、極めて明快な内容になっており、落ち着いて読み進めれば読解は容易である。リンデン街とクロステル街の対比構造の上に立って、都市空間の構造と豊太郎の内面の矛盾・葛藤との関連をまとめよう。

【文章3】は、【文章1】の自我論のテーマを共通項として持つが、ここでは自我の覚醒の基盤としての「生」の意識に焦点を当てている。「生」を意識することは、必然的に対極の「死」を意識することにつながる。また、異文化の中での「死」への不安の意識は、容易に「故郷」への親和感を発生させる。問三は、「生」の「根」としての「故郷の恋しさ」を問う問題である。故郷からの離脱という観点から主人公の「生」の実感を、二つの文章を対応させて記述しよう。問四は、主人公における異文化体験を総合的に問う問題である。そこでは、近代的自我の覚醒のほかに、ドイツと日本の文化的格差の現実が捉えられる。そして、その文化的格差の認識は、それを乗り越えるものとしての日本人の特性、能力についての自負へと主人公の意識を進展させることになる。「自覚」（主人公の自己認識・民族的自負）と、「発見」（異文化理解）の二点をふまえる。二つの文章の読解は、外界（異国）と内界（自意識と民族意識）における各種の差異を探究するものとなる。

◆著者紹介

【文章1・3】森鷗外……一八六二（文久二）―一九二二（大正一一）年。小説家・医学者。陸軍軍医として一八八四年、ドイツに留学した。公務のかたわら多彩な文学活動を展開、日本近代文学の形成に大きく関与した。小説に『雁』『高瀬舟』『渋江抽斎』、翻訳にアンデルセン『即興詩人』などがある。

【文章2】前田愛……一九三一―八七年。国文学者。テクスト論・記号論を用いて、作品研究に新局面を開いた。

古文 ① 和歌

解答・解説

解答と評価基準

問一 （20点）

◆正答の条件をすべて満たしている解答例

例　「ながめ」が、春雨をさす「長雨」という自然と、物思いにふけって外を「ながめ」る人の姿を重ね合わせる掛詞になっている。〔五八字〕

◆正答の条件

条件①　六〇字以内で書かれていること。

条件②　「ながめ」という掛詞が、読み手の物思いにふける心（人間・人事）と「長雨」という物（自然・景物）の重なりを表現していることを明示していること。

問二　ア（10点）

問三　(1)　d（5点）　(2)　ウ（5点）

(3)　夏の野の繁みに咲ける姫百合（5点）

問四　エ（5点）

◆解説◆

なぜ恋の歌を詠むのかという原点に立って、序詞・掛詞といった修辞法が生み出された背景や、目に見えない心を「かたち」にするという恋歌の本質に迫っている【文章】と、恋歌と呼ぶに相応しい【和歌】三首を挙げた。Aは『古今和歌集』採録の在原業平による恋の歌である。晴らしようのない鬱屈した恋の物思いが「春のもの」としての長雨によって形象されている。Bは武蔵国の歌として収められている、布作りという労働を背景にもった歌である。さわやかな川の流れと真新しい手織りの布の感触が、初々しい恋の情感へと見事に転移している。序詞の連接では、一般に、連接している部分が上句の文脈と下句の文脈の両方に意味的に響きあう比喩の序詞と、前後の文脈で類音が繰り返される同音反復の序詞とに区別されるが、比喩の序詞が重ねて用いられている場合も少なくない。この歌はその典型といえよう。Cは『万葉集』を代表する恋歌の一つである。夏の野の繁みの中でひっそり咲くという姫百合が、好意を寄せる相手に知られることなくひっそりと思い続ける自身のありようを表している。【文章】を読んだ生徒同士の【対話】では、文章から得られた情報を手掛かりとしながら、恋歌を詠む意義に触れつつB・Cの歌を読み深めている（「Cの歌も同音反復の序詞かな。」という傍線部ⓓの発話があるが、Cの歌は「比喩の序詞」に該当するため不適当である）。

多様なジャンルを横断して考える訓練としよう。

◆著者紹介

【文章】谷知子……一九五九年―。国文学者。和歌を専門としており、その魅力をわかりやすい言葉で広く社会に伝えるほか、和歌と天皇の関係を論じた研究でも知られる。

古文 ② 大江山

解答と評価基準

問一 ⓐ つぼね（2点）
ⓑ みす（2点）
ⓒ のうし（2点）

問二 歌合せで詠む歌について、母親と相談できないから。（5点）

問三 ③ 死ぬときになって（3点）
④ 息も絶え絶えになって（3点）

問四 X 「行く」と「生野」／「踏み」と「文」（5点）
Y 「行く」と「生く」（5点）

問五 エ（3点）

問六 ② 定頼中納言が、小式部内侍の当意即妙な歌に驚いている。（5点）
⑤ 神仏が、小式部内侍が死に臨んでもなお母親を思う歌を詠んだことに感動している。（5点）

問七 （10点）

◆正答の条件をすべて満たしている解答例

例 【文章1】では、末尾に「小式部、これより歌よみの世におぼえ出で来にけり」とあり、この返歌の冴えによって小式部内侍が歌人の世界で評判となり、出世の道を開いたことが示されている。【文章2】でも、「身のあたたかさも冷めて、よろしくなりてけり」とあるように、病に苦しみながら詠んだ歌が神仏の心を動かし、高熱を癒やしたことが語られている。ともにすぐれた和歌の力によって事態が好転するという内容になっている。〔一九八字〕

◆正答の条件

条件① 一八〇字以上、二〇〇字以内で書かれていること。
条件② 【文章1】の「小式部、これより歌よみの世におぼえ出で来にけり」と、【文章2】の「身のあたたかさも冷めて、よろしくなりてけり」と二箇所について引用または要約して触れることができていること（右記二箇所の引用は、原文のままでも現代語訳でも不問）。
条件③ 条件①の引用または要約をふまえて、【文章1】【文章2】における「和歌の力」についてまとめていること。

◆解説◆

『十訓抄』と『古今著聞集』より、歌人・小式部内侍の逸話を語る文章を挙げた。平易な文章であり、読解に支障はないと思われるが、ここでは、この二つのエピソードに共通する要素を読み解いた上で、紀貫之「古今和歌集仮名序」で語られている「和歌の力」と結びつけて分析することが求められている。古来より日本人が「歌」あるいは「言の葉」というものに何を賭けてきたのか、具体的な作品の語りから読み取りたい。

古文 ③ 深草の里

解答・解説

解答と評価基準

問一 エ（3点）
問二 イ（3点）
問三 ③ ウ（3点） ④ イ（3点） ⑧ エ（3点）
問四 オ（3点）
問五 おもて歌（4点）
問六 夕され（4点）
問七 ウ（3点）
問八 イ（3点）
問九 ウ（3点）
問一〇 エ（5点）
問一一 エ（5点）
問一二 （5点）

◆正答の条件をすべて満たしている解答例

例1 歌の眼目となる部分に主観的な表現を用いずに、読み手に想像させるような歌。〔三六字〕

例2 歌の中心には主観的表現を置かずに、具体的表現によって空想力をかきたてるような歌。〔四〇字〕

◆正答の条件

条件① 問題文の指示をすべて満たしていること。

条件② 「主観的」な表現を歌の枢要な部分に置かない、ということが書かれていること。

条件③ 読み手の「想像力」や「空想力」に訴える、という点が書かれていること。

◆解説◆

俊恵や長明が考える理想的な歌とはどういうものなのか。『無名抄』に描かれる【文章1】の五条三位入道（藤原俊成）と俊恵、そしてその後の俊恵と長明の対話、【文章2】の静縁と長明の対話を総合的に読み解くことでそれがはっきりと見えてくる。「身にしみて」や「泣かれぬる」といった直接的・主観的な言葉を歌に詠み込まずに、情景描写で鑑賞する側に心情まで伝える、そのような幽玄の趣が詠歌には求められているのである。

また、長明が感嘆した【文章2】の静縁の最後の態度など、登場人物の心情を文章の流れに沿って正確に把握することが大切である。問一の敬語の問題は、主語と動作の受け手を問うものでもあるため、整理して考えること。問四・七のような様々な観点からの問いにも答えられる知識を身につけておくことが重要になってくる。

古文 ④ 忠度の都落ち／能登殿の最期

解答・解説

解答と評価基準

問一 イ（3点）

問二 Ⅰオ　Ⅱア　Ⅲイ　Ⅳア（各3点）

問三（5点）

◆正答の条件をすべて満たしている解答例

例　戦乱が静まり勅選集の編纂が始まる頃には、平家とともに自分は滅んでいるだろうから。〔四〇字〕

◆正答の条件

条件①　三〇字以内で書かれていること。

条件②　直前にある「世静まり候ひなば、勅撰の御沙汰は候はんずらん。」を読みとっていること。

条件③　自身の死と平家の滅亡の自覚が書かれていること。

問四 ウ（3点）

問五 エ（3点）

問六 （a）罪をお作りになるな。　（b）ウ・エ（全答3点）

問七 士気（3点）

問八（15点／各5点）

◆正答の条件をすべて満たしている解答例

X　勅撰集に自身の和歌が載る

Y　強い敵を求めて武威を示す

Z　存在の証を最後まで求める

◆正答の条件

条件①　いずれも一五字以内で書かれていること。

条件②　Xについて、「勅撰集への自身の和歌の掲載」という内容が書かれていること。

条件③　Yについて、「最後まで強い敵を求めて力を尽くす」という姿勢が書かれていること。

条件③　Zについて、【文章1】と【文章2】の共通項を「存在の証し」といった趣旨の語でまとめていること。

◆解説◆

『平家物語』の著名な段二つを、「死生観」という観点から比較分析する問いとなっている。

問三は、「世静まり候ひなば、勅撰の御沙汰候はんずらん。」という忠度の言葉をもとに考える。忠度は、世の乱れゆえに勅撰集（千載集）の編纂が立ち消えになっているのであり、平家が滅亡して戦が終結すれば、勅撰集の編纂が開始されるはずだと考えている。勅撰集に自身の歌が載ったとしても、それを生前に見ることは絶対に叶わないのであり、自身の死後に最大限の御礼をしたいというのである。忠度の勅撰集入集に対する強い思いを実感させたい問いである。問八の空欄Zについては、死を意識しつつも最後まで自身の存在意義を確認しようとする両者の姿勢について述べることが大切である。

古文

⑤ 光源氏の誕生

解答・解説

解答と評価基準

問一 エ（4点）

問二 ウ（4点）

問三 （8点）

◆正答の条件をすべて満たしている解答例

例1「一の皇子」は「きよらなる玉の男皇子」に美しさでは並びようもなかったということ。〔四〇字〕

例2「きよらなる玉の男皇子」は美しさで「一の皇子」より格段に優れていたということ。〔三九字〕

◆正答の条件

条件① 四〇字以内で書かれていること。

条件② 「一の皇子」と「きよらなる玉の男皇子」の比較となっていること。

問四 ア・イ・オ（全答5点）

問五 （全答10点）

C 大納言　D 北の方　E 一の皇子

F 男皇子（玉の男皇子）

問六 ア・オ（全答5点）

問七 A 政治（3点）

B 私（3点）

問八 カ（8点）

◆解説◆

『源氏物語』はその後に成立した多くの物語に多大な影響を与えた。『源氏物語』とそれ以後に成立した物語との類似点に気がつくこともあるだろう。なぜ、『源氏物語』が日本の様々な時代の小説家をはじめ、多くの国々でも翻訳され、人々を惹きつけるのか。それぞれの登場人物の心情を丁寧におさえながら、考えてみてほしい。問一は呼応の副詞に関わる出題で、訳し方が決まっているため、確実におさえておくこと。問四は適当なものをすべて選ぶ問題で、問六は適当でないものを二つ選ぶ問題である。この傾向の問題は、より一層の選択肢の吟味が必要となる。問七は対話形式の問題で、内裏図の殿舎の位置について、対話の内容をヒントにして考える。また、【文章２】のように、古典作品に関連する書籍などに様々触れてみることも、多角的な視野を持つためには大切なことである。

◆著者紹介

【文章２】黒澤弘光……高等学校国語教諭・国文学者。高校教諭を二〇〇八年で退職。古典教育法の研究や辞典の編纂で知られる。注も参照。

竹内薫……サイエンス・ライター。物理学の解説書や科学評論を中心に一〇〇冊余の著作がある。講演なども精力的に行い、理系の学問の面白さを広く世間に伝えている。注も参照。

① 八月十五日夜、禁中独直、対月憶元九　解答・解説

解答と評価基準

問一　ⓐウ（3点）　ⓑエ（3点）
問二　オ（5点）
問三　イ（5点）
問四　イ（6点）
問五　オ（5点）
問六　イ（5点）
問七　ウ（5点）
問八　(1)オ　（5点）
　　　(2)（8点）

◆正答の条件をすべて満たしている解答例
例1　月は、遠く離れている二点を結びつけるもの
例2　月は、遠く離れていても、見ている者同士の心を通わせるもの

◆正答の条件
条件①　たとえ遠く離れた地にあっても、月を通じて、互いの境遇に思いをはせることができる・互いの心を通わせることができるという趣旨が示されていれば可。

◆解説◆

漢詩の鑑賞では、押韻や対句などの技巧的な部分を押さえることももちろん重要ではあるが、肝要なのは漢詩の趣を深く味わうことである。その味わい方の一例として、【文章2】で石川忠久・中西進両氏による対話を挙げた。引用していない部分では、この詩に「さんずい」の付く字が多いのはなぜかということを論じている箇所がある。言葉の用いられ方まで考えて鑑賞してみたい。問二は押韻の問題で、音読みして末尾が同様なものを探すのが第一歩。候補が複数ある場合は対応する句末を参考にして文脈で判断することになる。問六・七は対話文中の空欄補充で、交わされている対話の文脈や漢詩の内容を理解して結びつける必要がある。白居易と元稹の関係は「与微之書」など、他の文章からも見て取れる。

◆著者紹介

【文章2】石川忠久……中国文学者。テレビ・ラジオ番組などを通じて、漢詩魅力の普及に高く貢献している。注も参照。

中西進……国文学者。日本古代文学の比較研究や万葉集の解説など、幅広く古典文学を論じている。注も参照。

漢文

② 桃花源記

解答・解説

解答と評価基準

問一 忘路之遠近（5点）

問二 酒の湧き出る泉（5点）

問三（7点）

◆正答の条件をすべて満たしている解答例

例1 広い土地が広がり、家屋が立ち並び、豊かさのなかで老若男女が幸せに暮らす郷の光景。〔四〇字〕

例2 広大な土地に家が並び、生産・流通も盛んで、老人も子供も楽しく暮らす郷の光景。〔三八字〕

◆正答の条件

条件① 四〇字以内で書かれていること。

条件② 第二段落の文章が郷の「光景」を叙述しているので、その部分を正しく要約できていること。

問四 帰りてこのありさまを語らむことをおそれて〔二〇字〕（5点）

問五（5点）

◆正答の条件をすべて満たしている解答例

例1 「仏道修行をしている自分を殺すことは限りない罪になる」と言って説得した。〔三六字〕

例2 「仏の道を修めている僧で罪のない者を殺すのは大きな罪になる。」と言って説得した。〔四〇字〕

◆正答の条件

条件① 四〇字以内で書かれていること。

条件② 【文章1】の「ただこの仏の道を行ふ僧の咎なきを殺したまひてむとするが限りなき罪にてあれば」の部分を要約できていること。

問六 不足為外人道也（5点）

問七 ◆正答の条件をすべて満たしている解答例

自分が見た郷の様子を他人に語った。（5点）

◆正答の条件

条件① 二〇字以内で書かれていること。

条件② 【文章1】の「いつしか会ふ人ごとに、このことを語りければ」、【文章2】の「詣太守、説如此」の部分を要約できていること。

問八 エ（5点）

問九（8点）

◆正答の条件をすべて満たしている解答例

例1 【文章1】は、口が軽く、約束を破ってしまう者を戒める末尾になっているなど、教訓を伝える物語という印象が強いが、【文章2】は、二度とたどり着けないという隠れ郷の不思議さを印象づける内容となっている。〔九八字〕

例2 【文章1】は、登場人物たちの言動が詳細に語られており、ストーリーの面白さを味わえる内容になっている。【文章

2】は、隠れ郷の細部に焦点が当てられており、その美しさがより深く味わえる内容になっている。〔九七字〕

◆正答の条件　物語の結末の違いや描写の違いに言及し、それがどのように作品全体の印象を異なるものにしているかを説明できていること。

◆解説◆

著名な「桃花源記」（陶淵明）と、『今昔物語集』収録の説話を比較する問いである。ともに非現実的な物事が起こる「隠れ里」を描いた物語であるが、その印象は大きく異なる。「ふとしたことから不思議な郷に迷い込んでしまうこと」、そして、「郷のことは口外するなと言い含められているのに、帰ってから人に言いふらしてしまう」という物語の構成は類似しているが、『今昔物語集』が、隠れ郷そのものよりも、その場限りの言い逃れをして、すぐに約束を破る、という人間の愚かさを語ろうとしているのに対して、「桃花源記」は、人知を超えた美しい理想郷としての隠れ郷を描くことに主眼があるという点に相違がある。それは、物語の筋の相違点からだけでなく、「何をどのように描写しようとしているか」ということからも読み取ることができよう。問八では、単なるストーリー上の相違点を挙げるだけでなく、より幅広い視点から作品のユニークな魅力を明らかにしたい。併読を通じてそれぞれの個性を浮き彫りにすること、それこそが複数の作品を比較する意義であると言えよう。

漢文 ③守業

解答・解説

解答と評価基準

問一 ①エ（2点） ②イ（2点）

問二 Ⅰウ（2点） Ⅱオ（2点）

問三 ア（3点）

問四 イ（3点）

問五 オ（3点）

問六 （全答6点） 典衣＝失其職　典冠＝越其職

問七 君主に進言した場合にはその通りに実績を上げなければならない（6点）

問八 エ（4点）

問九 イ（4点）

問一〇 イ（4点）

問一一 （1）オ（3点）
（2）A＝ア　B＝イ（全答6点）

◆解説◆

【文章1】では、一般的には良いとされる行いをした典冠が、越権行為をしたとして罰せられる。それは、職掌の順守が秩序をもたらすために重要だからである。法令を重視する法家の考えがよくわかる逸話である。【文章2】も同じく『韓非子』からの引用で、こちらは【文章1】とは反対に、皇太子の意向に従うことなく職掌を順守した廷理が王から賞賛されている。同じ書物の逸話を比較することで、その思想の重要な部分を確認できるようになっている。思想家達のそれぞれの考えをおさえるためには、逸話や具体例に触れることが一番である。

問三は多義語「与」の問題で、問五は置き字のはたらきに関する問題。このように、様々な出題形式の問題を揃えた。漢文の学習にあたってどのような点をおさえなければいけないのかについては、一二七ページのコラム「漢文を〈読む〉ということ」に詳しく説明しているので、参考にしてほしい。